Die Verjährung von kaufrechtlichen Gewährleistungs- und Rückgriffsansprüchen

Europäische Hochschulschriften

Publications Universitaires Européennes
European University Studies

Reihe II
Rechtswissenschaft

Série II Series II
Droit
Law

Bd./Vol. 5361

PETER LANG
Frankfurt am Main · Berlin · Bern · Bruxelles · New York · Oxford · Wien

Anke Lydia Behrensmeyer

Die Verjährung von kaufrechtlichen Gewährleistungs- und Rückgriffsansprüchen

PETER LANG
Internationaler Verlag der Wissenschaften

Bibliografische Information der Deutschen Nationalbibliothek
Die Deutsche Nationalbibliothek verzeichnet diese Publikation in der Deutschen Nationalbibliografie; detaillierte bibliografische Daten sind im Internet über http://dnb.d-nb.de abrufbar.

Zugl.: Marburg , Univ., Diss., 2012

Gedruckt auf alterungsbeständigem,
säurefreiem Papier.

D 4
ISSN 0531-7312
ISBN 978-3-631-63359-5

www.peterlang.de

Meiner Schwester

Danksagung

Bedanken möchte ich mich bei meinem Doktorvater, Herrn Prof. Dr. Johannes Wertenbruch, für die Ermöglichung und Betreuung der Dissertation.

Des Weiteren danke ich Herrn Prof. Dr. Wolfgang Voit für die Erstellung des Zweitgutachtens und die wertvollen Hinweise.

Mein aufrichtiger Dank gilt meinen Eltern für ihre unermüdliche und umfassende Unterstützung während der Zeit meines Studiums und der Dissertation.

„Denn alles ist mir möglich durch Christus, der mir die Kraft gibt, die ich brauche.“ (Die Bibel, Philipper 4,13, NLB)

Inhaltsverzeichnis

A) Einleitung 1

B) Entwicklung des Rechtsinstituts der Verjährung bei der Sachmängelhaftung 5

I. Entwicklung der Verjährung bis zur Schuldrechtsreform 5
1. Von dem Verlust des Klagrechts zur Nichtdurchsetzbarkeit des Anspruchs – Begriff und Entwicklung der Verjährung 5
2. Entwicklung der gesetzlichen Verjährungsfristen bis zum BGB 7
3. Die Verjährungsfristen des BGB vor der Schuldrechtsreform 9
II. Probleme der alten Rechtslage 11
1. Unangemessenheit der Fristen 11
2. Analogien nach altem Recht 13
3. Der Aspekt der Grundrechtsverletzung 17
III. Zusammenfassung 19

C) Überblick über das heutige Verjährungsrecht 21

I. Die allgemeine Verjährung gemäß §§ 194 ff. BGB 22
1. Allgemeine Verjährung 22
2. Hemmung und Neubeginn 25
a) Hemmung 25
b) Neubeginn 30
3. Rechtsfolgen der Verjährung 32
II. Die Verjährung der Gewährleistungsrechte gemäß § 438 BGB 37
1. Der Anwendungsbereich der §§ 437, 438 BGB 37
2. Der Regelungsbereich des § 438 Abs. 1 BGB (Verjährungsfristen) 39
3. Der Regelungsbereich des § 438 Abs. 2 BGB (Ablieferung und Übergabe) 44
4. Der Regelungsbereich des § 438 Abs. 3 BGB (Arglist) 47
5. Der Regelungsbereich des § 438 Abs. 4 und 5 BGB (Rücktritt und Minderung) 49
III. Die Verjährung der Rückgriffsansprüche gemäß § 479 BGB 51
1. Der Anwendungsbereich der §§ 478, 479 BGB 51
2. Der Regelungsbereich des § 479 Abs. 1 BGB (Verjährungsfrist) 57
3. Der Regelungsbereich des § 479 Abs. 2 BGB (Ablaufhemmung) 59
a) Die Zweimonatsfrist des § 479 Abs. 2 Satz 1 BGB 59
b) Die Fünfjahresfrist des § 479 Abs. 2 Satz 2 BGB 64
4. Der Regelungsbereich des § 479 Abs. 3 BGB (Erstreckung auf die Lieferkette) 67

5. Verjährung der Ansprüche des Unternehmers bei Arglist 71
IV. Zusammenfassung 75

D) Zweck der Verjährung im Kaufrecht 77

I. Sinn und Zweck der Verjährung allgemein 77
1. Öffentliche Interessen: Rechtssicherheit und Rechtfrieden, Entlastung der Gerichte 77
2. Schuldnerbezogene Aspekte 80
a) Schutz des Nichtschuldners vor Beweisschwierigkeiten 80
b) Dispositionsfreiheit des Schuldners 82
3. Gläubigerbezogene Aspekte 84
II. Sinn und Zweck der kurzen Verjährungsfrist im Gewährleistungsrecht 85
1. Allgemeine Zwecke und Marktsteuerung 86
2. Kompensation und Risikoverteilung 88
III. Zusammenfassung 90

E) Einzelprobleme der Verjährung 93

I. Die Grenzen des § 438 BGB 93
1. Die Einbeziehung deliktisch geschützter Rechtsgüter in den Anwendungsbereich des Gewährleistungsrechts 94
2. Der deliktische Schutz der Kaufsache – die „Weiterfresser"-Problematik 104
II. Der Vollzug der Gewährleistungsrechte 117
1. Nachlieferung und Nachbesserung – Rechte auf Gewährleistung 117
a) Auswirkung der Nacherfüllung auf den Verjährungslauf 117
b) Die eigenständige Verjährungsfrist – Nacherfüllung als Ablieferung i.S.d. § 438 Abs. 2 BGB 121
c) Die neu beginnende Verjährungsfrist – Nacherfüllung als Anerkenntnis i.S.d. § 212 BGB 124
2. Die Sekundärrechte – insbesondere Schadensersatz und Aufwendungsersatz 133
3. Rücktritt und Minderung – Rechte aus Gewährleistung 134
III. Reichweite und Abdingbarkeit des § 479 BGB 136
1. Sogenannte „Ladenhüterproblematik" bei § 479 Abs. 2 BGB 138
2. Überschießende Privilegierung bei § 479 Abs. 2 BGB 145
3. Vereinbarungen über die Verjährung 153

F) Zusammenfassung der Ergebnisse 161

Literaturverzeichnis

Andreae, Martin, Die aktuelle Rechtsprechung zum Gebrauchtwagenkauf, NJW 2007, 3457 ff.

Anwaltkommentar BGB, Dauner-Lieb, Barbara/ Heidel, Thomas/ Ring, Gerhard (Hrsg.), 1. Auflage, Mönchengladbach 2005, *(zitiert: AnwKomm/Bearbeiter (2005))*

Anwaltkommentar Schuldrecht, Dauner-Lieb, Barbara/ Heidel, Thomas/ Lepa, Manfred/ Ring, Gerhard (Hrsg.), Bonn 2002, *(zitiert: AnwKomm/Bearbeiter)*

Auktor, Christian, Die Verjährung der Gewährleistungsrechte bei mangelhafter Nacherfüllung nach § 439 BGB, NJW 2003, 120 ff.

Auktor, Christian/ Mönch, Harald, Nacherfüllung – nur noch auf Kulanz?, NJW 2005, 1686 ff.

Ball, Wolfgang, Neues Gewährleistungsrecht beim Kauf, ZGS 2002, 49 ff.

Bamberger, Heinz Georg/ Roth, Herbert, Kommentar zum Bürgerlichen Gesetzbuch, **Band 1**, 2. Auflage, München 2007 *(zitiert: Bamberger/Roth/Bearbeiter)*, **Band 2**, 3. Auflage, München 2012 *(zitiert: Bamberger/Roth/Bearbeiter)*, **Band 3**, 2. Auflage, München 2007 *(zitiert: Bamberger/Roth/Bearbeiter)*

Bar, Christian von/ Clive, Eric/ Schulte-Nölke, Hans (Hrsg.), Principles, Definitions and Model Rules of European Private Law – Draft Common Frame of Reference (DCFR) Outline Edition, München 2009

Baumbach, Adolf/ Hopt, Klaus J., Handelsgesetzbuch Kommentar, 34. Auflage, München 2010 *(zitiert: Baumbach/Hopt)*

Baumbach, Adolf/ Lauterbach, Wolfgang/ Albers, Jan/ Hartmann, Peter, Zivilprozessordnung, 67. Auflage, München 2009 *(zitiert: Baumbach/Lauterbach/Albers/Hartmann)*

Bereska, Christian, Der neue Lieferantenregress nach §§ 478, 479 BGB – eine Arbeitshilfe, ZGS 2002, 59 ff.

Bitterich, Klaus, Der Rückgriff des Letztverkäufers – Auslegungsprobleme der §§ 478, 479 BGB einschließlich internationaler Aspekte, JR 2004, 485 ff.

Böhle, Jens, Der Rückgriff in der Lieferkette gemäß der §§ 478, 479 BGB nach dem Schuldrechtsmodernisierungsgesetz, Dissertation, Berlin 2004 *(zitiert: Böhle, Rückgriff in der Lieferkette)*

Böhle, Jens, Teleologische Reduktionen beim Rückgriff in der Lieferkette, NJW 2003, 3680 ff.

Böhle, Jens, Die teleologische Reduktion der §§ 478 Abs. 1 und 3, 479 Abs. 2 Satz 1 BGB auf das Regressinteresse – Der Rückgriff in der Lieferkette –, WM 2004, 1616 ff.

Bolthausen, Oliver/ Rinker, Mike, „Kettengewährleistung“ als Folge des Schuldrechtsmodernisierungsgesetzes?, ZGS 2006, 12 ff.

Brinz, Alois von, Lehrbuch der Pandekten, Band 1, 2. Auflage, Erlangen 1873 *(zitiert: v. Brinz)*

Brüggemeier, Gert, Zur Reform des deutschen Kaufrechts – Herausforderungen durch die EG-Verbrauchsgüterkaufrichtlinie, JZ 2000, 529 ff.

Brüggemeier, Gert, Das neue Kaufrecht des Bürgerlichen Gesetzbuches – Eine kritische Bestandsaufnahme –, WM 2002, 1376 ff.

Bruggner-Wolter, Micaela, Verjährung bei Schadensersatz aus Schutzpflichtverletzung, Berlin 1993 *(zitiert: Bruggner-Wolter)*

Büdenbender, Ulrich, Die Verjährung zivilrechtlicher Ansprüche, JuS 1997, 481 ff.

Bunte, Hermann-Josef, Zur Verjährung von Garantieansprüchen gegen den Hersteller, NJW 1982, 1629 ff.

Canaris, Claus-Wilhelm, Karlsruher Forum 2002: Schuldrechtsmodernisierung, Karlsruhe 2003 *(zitiert: Canaris, Karlsruher Forum)*

Canaris, Claus-Wilhelm, Schuldrechtsmodernisierung 2002, München 2002 *(zitiert: Canaris, SchRMod)*

Canaris, Claus-Wilhelm, Das allgemeine Leistungsstörungsrecht im Schuldrechtsmodernisierungsgesetz, ZRP 2001, 329 ff.

Crome, Carl, Grundzüge des Römischen Privatrechts, Bonn 1920 *(zitiert: Crome)*

Dabelow, Christoph Christian von, Ueber die Verjährung, Band 1, Halle 1805 *(zitiert: v. Dabelow)*

Dauner-Lieb, Barbara/ Arnold, Arnd/ Dötsch, Wolfgang/ Kitz, Volker, Fälle zum neuen Schuldrecht, Heidelberg 2002 *(zitiert: Dauner-Lieb/Arnold/Dötsch/Kitz)*

Dauner-Lieb, Barbara/ Heidel, Thomas/ Lepa, Manfred/ Ring, Gerhard, Das Neue Schuldrecht in der anwaltlichen Praxis, Bonn 2002 *(zitiert: Dauner-Lieb/Bearbeiter, Das neue Schuldrecht)*

Dauner-Lieb, Barbara/ Konzen, Horst/ Schmidt, Karsten, Das neue Schuldrecht in der Praxis (Akzente – Brennpunkte – Ausblick), Köln 2003 *(zitiert: Dauner-Lieb/Konzen/Schmidt/Bearbeiter)*

Dernburg, Heinrich, Pandekten, Band 1,1, 6. Auflage, Berlin 1900 *(zitiert: Dernburg)*

Dutta, Anatol, Der europäische Letztverkäuferregress bei grenzüberschreitenden Absatzketten im Binnenmarkt, ZHR 171 (2007), 79 ff.

Ehmann, Horst/ Sutschet, Holger, Schadensersatz wegen kaufrechtlicher Schlechtleistungen – Verschuldens- und/oder Garantiehaftung?, JZ 2004, 62 ff.

Eidenmüller, Horst, Ökonomik der Verjährungsregeln, in: Die Schuldrechtsreform vor dem Hintergrund des Gemeinschaftsrechts, Tübingen 2001, Schulze, Reiner / Schulte-Nölke, Hans (Hrsg.), S. 405, *(zitiert: Schulze/Schulte-Nölke/Eidenmüller)*

Eidenmüller, Horst, Zur Effizienz der Verjährungsregeln im geplanten Schuldrechtsmodernisierungsgesetz, JZ 2001, 283 ff.

Eidenmüller, Horst/ Faust, Florian/ Grigoleit, Hans Christoph/ Jansen, Nils/ Wagner, Gerhard/ Zimmermann, Reinhard, Der Gemeinsame Referenzrahmen für das Europäische Privatrecht, JZ 2008, 529 ff.

Engelmann, Theodor, Die Verjährung der Ansprüche aus unerlaubter Handlung, in: Festschrift für Karl Binding, S. 203 ff., Leipzig 1911 *(zitiert: Engelmann, FS Binding)*

Erman, Walter, Handkommentar zum Bürgerlichen Gesetzbuch, 9. Auflage, Münster 1993 *(zitiert: Erman/Bearbeiter (1993))*, 13. Auflage, Köln 2011 *(zitiert: Erman/Bearbeiter)*

Ernst, Wolfgang, Die Schuldrechtsreform 2001/2002 – Zum Diskussionsentwurf des Schuldrechtsmodernisierungsgesetzes, ZRP 2000, 1 ff.

Ernst, Wolfgang/ Gsell, Beate, Kaufrechtsrichtlinie und BGB, ZIP 2000, 1410 ff.

Ernst, Wolfgang/ Gsell, Beate, Nochmals für die „kleine Lösung", ZIP 2000, 1812 ff.

Ernst, Wolfgang/ Gsell, Beate, Kritisches zum Stand der Schuldrechtsmodernisierung, ZIP 2001, 1389 ff.

Fikentscher, Wolfgang/ Heinemann, Andreas, Schuldrecht, 10. Auflage, Berlin 2006 *(zitiert: Fikentscher/Heinemann)*

Foerste, Ulrich, Unklarheit im künftigen Schuldrecht: Verjährung von Kaufmängel-Ansprüchen in zwei, drei oder 30 Jahren?, ZRP 2001, 342 ff.

Forster, Wolfgang, Die Verjährung der Mängelansprüche beim Kauf von Baumaterialien, NZBau 2007, 479 ff.

Göschen, Friedrich Ludwig, Vorlesungen über das gemeine Civilrecht, Göttingen 1843 *(zitiert: Göschen)*

Gramer, Tobias/ Thalhofer, Thomas, Hemmung oder Neubeginn der Verjährung bei Nachlieferung durch den Verkäufer, ZGS 2006, 250 ff.

Grundmann, Stefan/ Bianca, Cesare Massimo, EU-Kaufrechts-Richtlinie, Köln 2002 *(zitiert: Grundmann/Bianca/Bearbeiter)*

Grundmann, Stefan/ Medicus, Dieter/ Rolland, Walter, Europäisches Kaufgewährleistungsrecht, Köln 2000 *(zitiert: Grundmann/Medicus/Rolland/Bearbeiter)*

Grunewald, Barbara, Kaufrecht, in: Handbuch des Schuldrechts, In Einzeldarstellungen, Tübingen 2006, Joachim Gernhuber (Hrsg.), Band 6 *(zitiert: Grunewald, Kaufrecht)*

Gsell, Beate, Kaufrechtsrichtlinie und Schuldrechtsmodernisierung, JZ 2001, 65 ff.

Gsell, Beate, Gespaltene Verjährung kaufvertraglicher Ansprüche auf Ersatz mängelbedingter Schäden?, JZ 2002, 1089 ff.

Gsell, Beate, Nutzungsentschädigung bei kaufrechtlicher Nacherfüllung?, NJW 2003, 1969 ff.

Gsell, Beate, Deliktsrechtlicher Eigentumsschutz bei „weiterfressendem" Mangel, NJW 2004, 1913 ff.

Haas, Lothar, Entwurf eines Schuldrechtsmodernisierungsgesetzes: Kauf- und Werkvertragsrecht, BB 2001, 1313 ff.

Haas, Lothar/ Medicus, Dieter/ Rolland, Walter/ Schäfer, Carsten/ Wendtland, Holger, Das neue Schuldrecht, München 2002 *(zitiert: Haas/Medicus/Rolland/Schäfer/Wendtland/Bearbeiter)*

Handkommentar Bürgerliches Gesetzbuch, Schulze, Reiner (Hrsg.), 5. Auflage, Baden-Baden 2007 *(zitiert: HK/Bearbeiter)*

Harke, Dirk, Zur Ablaufhemmung der Verjährung beim Lieferantenregress, ZGS 2004, 14 ff.

Haug, Henner, Die Neuregelung des Verjährungsrechts, 1. Auflage, Baden-Baden 1999 *(zitiert: Haug)*

Heinrichs, Helmut, Entwurf eines Schuldrechtsmodernisierungsgesetzes: Neuregelung des Verjährungsrechts, BB 2001, 1417 ff.

Heinrichs, Helmut, Reform des Verjährungsrechts?, NJW 1982, 2021 ff.

Henssler, Martin/ Westphalen, Friedrich Graf von, Praxis der Schuldrechtsreform, 2. Auflage, Recklinghausen 2003 *(zitiert: Henssler/ v. Westphalen/Bearbeiter)*

Heß, Burkhard, Das neue Schuldrecht – In-Kraft-Treten und Übergangsregelungen, NJW 2002, 253 ff.

Honsell, Heinrich, „Schuldrechtsmodernisierung" in Deutschland, in: Festschrift für Jean Nicolas Druey, S. 177-188, Zürich 2002 *(zitiert: H. Honsell, FS Druey)*

Honsell, Heinrich, Die EU-Richtlinie über den Verbrauchsgüterkauf und ihre Umsetzung ins BGB, JZ 2001, 278 ff.

Höpker, Tilo, Verkäuferregress (§§ 478, 479 BGB), Dissertation Hamburg 2003 *(zitiert: Höpker, Verkäuferregress)*

Huber, Ulrich, Leistungsstörungen, in: Gutachten und Vorschläge zur Überarbeitung des Schuldrechts, Bundesminister der Justiz (Hrsg.), Band 1, S. 647 ff *(zitiert: Huber, Gutachten)*

Jacobs, Matthias, Der Rückgriff des Unternehmers nach § 478 BGB, JZ 2004, 225 ff.

Jauernig, Othmar, Bürgerliches Gesetzbuch Kommentar, 13. Auflage, München 2009 *(zitiert: Jauernig/Bearbeiter)*

Jung, Peter, Handelsrecht, 6. Auflage, München 2007 *(zitiert: Jung, HandelsR)*

Kähler, Lorenz, Verjährungshemmung nur bei Klage des Berechtigten?, NJW 2006, 1769 ff.

Kaser, Max, Das Römische Privatrecht, Erster Abschnitt – Das altrömische, das vorklassische und klassische Recht, 2. Auflage, München 1971 *(zitiert: Kaser I)*

Kaser, Max, Das Römische Privatrecht, Zweiter Abschnitt – Die nachklassischen Entwicklungen, 2. Auflage, München 1975 *(zitiert: Kaser II)*

Kaser, Max/ Knütel, Rolf, Römisches Privatrecht, 18. Auflage, München 2005 *(zitiert: Kaser/Knütel)*

Kegel, Gerhard, Von wilden Tieren, zerstreuten Leuten und versunkenen Schiffen. Zum Verhältnis von Besitz und Eigentum beweglicher Sachen, in: Festschrift für Ernst von Caemmerer, Tübingen 1978, S. 149 *(zitiert: Kegel, FS Caemmerer)*

Kerwer, Christof, Die Erfüllung in der Zwangsvollstreckung, Dissertation Saarbrücken 1995 *(zitiert: Kerwer)*

Kirchner, Hildebert/ Pannier, Dietrich von, Abkürzungsverzeichnis der Rechtssprache, 6. Auflage, Berlin 2008

Koch, Robert, Auswirkungen der Schuldrechtsreform auf die Gestaltung Allgemeiner Geschäftsbedingungen, WM 2002, 2217 ff.

Köhler, Helmut, Anmerkung zu BGH VIII ZR 312/87 (BGHZ 107, 249), JZ 1990, 43 ff.

Kötz, Hein, Zur Verjährung der Sachmangelansprüche, in: Festschrift für Dieter Medicus, Köln/Berlin/Bonn/ München 1999 *(zitiert: Kötz, FS Medicus)*

Kullmann, Hans Josef, Die Rechtsprechung des Bundesgerichtshofs zum Produkthaftpflichtrecht in den Jahren 1997/1998, NJW 1999, 96 ff.

Kullmann, Hans Josef, Die Rechtsprechung des BGH zum Produkthaftpflichtrecht in den Jahren 2000 und 2001, NJW 2002, 30 ff.

Kullmann, Hans Josef, Die Rechtsprechung des BGH zum Produkthaftpflichtrecht in den Jahren 2003-2005, NJW 2005, 1907 ff.

Larenz, Karl, Lehrbuch des Schuldrechts, Zweiter Band, Besonderer Teil, 1. Halbband, 13. Auflage, München 1986 *(zitiert: Larenz, Schuldrecht)*

Leenen, Detlef, § 477 BGB: Verjährung oder Risikoverlagerung?, Berlin 1997, *(zitiert: Leenen, § 477)*

Leenen, Detlef, Die Neugestaltung des Verjährungsrechts durch das Schuldrechtsmodernisierungsgesetz, DStR 2002, 34 ff.

Leenen, Detlef, Die Neuregelung der Verjährung, JZ 2001, 552 ff.

Lehmann, Michael, Informationsverantwortung und Gewährleistung für Werbeangaben beim Verbrauchsgüterkauf, JZ 2000, 280 ff.

Lepsius, Susanne, Obliegenheiten versus unternehmerische Dispositionsfreiheit als taugliche Prinzipien bei der gegenwärtigen und künftigen Interpretation der §§ 478, 479 BGB?, AcP 207 (2007), 340 ff.

Liebs, Detlef, Lateinische Rechtsregeln und Rechtssprichwörter, 6. Auflage, München 1998 *(zitiert: Liebs)*

Littbarski, Sigurd, Verjährungsrechtliche Divergenzen im Sachmängelrecht, NJW 1981, 2331 ff.

Lorenz, Stephan, Unternehmerregress im Verbrauchsgüterkauf und Internationales Privatrecht – Zum internationalen Anwendungsbereich der §§ 478, 479 BGB –, in: Festschrift für Erik Jayme, München 2004, S. 533 *(zitiert: Lorenz, FS Jayme)*

Lorenz, Stephan, Schuldrechtsreform 2002: Problemschwerpunkte drei Jahre danach, NJW 2005, 1889 ff.

Lorenz, Stephan, Fünf Jahre „neues" Schuldrecht im Spiegel der Rechtsprechung, NJW 2007, 1 ff.

Lorenz, Stephan/ Riehm, Thomas, Lehrbuch zum neuen Schuldrecht, München 2002 *(zitiert: Lorenz/Riehm)*

Mankowski, Peter, Die Anspruchsgrundlage für den Ersatz von „Mangelfolgeschäden" (Integritätsschäden), JuS 2006, 481 ff.

Mansel, Heinz-Peter, Die Reform des Verjährungsrechts, in: Zivilrechtswissenschaft und Schuldrechtsreform, Tübingen 2001, Ernst, Wolfgang/ Zimmermann, Reinhard (Hrsg.) *(zitiert: Ernst/Zimmermann/Mansel)*

Mansel, Heinz-Peter, Die Neuregelung des Verjährungsrechts, NJW 2002, 89 ff.

Mansel, Heinz-Peter/ Budzikiewicz, Christine, Das neue Verjährungsrecht, Bonn 2002 *(zitiert: Mansel/Budzikiewicz)*

Mansel, Heinz-Peter/ Budzikiewicz, Christine, Einführung in das neue Verjährungsrecht, JURA 2003, 1 ff.

Mansel, Heinz-Peter/ Budzikiewicz, Christine, Verjährungsanpassungsgesetz: Neue Verjährungsfristen, insbesondere für die Anwaltshaftung und im Gesellschaftsrecht, NJW 2005, 321 ff.

Marx, Claudius, Handlingskosten im Unternehmerrückgriff, BB 2002, 2566 ff.

Masch, Christian/ Herwig, Hanns Jörg, Ad multos annos – die Haftung für Weiterfresser nach der Schuldrechtsmodernisierung, ZGS 2005, 24 ff.

Matthes, Jens, Der Herstellerregress nach § 478 BGB in Allgemeinen Geschäftsbedingungen – ausgewählte Probleme, NJW 2002, 2505 ff.

Matusche-Beckmann, Annemarie, §§ 478, 479 BGB und die Weitergabe von Regressrisiken an Zulieferer, in: Recht und Risiko – Festschrift für Helmut Kollhosser, Karlsruhe 2004, S. 459 ff. *(zitiert: Matusche-Beckmann, FS Kollhosser)*

Matusche-Beckmann, Annemarie, Unternehmerregress im neuen Kaufrecht: Rechtsprobleme in der Praxis, BB 2002, 2561 ff.

Maultzsch, Felix, Schuldrechtsmodernisierung 2001/2002: Der Regress des Unternehmers beim Verbrauchsgüterkauf, JuS 2002, 1171 ff.

Maultzsch, Felix, Der Ausschluss der Beweislastumkehr gem. § 476 BGB a.E., NJW 2006, 3091 ff.

Medicus, Dieter, Die Leistungsstörungen im neuen Schuldrecht, JuS 2003, 521 ff.

Menges, Moritz, Kettengewährleistung – Neubeginn der Verjährung als Folge kaufrechtlicher Nachlieferung, JuS 2008, 395 ff.

Münchener Kommentar zum BGB, Band 1, 3. Auflage, München 1993 *(zitiert: MünchKomm/Bearbeiter (1993))*, **Band 2**, 3. Auflage, München 1994 *(zitiert: MünchKomm/Bearbeiter (1994))*, **Band 5**, 3. Auflage, München 1997 *(zitiert: MünchKomm/Bearbeiter (1997))*, **Band 1**, 6. Auflage, München 2012 *(zitiert: MünchKomm/Bearbeiter)*, **Band 2**, 5. Auflage, München 2007 *(zitiert: MünchKomm/Bearbeiter)*, **Band 3**, 6. Auflage, München 2012 *(zitiert: MünchKomm/Bearbeiter)*, **Band 5**, 5. Auflage, München 2009 *(zitiert: MünchKomm/Bearbeiter)*

Münchener Kommentar zum Handelsgesetzbuch, 2. Auflage, München 2007 *(zitiert: MünchKomm-HGB/Bearbeiter)*

Münchener Kommentar zur Zivilprozessordnung, Band 1, 3. Auflage, München 2008 *(zitiert: MünchKomm-ZPO/Bearbeiter)*, Band 2, 3. Auflage, München 2007 *(zitiert: MünchKomm-ZPO/Bearbeiter)*

Musielak, Hans-Joachim, Kommentar zur Zivilprozessordnung, 6. Auflage, München 2008 *(zitiert: Musielak/Bearbeiter, ZPO)*

Oetker, Hartmut, Die Verjährung, Baden-Baden 1994 *(zitiert: Oetker)*

Oetker, Hartmut/ Maultzsch, Felix, Vertragliche Schuldverhältnisse, 3. Auflage, Berlin/Heidelberg 2007 *(zitiert: Oetker/Maultzsch)*

Palandt, Otto, Bürgerliches Gesetzbuch, 71. Auflage, München 2012 *(zitiert: Palandt/Bearbeiter)*

Patti, Salvatore, Rechtssicherheit und Gerechtigkeit im Verjährungsrecht des DCFR, ZEuP 2010, 58 ff.

Peters, Frank, Die Einrede der Verjährung als ein den Rechtsstreit in der Hauptsache erledigendes Ereignis, NJW 2001, 2289 ff.

Peters, Frank, Verjährungsfristen bei Minderung und mangelbedingtem Rücktritt, NJW 2008, 119 ff.

Peters, Frank/ Zimmermann, Reinhard, Verjährungsfristen – Der Einfluß von Fristen auf Schuldverhältnisse, Möglichkeiten der Vereinheitlichung von Verjährungsfristen, in: Gutachten und Vorschläge zur Überarbeitung des Schuldrechts, Bundesministerium der Justiz (Hrsg.), S. 77 ff., Köln 1981 *(zitiert: Peters/Zimmermann, Gutachten)*

Pfeiffer, Thomas, Unkorrektheiten bei der Umsetzung der Verbrauchsgüterkaufrichtlinie in das deutsche Recht, ZGS 2002, 94 ff. (Teil 1), ZGS 2002, 138 ff. (Teil 2), ZGS 2002, 217 ff. (Teil3), ZGS 2002, 390 ff. (Teil 4)

Plehwe, Thomas von, Verjährung des dinglichen Herausgabeanspruchs und Ersitzung in Fällen abhanden gekommener Kulturgüter – Zur Notwendigkeit einer Reform, KUR 2001, 49 ff.

Prölss, Jürgen, Die Haftung des Verkäufers von Gesellschaftsanteilen für Unternehmensmängel, ZIP 1981, 337 ff.

Prütting, Hanns/ Wegen, Gerhard/ Weinreich, Gerd, BGB Kommentar, 3. Auflage, Köln 2008 *(zitiert: Prütting/Wegen/Weinreich/Bearbeiter)*

Rabe, Dieter, Verjährungshemmung nur bei Klage des Berechtigten?, NJW 2006, 3089 ff.

Reich, Norbert, Die Umsetzung der Richtlinie 1999-44-EG in das deutsche Recht, NJW 1999, 2397 ff.

Reinicke, Dietrich/ Tiedtke, Klaus, Kaufrecht, 8. Auflage, Köln München 2009 *(zitiert: Reinicke/Tiedtke)*

Reinking, Kurt, Die Geltendmachung von Sachmängelrechten und ihre Auswirkung auf die Verjährung, ZGS 2002, 140 ff.

Röhricht, Volker/ Westphalen, Friedrich Graf von, Handelsgesetzbuch, 3. Auflage, Köln 2008 *(zitiert: Röhricht/v. Westphalen/Bearbeiter)*

Rosenberg, Leo/ Schwab, Karl Heinz/ Gottwald, Peter, Zivilprozessrecht, 16. Auflage, München 2004 *(zitiert: Rosenberg/Schwab/Gottwald)*

Roth, Herbert, Die Einrede des Bürgerlichen Rechts, München 1988 *(zitiert: Roth)*

Roth, Wulf-Henning, Sondertagung Schuldrechtsmodernisierung – Europäischer Verbraucherschutz und BGB, JZ 2001, 475 ff.

Sachsen Gessaphe, Karl August von, Der Rückgriff des Letztverkäufers – neues europäisches und deutsches Kaufrecht, RIW 2001, 721 ff.

Sachsen Gessaphe, Karl August von, Neues Kaufrecht und Lieferbedingungen im unternehmerischen Geschäftsverkehr, in: Festschrift für Hans Jürgen Sonnenberger, München 2004, S. 99 ff. *(zitiert: v. Sachsen Gessaphe, FS Sonnenberger)*

Saenger, Ingo, Zum Beginn der Verjährungsfrist bei kaufrechtlichen Gewährleistungsansprüchen, NJW 1997, 1945 ff.

Savigny, Friedrich Carl von, System des heutigen römischen Rechts, Band 5, Berlin 1841 *(zitiert: Savigny, Bd. V)*

Schäfer, Hans-Bernd/ Ott, Claus, Lehrbuch der ökonomischen Analyse des Zivilrechts, 4. Auflage, Berlin Heidelberg 2005 *(zitiert: Schäfer/Ott)*

Schellhammer, Kurt, Zivilprozess, 11. Auflage, Heidelberg 2004 *(zitiert: Schellhammer, ZPO)*

Schimmel, Roland/ Buhlmann, Dirk, Verjährungsklauseln in AGB nach der Schuldrechtsmodernisierung, ZGS 2002, 109 ff.

Schindler, Sven, Der Verbrauchsgüterkauf, JA 2004, 835 ff.

Schlosser, Peter, Selbständige peremptorische Einrede und Gestaltungsrecht im deutschen Zivilrecht, JuS 1966, 257 ff.

Schmid, Karlheinz, Gewährleistungszeiten und Verjährungsfristen in Allgemeinen Geschäftsbedingungen, DB 1990, 617 ff.

Schmidt, Karsten, Handelsrecht, 4. Auflage, Köln/Berlin/Bonn/München 1994 *(zitiert: K. Schmidt, Handelsrecht)*

Schmidt, Rudolf, Die Falschlieferung beim Kauf, NJW 1962, 710 ff.

Schmidt-Räntsch, Jürgen, Umsetzung der kommenden Kaufrechtsrichtlinie, ZEuP 1999, 294 ff.

Schmidt-Räntsch, Jürgen, Der Entwurf eines Schuldrechtsmodernisierungsgesetzes, ZIP 2000, 1639 ff.

Schmitz, Michaela, Die Fristberechnung nach römischen Recht – Zugleich ein Beitrage zu den Grundlagen der §§ 187 – 193 BGB, Dissertation Bonn 2001 *(zitiert: Schmitz)*

Schnaufer, Susanne, Die Kenntnis des Geschädigten als Auslöser für den Beginn der Verjährungsfrist, Dissertation Mannheim 1997 (*zitiert: Schnaufer)*

Schneider, Egon, Richterlicher Hinweis auf Verjährungsablauf, NJW 1986, 1316 ff.

Schollmeyer, Mario, Zur Reichweite der kaufrechtlichen Nacherfüllung bei Weiterfresserschäden, NJOZ 2009, 2729 ff.

Schubel, Christian, Schuldrechtsmodernisierung 2001/2002 – Das neue Kaufrecht, JuS 2002, 313 ff.

Schubel, Christian, Schuldrechtsreform: Perspektivenwechsel im Bürgerlichen Recht und AGB-Kontrolle für den Handelskauf, JZ 2001, 1113 ff.

Schubel, Christian, Mysterium Lieferkette, ZIP 2002, 2061 ff.

Schulze, Reiner/ Ebers, Martin, Streitfragen im neuen Schuldrecht, JuS 2004, 462 ff.

Schumacher, Jörg, Der Lieferantenregress gemäß §§ 478, 479 BGB, Dissertation Baden-Baden 2004 *(zitiert: Schumacher, Lieferantenregress)*

Schünemann, Wolfgang, Befriedigung durch Zwangsvollstreckung, JZ 1985, 49 ff.

Sendmeyer, Stefanie, Die Ablaufhemmung der Verjährung im Unternehmerregress, NJW 2008, 1914 ff.

Soergel, Hans Theodor, Bürgerliches Gesetzbuch, **Band 1** (Allgemeiner Teil), 12. Auflage, Stuttgart/Berlin/Köln/Mainz 1987 *(zitiert: Soergel/Bearbeiter (1987))*, **Band 3** (Schuldrecht II), 12. Auflage, Stuttgart/Berlin/Köln 1991 *(zitiert: Soergel/Bearbeiter (1991))*, **Band 5/2** (Schuldrecht 4/2), 12. Auflage, Stuttgart/Berlin/Köln 1998 *(zitiert: Soergel/Bearbeiter (1998))*, **Band 6/2** (Schuldrecht 4/2), 13. Auflage, Stuttgart 2009 *(zitiert: Soergel/Bearbeiter)*

Spiro, Karl, Die Begrenzung privater Rechte durch Verjährungs-, Verwirkungs- und Fatalfristen, Band I: Die Verjährung der Forderungen, Bern 1975 *(zitiert: Spiro, Bd. I)*

Staub, Hermann, Handelsgesetzbuch, 4. Auflage, Berlin 2004 *(zitiert: Staub/Bearbeiter)*

Staudenmayer, Dirk, Die EG-Richtlinie über den Verbrauchsgüterkauf, NJW 1999, 2393 ff.

Staudinger, Ansgar, Das Schicksal der Judikatur zu „weiterfressenden Mängeln“ nach der Schuldrechtsreform, ZGS 2002, 145 ff.

Staudinger, Julius von, Kommentar zum Bürgerlichen Gesetzbuch, **Erstes Buch** – Allgemeiner Teil (§§ 164-240), 13. Auflage, Berlin 1995 *(zitiert: Staud/Bearbeiter (1995))*, **Zweites Buch** – Recht der Schuldverhältnisse (§§ 433-534), 13. Auflage, Berlin 1995 *(zitiert: Staud/Bearbeiter (1995))*, **Buch 1**, Allgemeiner Teil 5 (§§ 164-240), Berlin, Neubearbeitung 2009 *(zitiert: Staud/Bearbeiter)*, **Buch 2**, Recht der Schuldverhältnisse – Einleitung zum Schuldrecht (§§ 241-243), Berlin, Neubearbeitung 2009 *(zitiert: Staud/Bearbeiter)*, **Buch 2**, Recht der Schuldverhältnisse – Leasing, Kaufrecht und Leasingrecht, (§§ 433-487), Berlin, Neubearbeitung 2004 *(zitiert: Staud/Bearbeiter)*

Stein, Friedrich/ Jonas, Martin, Kommentar zur Zivilprozessordnung **Band 3** (§§ 128-252), 22. Auflage, Tübingen 2005 *(zitiert: Stein/Jonas/Bearbeiter)*, **Band 7** (§§ 704-827), 22. Auflage, Tübingen 2002 *(zitiert: Stein/Jonas/Bearbeiter)*

Stöber, Michael, Beschaffenheitsgarantien des Verkäufers, Dissertation Berlin 2006 *(zitiert: Stöber)*

Tengelmann, Curt, Gewährleistung und Garantie und deren Fristen beim Kauf, NJW 1966, 2195 ff.

Tettinger, Peter W., Wer frißt wen? Weiterfresser vs. Nacherfüllung, JZ 2006, 641 ff.

Thomas, Heinz/ Putzo, Hans, Zivilprozessordnung, 30. Auflage, München 2009 *(zitiert: Thomas/Putzo)*

Tiedtke, Klaus/ Schmitt, Marco, Der Händlerregress im Rahmen des Verbrauchsgüterkaufs, ZIP 2005, 681 ff.

Tröger, Tobias, Voraussetzungen des Verkäuferregresses im BGB, AcP 204 (2004), 115 ff.

Tröger, Tobias, Aufwendungsersatz nach § 478 Abs. 2 BGB, ZGS 2003, 296 ff.

Unterholzner, Karl August Dominik, Ausführliche Entwickelung der gesammten Verjährungslehre aus den gemeinen in Deutschland geltenden Rechten, Band 1, Leipzig 1828 *(zitiert: Unterholzner)*

Wagner, Axel-Michael/ Neuenhahn, Stefan, Die Anwendbarkeit der §§ 478 und 479 BGB auf die „Beschaffungskette" des Herstellers, ZGS 2002, 395 ff.

Wagner, Axel-Michael/ Neuenhahn, Stefan, Die vertragliche Erstreckung der Regelungen der §§ 478, 479 BGB auf die „Beschaffungskette" des Herstellers – 2. Teil –, ZGS 2003, 64 ff.

Wagner, Gerhard, Mangel- und Mangelfolgeschäden im neuen Schuldrecht?, JZ 2002, 475 ff.

Wagner, Gerhard, Schlusswort, JZ 2002, 1092 ff.

Wagner, Gerhard, Die Verjährung gewährleistungsrechtlicher Rechtsbehelfe nach neuem Schuldrecht, ZIP 2002, 789 ff.

Westermann, Harm Peter, Das neue Kaufrecht, NJW 2002, 241 ff.

Westphalen, Eduard Graf von, Zur Auslegung von § 476 bei Verschleiß und Bedienungsfehlern, ZGS 2005, 210 ff.

Westphalen, Friedrich Graf von, Allgemeine Verkaufsbedingungen, 6. Auflage, München 2007, *(zitiert: v. Westphalen, Allgemeine Verkaufsbedingungen)*

Westphalen, Friedrich Graf von, Drei Jahre Schuldrechtsreform – Versuch einer (vorläufigen) Bilanz, BB 2005, 1 ff.

Westphalen, Friedrich Graf von, Garantie- und Gewährleistungsvergütungen im Verhältnis zwischen Hersteller – Handel – Endkunde, NJW 1980, 2227 ff.

Wieser, Eberhard, Prozessrechtskommentar zum BGB, 2. Auflage, Köln 2002 *(zitiert: Wieser)*

Windscheid, Bernhard, Die Actio des römischen Civilrechts, vom Standpunkte des heutigen Rechts, Düsseldorf 1856 *(zitiert: Windscheid)*

Witt, Carl-Heinz, Beweislastumkehr nach § 476 BGB bei äußerlichen Beschädigungen der Kaufsache, NJW 2005, 3468 ff.

Zimmermann, Reinhard, Die Verjährung, JuS 1984, 409 ff.

Zimmermann, Reinhard, „...ut sit finis litium" – Grundlinien eines modernen Verjährungsrechts auf rechtsvergleichender Grundlage, JZ 2000, 853 ff.

Zimmermann, Reinhard/ Leenen, Detlef/ Mansel, Heinz-Peter/ Ernst, Wolfgang, Finis Litium? Zum Verjährungsrecht nach dem Regierungsentwurf einer Schuldrechtsmodernisierungsgesetzes, JZ 2001, 684 ff.

Zöller, Richard, Zivilprozessordnung, 27. Auflage, Köln 2009 *(zitiert: Zöller/Bearbeiter)*

A) Einleitung

Friedrich Carl von Savigny ernannte die Verjährung einmal zu einem der „wichtigsten und wohlthätigsten Rechtsinstitute“.[1] Tatsächlich ist die Verjährungseinrede eine der wichtigsten und vor allem praxisrelevantesten Einreden. Die Frage nach der Verjährung eines Anspruchs ist vor den Zivilgerichten eine häufig gestellte. Nicht nur allgemein, sondern auch speziell innerhalb des Gewährleistungsrechts nimmt die Verjährung eine wichtige Stellung ein. Sie ist eines der Rechtsinstitute, das von der Schuldrechtsreform 2002 am stärksten betroffen und am meisten geändert wurde. Trotzdem genießt die Verjährung im Allgemeinen keine allzu große Aufmerksamkeit.[2]

Die vorliegende Arbeit soll einen umfassenden Überblick über die gegenwärtige Regelung der Verjährung von kaufrechtlichen Gewährleistungs- und Rückgriffsansprüchen bieten. Unter Einbeziehung der geschichtlichen Entwicklung wird dargestellt, was Verjährung im Allgemeinen wie auch speziell im Kaufrecht bedeutet, woher dieses Rechtsinstitut kommt, welche Aufgaben die Verjährung zu erfüllen hat und ob sie diesen auch nachkommt. Dabei beschränken sich die Betrachtungen nicht auf die Länge der jeweiligen Verjährungsfristen. Länge der Verjährungsfrist, Beginn und Ende der Frist, Voraussetzungen für Neubeginn und Hemmung, sowie die Möglichkeit abweichender Vereinbarungen machen erst im Zusammenspiel den Charakter der Verjährung aus.[3] So ist beispielsweise eine Einjahresfrist mit kenntnisabhängigem Anknüpfungspunkt für den Fristbeginn nicht zwangsläufig genauso lang wie eine Einjahresfrist, deren Beginn von der Kenntnis des Gläubigers von seinem Anspruch völlig unabhängig ist. Dementsprechend sollen im Folgenden alle grundlegenden Aspekte der gewährleistungsrechtlichen Verjährung beleuchtet werden. Besonderes Augenmerk wird darauf gelegt, ob die Erwartungen, die an die Schuldrechtsreform gestellt wurden, Gesetz geworden sind.

Der erste Teil des Kapitels B) befasst sich zunächst allgemein mit dem Ursprung der Verjährung und der Entwicklung ihres Verständnisses vom Verlust des Klagrechts bis zur Einrede in der Gestalt vor der Schuldrechtsreform. Im zweiten Teil des Kapitels B) werden die Schwierigkeiten dargestellt, die sich nach der Rechtslage vor der Schuldrechtsreform hinsichtlich der kaufrechtlichen Verjährung ergaben. In Kapitel C) schließt sich die Darstellung der heutigen Regelung der Verjährung von kaufrechtlichen Gewährleistungs- und Rückgriffsansprüchen in ihrer durch die Schuldrechtsreform erlangten Gestalt an. An der alten Rechtslage gab es nicht wenig Kritik, die Erwartungen an die Neuregelun-

---

1 Savigny, Band V, 1841, S. 272.

2 Büdenbender, JuS 1997, 481; Heinrichs, NJW 1982, 2021; R. Zimmermann, JZ 2000, 853, 857.

3 BT-Drucks 14/6040, S. 95.

gen im Verjährungsrecht waren dementsprechend hoch. Daher soll dargestellt werden, ob sich die nach alter Rechtslage bestehenden Probleme und Ungereimtheiten erledigt haben bzw. ob durch die Schuldrechtsreform neue Unsicherheiten entstanden sind. So wird es unter anderem um die Frage gehen, ob die angestrebte Vereinheitlichung der Verjährungsfristen erreicht wurde und die statuierten Fristen angemessen sind, oder ob die Neuerungen eher willkürlich erscheinen.[4]

Die Sinnhaftigkeit und Sachgerechtigkeit der einzelnen verjährungsrechtlichen Normen lässt sich jedoch nicht aus sich selbst heraus ermitteln, sondern erfordert die Rückbesinnung auf Sinn und Zweck der Verjährung, sowohl im Allgemeinen, wie auch speziell im Bereich des Kaufrechts. Kapitel D) bietet zu diesem Zweck einen Überblick über die einzelnen Interessen und Wertungen, welche die Existenz des Rechtsinstituts Verjährung rechtfertigen.

Ausgehend von dieser Basis wird in Kapitel E) eine Bewertung des heutigen Verjährungssystems für kaufrechtliche Gewährleistungs- und Rückgriffsansprüche vorgenommen. Dabei stehen einige ausgewählte Einzelfragen im Fokus der Betrachtungen. So wird beispielsweise auf das verjährungsrechtliche Verhältnis zwischen deliktischen und vertraglichen Ansprüchen näher eingegangen. Durch die Reform sollte hinsichtlich Mangelfolgeschäden und deliktisch geschützter Rechtsgüter, die im Zusammenhang mit der Mangelhaftigkeit einer Kaufsache verletzt werden, für größere Rechtssicherheit gesorgt werden.[5] Während von einer Auffassung jedoch die Koexistenz und Selbständigkeit der einschlägigen Anspruchsgrundlagen des Delikt- und Kaufrechts von Grund auf angezweifelt wird,[6] wird von anderer Seite schon die Einbeziehung von Mangelfolgeschäden in den Anwendungsbereich der kaufrechtlichen Verjährung als übertrieben verkäuferfreundliche Regelung kritisiert.[7] In besonderem Maße gehen die Meinungen auseinander, wenn es um die Schnittstelle zwischen Delikts- und Vertragsrecht geht – den weiterfressenden Schaden. Es wird die Auffassung vertreten, diese Konstruktion sei nach der Schuldrechtsreform nicht mehr erforderlich, da sich die Problematik durch die Annäherungen der Verjährungsfristen quasi erledigt habe.[8] Ob dem tatsächlich zuzustimmen ist, wird Gegenstand näherer Betrachtungen sein. So wird dargestellt, was unter dem so genannten „Weiterfresserschaden" zu verstehen ist, wie seine Handhabe nach alter Rechtslage war und ob die Schuldrechtsreform diesbezügliche Novationen gebracht hat.

4 So H. Honsell, FS Druey, S. 177, 182.

5 BT-Drucks 14/6040, S. 133.

6 Oetker/Maultzsch, S. 128; Mansel, NJW 2002, 89, 95.

7 Staud/Matusche-Beckmann, § 438 Rz 27; Bamberger/Roth/Faust, § 438 Rz 9; Dauner-Lieb/Konzen/Schmidt/Leenen, S. 113; Leenen, § 477, S. 28; Leenen, JZ 2001, 552, 556; Mansel, NJW 2002, 89, 95.

8 Mansel/Budzikiewicz, S. 148; Foerste, ZRP 2001, 342; H. P. Westermann, NJW 2002, 241, 250; P. W. Tettinger, JZ 2006, 641, 643.

Im Bereich der Verjährung der kaufrechtlichen Gewährleistungsansprüche nach § 438 BGB sind vor allem die Folgen der Nacherfüllung „auf Kulanz" und jene der mangelhaften Nacherfüllung umstritten. Bei der Abhandlung dieser Probleme wird sich die vorliegende Arbeit insbesondere mit der Frage auseinandersetzen, ob eine mangelhafte Nacherfüllung wiederum Gewährleistungsansprüche auslöst und es so zu einer so genannten „Kettengewährleistung" kommt, oder ob eine solche als unzumutbare Haftung für den Verkäufer abzulehnen ist.[9]

Offene Fragen gibt es ferner im Bereich der Verjährung der kaufrechtlichen Regressansprüche des Unternehmers nach § 479 BGB. Beispielsweise ist nicht ausdrücklich geregelt, wie es verjährungsrechtlich zu beurteilen ist, wenn der Unternehmer eine Sache zunächst bei sich lagert und erst nach Ablauf von zwei Jahren, also quasi nach Eintritt der Verjährung, an einen Verbraucher veräußert. Bei dieser so genannten „Ladenhüterproblematik" stellt sich die Frage, ob der Unternehmer gegenüber seinem Lieferanten wegen der in § 479 Abs. 2 BGB statuierten Ablaufhemmung noch Gewährleistungsansprüche geltend machen kann,[10] oder ob seine Regressansprüche bereits verjährt sind. Hinsichtlich der Ablaufhemmung stellt sich ferner das Problem, dass § 479 Abs. 2 BGB weder den Zeitpunkt noch die Voraussetzungen des Beginns der Hemmung ausdrücklich regelt. Zu diskutieren ist, ob eine von der regressrechtlichen Verjährungsfrist abweichende Fünfjahresfrist statuiert wird, die in ihrer Wirksamkeit unabhängig vom Vorliegen einer Regresssituation ist,[11] oder ob eine solche Ausdehnung der Ablaufhemmung abzulehnen ist.

Des Weiteren beschäftigt sich die vorliegende Arbeit mit den Möglichkeiten, von den gesetzlichen Regelungen abweichende Vereinbarungen zu treffen. Als Bezugspunkt für die Sachgerechtigkeit wird dabei die hypothetische Vereinbarung zweier gleichstarker, rational handelnder Vertragspartner herangezogen, da sich der Gesetzgeber an einer solchen orientieren sollte.[12]

---

9 So Schmidt-Räntsch, ZIP 2000, 1639, 1644; Auktor/Mönch, NJW 2005, 1686, 1687.

10 So Staud/Matusche-Beckmann, § 479 Rz 5; Soergel/Wertenbruch, § 479 Rz 48; MünchKomm/Lorenz, § 479 Rz 11; Palandt/Weidenkaff, § 479 Rz 5; Erman/Grunewald, § 479 Rz 4; Bamberger/Roth/Faust, § 479 Rz 6; Prütting/Wegen/Weinreich/Schmidt, § 479 Rz 6; Grunewald, Kaufrecht, S. 298 Rz 28; Böhle, Rückgriff in der Lieferkette, S. 181; Ernst/Gsell, ZIP 2001, 1389, 1397; Maultzsch, JuS 2002, 1171, 1174.

11 So MünchKomm/Lorenz, § 479 Rz 12; Bamberger/Roth/Faust, § 479 Rz 10; Böhle, Rückgriff in der Lieferkette, S. 176 f; Mansel/Budzikiewicz, S. 159; Tiedtke/Schmitt, ZIP 2005, 681, 685 f.; Sendmeyer, NJW 2008, 1914, 1917.

12 Kötz, FS Medicus, S. 283, 286; Eidenmüller, JZ 2001, 283, 285; P. W. Tettinger, JZ 2006, 641, 643.

B) Entwicklung des Rechtsinstituts der Verjährung bei der Sachmängelhaftung

I. Entwicklung der Verjährung bis zur Schuldrechtsreform

1. Von dem Verlust des Klagrechts zur Nichtdurchsetzbarkeit des Anspruchs – Begriff und Entwicklung der Verjährung

Um die tatsächliche Bedeutung und Wichtigkeit des Rechtsinstituts der Verjährung erfassen zu können, sollte man sich zunächst ansehen, woher Verjährung kommt und was genau darunter zu verstehen ist. Im klassischen römischen Recht gab es noch keine Verjährung. Hier waren die meisten Klagen „perpetuae", das heißt man konnte sie noch nach unbestimmter Zeit erheben.[13] Ein der allgemeinen Verjährung entsprechendes Rechtsinstitut wurde erstmals im Jahre 424 n.Chr. per Gesetz von Theodosius II. eingeführt und fand im Jahre 438 n.Chr. veröffentlichten Codex Theodosianus in Absatz 4.14.1.1 Niederschlag:

Quae ergo ante non motae sunt actiones, triginta annorum iugi silentio, ex quo competere iure coeperunt, vivendi ulterius non habeant facultatem.[14]

Diejenigen Klagen, die nicht vorher erhoben worden sind, sollen also nach einem Stillschweigen von 30 Jahren, gerechnet vom Zeitpunkt, von dem ab sie [ihrem Inhaber] von Rechts wegen zustanden, weiterzuleben nicht mehr die Kraft haben.[15]

Nach dieser Regelung verloren grundsätzlich alle Klage ihre Durchsetzbarkeit nach 30 Jahren. Nur einzelne Ansprüche waren diesem Untergang durch Zeitablauf gefeit, wie z.B. der Freilassungsanspruch oder der Steuerforderungsanspruch des Fiskus.[16] Das der Verjährung im römischen Recht entsprechende Rechtsinstitut nannte sich praescriptio longi temporis und wurde hauptsächlich

---

13 Siehe dazu Savigny, Bd. V, S. 273; Göschen, S. 423; Kaser II, S. 71; Dernburg, S. 338.

14 Veröffentlicht z.B. auf http://www.thelatinlibrary.com/theodosius/theod04.shtml.

15 Übersetzung bei Kaser/Knütel, S. 39 Rz 12.

16 Siehe dazu Kaser/Knütel, S. 39 Rz 12.

gegen Klagen aus dem Eigentum geltend gemacht.[17] Der Untergang des Klagrechts war dabei nicht gleichzusetzen mit dem Untergang des dahinter stehenden Rechtes und zielte nicht ab auf eine unmittelbare Änderung der Rechtslage. Vielmehr wurde dem Beklagten die Möglichkeit eingeräumt, die klageweise Durchsetzung eines Anspruchs allein durch Berufung auf eine bestimmte Zeitspanne zu verhindern, ihm wurde quasi eine Einrede an die Hand gegeben.[18]

Im ius commune gab es zwei Formen dieser praescriptio longi temporis: die erwerbende Präskription (praescriptio acquisitiva) und die erlöschende Präskription (praescriptio extinctiva).[19] Unter erwerbender Präskription verstand man die usucapio (Erwerb des Eigentums durch lange Zeit fortwährenden Besitzes), die der heutigen Ersitzung entspricht. Die erlöschende Präskription umfasste non usus (Erlöschen von Rechten wie z.B. Dienstbarkeiten an Sachen durch Nichtgebrauch, ohne dass ein neues Recht entsteht) und praescriptio actionum (Untergang von Klagen und Ansprüchen infolge von Nichtausübung).[20] Die Präskription wurde damit im weitesten Sinne verstanden als „die Herbeiführung eines neuen Rechtszustands durch Zeitablauf".[21] Diese Präskriptionslehre spiegelt sich heute noch in einigen Rechtssystemen wider.[22]

In Deutschland wurde die Präskriptionslehre im 19. Jahrhundert verworfen, insbesondere als Reaktion auf die Kritik Savignys, der es als verfehlt erachtete, „alle durch Zeit bedingten Änderungen der Rechtsverhältnisse unter einen gemeinsamen Gattungsbegriff zu bringen".[23] Der Gedanke, dass im Interesse des Rechtsfriedens und der Rechtssicherheit nach einer gewissen Zeit tatsächliche Zustände Rechtmäßigkeit erlangen sollten, liegt zwar all diesen Rechtsinstituten zugrunde, ist aber auch ihre einzige Gemeinsamkeit, was schon dem Gesetzgeber des BGB bewusst war.[24] So wurden Erwerb und Erlöschen von Rechten systematisch getrennt. Der Erwerb eines Rechtes durch Verjährung klingt nach heutigem Rechtsverständnis eher fremd. Tatsächlich ist die usucapio heute als Ersitzung ein eigenständiges Thema, welches in den §§ 900, 937 ff, 1033 BGB geregelt ist und damit dem Sachenrecht unterfällt. Das Institut des non usus wurde gar nicht das BGB aufgenommen. Äußerst bekannt kommt einem hingegen der Gedanke vor, dass Rechte infolge von Nichtausübung ihre Durchsetzbarkeit verlieren. Entsprechende Regelungen finden sich im BGB zum Thema Verjährung.

---

17 Savigny, Bd. V, S. 273; Göschen, S. 423.

18 Savigny, Bd. V, S. 266; Peters/Zimmermann, S. 112; Oetker, S. 27; Kaser II, S. 239.

19 Siehe dazu Kaser/Knütel, S. 40 Rz 14; Dernburg, S. 337.

20 Siehe dazu Motive I, S. 288 f.; MünchKomm/Grothe, Vor § 194 Rz 4

21 Staud/Peters/Jacoby, Vorbem zu §§ 194 ff Rz 1; Oetker, S. 26; v. Dabelow, S. 5 f; Unterholzner, S. 3.

22 So z.B. im österreichischen und französischen Recht, siehe §§ 1451, 1452, 1478 Allgemeines Bürgerliches Gesetzbuch (ABGB), art. 2219 Code Civil (CC).

23 Savigny, Bd. V, S. 266.

24 Siehe dazu Motive I, S. 289.

Damit hat nur das Institut der praescriptio actionum im BGB als Verjährung Niederschlag gefunden.

Einen Wechsel in der Begrifflichkeit der Verjährung gab es im 19. Jahrhundert, und zwar hinsichtlich des Bezugspunktes der Verjährung. Die praescriptio longi temporis wurde bis ins 19. Jahrhundert grundsätzlich auf das Klagerecht bezogen.[25] Dabei verstand man unter dem Klagrecht „das durch die Verletzung eines Rechts erzeugte Recht auf gerichtlichen Schutz, dasjenige Recht, in das sich ein Recht durch seine Verletzung umwandelt".[26] Es wurde jedoch festgestellt, dass die actio wohl im Kern den Rechtsanspruch bezeichne und dass, was die Römer als „gerichtliche Verfolgbarkeit" bezeichneten, in der deutschen Rechtsentwicklung der „rechtlichen Begründetheit" entsprach.[27] Als Konsequenz daraus sollte sich die Verjährung nach dem Stand der Rechtsentwicklung nicht auf Klagen, sondern auf Ansprüche beziehen.[28] Dementsprechend wurde der Begriff der Klagenverjährung trotz seiner Verwurzelung im Rechtssystem aufgegeben, so dass man seitdem unter Verjährung i.S.d. BGB den durch Zeitablauf eintretenden Verlust der Durchsetzbarkeit eines Rechts, bzw. das durch Zeitablauf entstehende Recht des Schuldners die Leistung zu verweigern, verstand. Damit ist Verjährung i.S.d. BGB nicht mehr als Verlust des Klagrechts zu verstehen, sondern gleichzusetzen mit *Anspruchs*verjährung.

2. Entwicklung der gesetzlichen Verjährungsfristen bis zum BGB

Die Festlegung der allgemeinen Verjährungsfrist auf 30 Jahre, vgl. Codex Theodosius 4.14.1.1, geschah nach gewohnheits- und provinzialrechtlichem Vorbild.[29] Diese Frist ergab sich daraus, dass man eine Generation mit 30 Jahren veranschlagte. Das legt auch die Formulierung im Codex Theodosius 4.14.1 nahe, die von der Lebenskraft des Anspruchs („vivendi facultas") spricht.[30] Die 30jährige Regelverjährungsfrist fand sich in den meisten Kodifikationen vom Ende des 18. und im Laufe des 19. Jahrhunderts, z.B. § 546 I 9 Allgemeines Landrecht für die Preußischen Staaten (PrALR); art. 2262 CC, § 150 Sächsisches BGB, §§ 1479, 1486 ABGB, § 843 Nassauisches Privatrecht, § 2004 Niederländisches Gesetzbuch, § 2135 Italienisches Gesetzbuch.[31] Bis heute beträgt

25 § 150 des Sächsischen BGB, § 843 des Nassauischen Privatrechts, Savigny, Bd. V, S. 265; v. Brinz, Bd. I, S. 396; Göschen, S. 423; Crome, S. 29.

26 Windscheid, S. 1.

27 Windscheid, S. 37.

28 Windscheid, S. 38.

29 Peters/Zimmermann, S. 112; Kaser/Knütel, S. 39 Rz 12.

30 Siehe dazu Kaser/Knütel, S. 39 f. Rz 13.

31 Peters/Zimmermann, S. 114.

die Regelverjährung in manchen Ländern noch 30 Jahre, so zum Beispiel in Frankreich (art. 2262 CC) oder Österreich (§ 1478 ABGB). Auch in Deutschland betrug die Regelverjährung gemäß § 195 BGB a.F. bis zur Schuldrechtsreform 30 Jahre.

Schon seit jeher existierte allerdings eine Reihe kürzerer Verjährungsfristen. So gab es beispielsweise im Mittelalter im allgemeinen Recht Verjährungsfristen von zwanzig, zehn, fünf oder vier Jahren.[32] Für Geschäfte des täglichen Verkehrs setzte der Code civil von 1804 Sondervorschriften mit Verjährungsfristen zwischen sechs Monaten und fünf Jahren fest. Um 1880 herum hatten fast alle deutschen Staaten Vorschriften über besondere, kurze Verjährungsfristen. Die Fristverkürzungen wurden entweder mit der objektiven Beschaffenheit der in Frage stehenden Leistung oder mit der Stellung des Gläubigers begründet. Der BGB-Gesetzgeber bezeichnete im Jahre 1888 das Bedürfnis für eine Differenzierung zwischen den Verjährungsfristen als „unabweisbar" und setzte für Geschäfte des täglichen Verkehrs eine kurze Verjährungsfrist fest. Er äußerte sich dazu wie folgt:

„Die ordentliche Verjährungsfrist bedarf einer wesentlichen Abkürzung in Ansehung der Ansprüche aus den Geschäften des täglichen Verkehres. Den Vorgang für die neuere Gesetzgebung in dieser Richtung bildet der code civil. (...) Die Bemessung der Dauer derselben ist dabei eine verschiedene; sie schwankt zwischen einem halben Jahre und zehn Jahren."[33]

Die Ansprüche aus Sachmängelhaftung im Kaufrecht unterlagen zum Teil schon im römischen Recht gesonderten kurzen Verjährungsfristen. Zwar waren sie nicht als Gewährleistungsrechte im heutigen Sinne kodifiziert, aber im Ädilenedikt gab es z.B. für den Käufer bei Vorliegen bestimmter Mängel eine actio redhibitonia, eine Klage auf Rückgängigmachung des Kaufes (Wandlungsklage, der Vorgänger des Rücktritts), die innerhalb von sechs Monaten verjährte. Ebenso gab es die actio quanti minoris, eine Klage auf Herabsetzung des Kaufpreises (der Vorgänger der Minderung), die binnen eines Jahres verjährte.[34] Diese actiones galten ursprünglich nur für den Sklavenkauf und etwas später auch für den Verkauf von Zug- und Lasttieren. Eine allgemeine Haftung für Sachmängel wurde hingegen als entbehrlich angesehen, da der Handkauf es dem Käufer ermöglichte, die übergebene Sache sofort zu überprüfen und gegebenenfalls zu beanstanden. Nahm der Käufer die Sache widerspruchslos an, konnte er später keine auf Mängeln beruhenden Rechte geltend machen.[35] Erst Flavius Petrus Sabbatius Iustinianus („Justinian", ca. 482-565 n.Chr.) erstreckte diese ädilizische Haftung auf alle Sachkäufe.[36]

32 Göschen, S. 431 ff ; v. Holzschuher, S. 197 ff.

33 Motive I, S. 297.

34 Siehe dazu Dernburg, S. 342; v. Holzschuher, S. 198, Kaser I S. 559 f.; Kaser/Knütel, S. 214 f, § 41 Rz 39.

35 Kaser II, S. 392.

36 Siehe dazu Kaser/Knütel, S. 218, § 41 Rz 48; Kaser II S. 393.

Im BGB von 1900 finden sich als gewährleistungsrechtliche Behelfe die Wandlung und die Minderung. Der BGB-Gesetzgeber setzte 1888 für die beiden Ansprüche eine einheitliche Verjährungsfrist fest. Dies war deshalb sinnvoll, weil beide Ansprüche auf derselben Grundlage beruhten und durch die Differenzierung lediglich das Wahlrecht des Erwerbers beeinflusst worden wäre.[37] Stattdessen unterschied der Gesetzgeber bezüglich der Verjährung nur bewegliche von unbeweglichen Sachen und folgte damit einigen neueren Gesetzgebungen.[38] Dem Händlerregress entsprechende Reglungen gab es weder im römischen Recht noch im BGB in der Fassung vor der Schuldrechtsreform. Die diesbezüglichen Reglungen stellen somit eine Innovation dar.

3. Die Verjährungsfristen des BGB vor der Schuldrechtsreform

Seit der Einführung des BGB unterliegen grundsätzlich alle zivilrechtlichen Ansprüche der Verjährung.[39] Es existieren nur wenige Ausnahmen. Unverjährbar sind z.B. Ansprüche aus familienrechtlichen Verhältnissen auf Herstellung eines Zustands wie der ehelichen Lebensgemeinschaft i.S.d. § 1353 Abs. 1 BGB, siehe § 194 Abs. 2 BGB. Zudem werden im BGB einige Ansprüche im jeweiligen Kontext ausdrücklich von der Verjährung ausgenommen, siehe beispielsweise § 758 (Anspruch auf Aufhebung der Gemeinschaft), § 898 (Ansprüche auf Berichtigung des Grundbuches), § 902 (Ansprüche aus eingetragenen Rechten), § 924 (nachbarrechtliche Ansprüche). Abgesehen von den Ausnahmen folgt das BGB dem römischen System, indem es eine Regelverjährung festsetzt und davon abweichende kurze Verjährungsfristen konstituiert, insbesondere im Kaufrecht.

Die allgemeine Verjährung war im BGB bereits vor der Schuldrechtsreform in den §§ 194 ff. BGB a.F. geregelt. Die regelmäßige Verjährungsfrist betrug nach § 195 BGB a.F. 30 Jahre. Daneben gab es jedoch eine Vielzahl verschiedener Verjährungsfristen, z.B. von zehn Jahren, fünf Jahren, vier Jahren, drei Jahren, zwei Jahren, einem Jahr, sechs Monaten, drei Monaten oder sechs Wochen. Aufgrund der vielfältigen anderen Regelungen und der zahlreichen analogen Anwendungen von Verjährungsfristen stellte die Regelverjährung eher einen Auffangtatbestand dar.[40]

---

37 Peters/Zimmermann, S. 120.

38 Vgl. z.B. § 923 Sächsisches BGB; Art. 192 Dresdner Entwurf; Art.183 Hessischer Entwurf; Motive II, S. 239.

39 Siehe schon Motive I, S. 292.

40 BT-Drucks 14/6040, S. 100; Staud/Peters (1995), § 195 Rz 2; Peters/Zimmermann, Gutachten, S. 187; Büdenbender, JuS 1997, 481, 485.

Allein im Bereich des Kaufrechts gab es mehrere Verjährungsfristen. Die Ansprüche auf Wandlung, Minderung und Schadensersatz wegen Mangels einer zugesicherten Eigenschaft verjährten gemäß § 477 Abs. 1 BGB a.F. bei beweglichen Sachen in sechs Monaten, bei Grundstücken in einem Jahr. Verschwieg der Verkäufer den Mangel arglistig, stand dem Käufer nach § 463 BGB a.F. Schadensersatz wegen Nichterfüllung zu, der nicht der kurzen Verjährung des § 477 BGB a.F. unterlag, sondern der 30jährigen Regelverjährung des § 195 BGB a.F.[41] § 490 BGB a.F. setzte für den Viehkauf die Verjährungsfrist der Mängelansprüche auf sechs Wochen fest. Die Gewährleistungsrechte im Werkvertragsrecht betrugen, wiederum abgesehen vom Fall der Arglist, gemäß § 638 Abs. 1 BGB a.F. bei beweglichen Sachen sechs Monate, bei Arbeiten an einem Grundstück ein Jahr und bei Bauwerken fünf Jahre.

Der Verjährungsbeginn war in all diesen Fällen grundsätzlich unabhängig von der Kenntnis des Gläubigers, also rein objektiv, bestimmt. So begann die allgemeine Verjährung eines Anspruchs gemäß § 198 BGB a.F. mit dessen Entstehung bzw. bei einem Anspruch auf ein Unterlassen mit der Zuwiderhandlung zu laufen, während die Verjährung der kaufrechtlichen Gewährleistungsansprüche gemäß § 477 Abs. 1 BGB a.F. mit Ablieferung der beweglichen Sache bzw. Übergabe des Grundstücks zu laufen begann.

Die Verjährung von Schadensersatzansprüchen aus unerlaubter Handlung war hingegen in § 852 Abs. 1 BGB a.F. geregelt und hatte einen subjektiven Anknüpfungspunkt. Sie betrug drei Jahre ab Kenntniserlangung oder 30 Jahre ab Begehung der Handlung.

Weitere verjährungsrechtliche Regelungen fanden sich in den §§ 202 ff. BGB. Die §§ 202 bis 204 BGB a.F. regelten Fälle der Hemmung der Verjährung. § 205 BGB a.F. beschrieb die Wirkung der Hemmung. Fälle der Ablaufhemmung wurden in den §§ 206 und 207 BGB a.F. geregelt. In den §§ 208 bis 217 BGB a.F. fanden sich Regelungen über die Unterbrechung der Verjährung. § 218 BGB a.F. ordnete an, dass die bis zur Unterbrechung verstrichene Zeit nicht mit eingerechnet wurde. Die Rechtsfolgen der Verjährung machte § 222 Abs. 1 BGB a.F. deutlich, der besagte, dass der Eintritt der Verjährung zu einem Leistungsverweigerungsrecht des Schuldners führe. Gemäß § 222 Abs. 2 BGB a.F. war das einmal Geleistete aber nicht mehr rückforderbar. Das bedurfte eigentlich keiner gesetzlichen Regelung. Schließlich gab die Verjährung dem Schuldner nur eine Einrede an die Hand und brachte nicht das betroffene Recht zum Erlöschen, so dass das bereits Geleistete auch im Nachhinein mit Rechtsgrund erbracht wurde.

41 Staud/Honsell (1995), § 477 Rz 28.

II. Probleme der alten Rechtslage

Das alte Verjährungsrecht wies einige Schwächen auf, die in der Literatur viel diskutiert und von den Gerichten auszugleichen versucht wurden. Die zahlreichen Verjährungsfristen waren selbst für Fachleute kaum noch überschaubar. Schon diese Vielfalt an Fristen war der Kritik ausgesetzt.[42] Aber auch die Angemessenheit der Verjährungsfristen wurde in Frage gestellt. Aufgrund der teilweise großen Differenz zwischen den einzelnen Verjährungsfristen und der Unangemessenheit im Einzelfall wurden in vielen Fällen für vermeintlich ähnlich gelagerte Fälle Analogien bemüht. Es wurden diverse Regeln aufgestellt, wann eine Verjährungsfrist analog anzuwenden war. Von diesen Regeln gab es jedoch zahlreiche Ausnahmen und Gegenausnahmen, was nicht nur zu Rechtsunsicherheit führte, sondern auch willkürlich erschien und damit den Verdacht der Grundrechtsverletzung des einzelnen Gläubigers nahe legte.

1. Unangemessenheit der Fristen

Die Regelverjährung von 30 Jahren wurde allgemein als zu lang angesehen, selbst für gesetzliche Ansprüche.[43] Zwar hatte diese lange Verjährungsfrist bei der Kodifizierung des BGB den noblen Zweck, Rechtseinheit im gesamten deutschen Reich zu schaffen. Mehr als ein Jahrhundert später, in einer Zeit der Schnelllebigkeit, wurde diese Frist jedoch schlichtweg als unangemessen lang empfunden.

Die Verjährung der Gewährleistungsansprüche nach § 477 BGB a.F. empfand man hingegen oftmals als zu kurz.[44] Wenn die Verjährung dem Schutz vor Beweisnöten seitens des Schuldners diene (ausführlicher dazu siehe unten, Kapitel D) I. 2.), erscheine es zweifelhaft, ob der Schuldner sich tatsächlich bereits nach sechs Wochen bzw. sechs Monaten in gravierenden Beweisschwierigkeiten befinde, so wurde argumentiert.[45] Zudem sei der Käufer oft überfordert innerhalb dieser kurzen Frist den Mangel zu entdecken, zu rügen, die Sach- und Rechtsla-

---

42 BT-Drucks 14/6040, S. 101; Peters/Zimmermann, Gutachten, S. 187; Staud/Peters, (1995) § 195 Rz 52; Heinrichs, NJW 1982, 2021, 2022.

43 BT-Drucks 14/6040, S. 101; Peters/Zimmermann, Gutachten, S. 189 f.; Staud/Peters (1995), § 195 Rz 4; H. Honsell, FS Druey, S. 177, 180; R. Zimmermann, JuS 1984, 409, 410; Heinrichs, BB 2001, 1417.

44 BGH NJW-RR 1990, 1301, 1302; BGHZ 77, 215, 221; Peters/Zimmermann, Gutachten, S. 227; Staud/Honsell (1995), § 477 Rz 2; Soergel/Huber (1991), § 477 Rz 3; Leenen, § 477, S. 8, 12; Haug, S. 73; Huber, Gutachten, S. 886; H. Honsell, FS Druey, S. 177, 180.

45 Peters/Zimmermann, Gutachten, S. 227.

ge zu klären und ein gerichtliches Verfahren in Gang zu bringen.[46] Zu kurze Verjährungsfristen würden ferner dazu führen, dass der unter Zeitdruck stehende Gläubiger seinen Anspruch direkt gerichtlich geltend machen müsste, um seinen Anspruch nicht zu verlieren.[47] Da hier die Interessen des Verkäufers stärker berücksichtigt würden als die des Käufers, handle es sich um eine übertrieben verkäuferfreundliche Regelung.[48] Die kurze Frist führe außerdem dazu, dass Ansprüche oftmals verjährt seien, bevor der Mangel sichtbar werde.[49] Wenn das Gebrauchsgut durchschnittlich zehn Jahre halte, so wurde von manchem auch geltend gemacht, machten sechs Monate zudem nur fünf Prozent der Lebensdauer aus.[50] Diese kurze Verjährungsfrist lässt sich aber unter anderem damit erklären, dass einige der Kaufgegenstände, um die es heute hauptsächlich geht, zur Zeit der Kodifizierung des BGBs noch nicht existierten, beziehungsweise nicht so häufig Gegenstand von Kaufverträgen waren. Das ist hauptsächlich für die Gruppe der Gegenstände zutreffend, deren Lebensdauer etwa fünf bis fünfzehn Jahre beträgt, wie z.B. PKW, Waschmaschinen, Kühlschränke, Computer oder Fernseher.[51] Die Fristen entsprachen demnach insgesamt nicht mehr den Bedürfnissen des derzeitigen Rechts- und Wirtschaftsverkehrs und wurden deshalb als unübersichtlich und unangemessen empfunden.[52]

Insbesondere beim Kauf von Wohnhäusern und Eigentumswohnungen wurde die kurze Verjährungsfrist für Mängelansprüche als nicht angemessen angesehen. Deshalb wurde in ständiger Rechtsprechung des BGH Werkvertragsrecht, und damit auch die werkvertragliche Verjährungsfrist des § 638 BGB a.F., auf den Kauf von Grundstücken mit einem vom Veräußerer darauf zu errichtenden oder im Bau befindlichen Bauwerk erstreckt.[53] Dabei wurde nicht danach unterschieden, wie weit die Bauarbeiten bereits gediehen waren. Schließlich könne nicht der relativ willkürliche Zeitpunkt des Abschlusses des Vertrages bzw. dessen Beurkundung ausschlaggebend für die rechtliche Einordnung sein, so wurde argumentiert.[54] Selbst nach kompletter Fertigstellung des Bauwerks wurden die

46 Soergel/Huber (1991), § 477 Rz 6.

47 Siehe dazu Begründung der Schuldrechtskommission, S. 43.

48 Schmidt, NJW 1962, 710, 713; Staud/Honsell (1995), § 477 Rz 3.

49 Staud/Honsell (1995), § 477 Rz 3; Soergel/Huber (1991), § 477 Rz 4.

50 Siehe dazu Leenen, § 477, S. 8.

51 Siehe dazu Schäfer/Ott, S. 492; Kötz, FS Medicus, S. 283, 292.

52 Abschlußbericht der Kommission zur Überarbeitung des Schuldrechts (1992), S. 27; Heinrichs, NJW 1982, 2021, 2022; Heinrichs. BB 2001, 1417; Ernst/Zimmermann/Mansel, S. 333, 339.

53 BGHZ 39, 287, 293; BGHZ 60, 362, 364; BGHZ 61, 369, 371, 373; BGH NJW 1976, 515; BGH NJW 1977, 1336; BGHZ 74, 204, 206; BGHZ 74, 258, 268; BGHZ 87, 112, 117; BGH NJW 1982, 2243; BGHZ 92, 123, 126; BGH NJW 1981, 2344, 2345; BGH NJW 1982, 2243; BGH NJW 1985, 1551; BGH NJW-RR 1986, 1026; BGH NJW 1987, 2373, 2374.

54 BGH NJW 1975, 47; BGH NJW 1976, 515; BGH NJW 1977, 1336, 1337; BGHZ 74, 204, 206; BGH NJW 1981, 273; BGH NJW 1981, 2344, 2345.

werkvertragsrechtlichen Regelungen angewandt mit dem Argument, dass die Interessenlage des Erwerbers in solchen Fällen die gleiche sei.[55] Zudem träten Mängel bei Bauwerken oftmals erst Jahre nach Beginn der Nutzung zum Vorschein.[56] Die werkvertraglichen Regelungen wurden zudem unabhängig davon angewandt, ob die Vertragsparteien den Vertrag ausdrücklich als Kaufvertrag und sich selbst als Käufer und Verkäufer bezeichneten.[57] Dieses Vorgehen war rechtsdogmatisch nicht ganz sauber, sondern offensichtlich von dem erwünschten Ergebnis her gesteuert. Zudem hatte dies zur Folge, dass der Bauhandwerker einem hohen Regressrisiko ausgesetzt war, da die Ansprüche wegen Lieferung mangelhafter Baumaterialien gegenüber dem Lieferanten, der sich der Zweckbestimmung seiner Waren nicht bewusst war, regelmäßig in der kurzen Frist des § 477 BGB a.F. verjährten. Eine Erstreckung der werkvertraglichen Regelungen auf die aus mangelhaften Baumaterialien resultierenden Ansprüche war nicht konstruierbar und auch eine Analogie verbot sich in diesem Bereich aufgrund des Fehlens einer Regelungslücke.

2. Analogien nach altem Recht

Neben die Existenz ohnehin zu vieler verschiedener Verjährungsvorschriften traten in manchen Bereichen zahlreiche Analogien. Zwar galt die Grundregel, dass alle nebeneinander stehenden Ansprüche in der jeweils für sie maßgeblichen Frist verjährten,[58] jedoch gab es von diesem Grundsatz zahlreiche Ausnahmen, von denen wiederum Ausnahmen gemacht wurden.

So galt beispielsweise für Schadensersatzansprüche des Käufers aus § 276 BGB a.F. wegen schuldhafter vertragswidriger Lieferung (so genannte positive Vertragsverletzung) grundsätzlich die Regelverjährung.[59] Nach gefestigter Rechtsprechung des RG und des BGH wurde bei Schadensersatzansprüchen, die aus der Lieferung einer mangelhaften Sache resultierten, jedoch § 477 BGB a.F.

55 BGH NJW 1977, 1336, 1337; BGHZ 74, 204, 206; BGH NJW 1981, 2344, 2345; BGH NJW 1982, 2243; BGH NJW 1987, 2373, 2374.

56 BGH NJW 1977, 1336, 1337; BGH NJW 1981, 1510, 1511; BGH NJW 1984, 1750, 1751; BGH DB 2009, 2259, 2261; Kötz, FS Medicus, S. 283, 291 f.

57 BGH NJW 1976, 515; BGH NJW 1981, 273, 274; BGH NJW 1981, 2344, 2345; BGH NJW 1982, 2243; BGH NJW 1987, 2373, 2374.

58 RGZ 66, 86, 88; RGZ 74, 434, 436; RGZ 118, 141, 144; BGHZ 9, 301, 303; BGHZ 66, 315, 319; Staud/Peters (1995), § 195 Rz 22; Soergel/Walter (1987), § 194 Rz 6; MünchKomm/v. Feldmann (1993), § 194 Rz 24.

59 RGZ 64, 41, 43; RGZ 66, 12, 16; RGZ 71, 173, 174; BGHZ 35, 130, 132; BGHZ 58, 305, 308; BGHZ 67, 1, 8 f; BGHZ 71, 80, 81; Staud/Peters (1995), § 195 Rz 41; Soergel/Walter (1987), § 195 Rz 10; MünchKomm/v. Feldmann (1993), § 195 Rz 12.

analog angewandt.[60] Es seien schließlich dieselben rechtspolitischen Gründe einschlägig wie bei den Gewährleistungsansprüchen, hieß es. Zudem sei erfahrungsgemäß ein Großteil der Schäden als Folgeschaden des Mangels zu qualifizieren, so dass die kurze Verjährungsfrist quasi leer liefe, wenn man eben diese aus dem Anwendungsbereich herausnehmen würde. Als Argument dafür, dass die analoge Anwendung des § 477 BGB a.F. auf solche Ansprüche im Sinne des Gesetzgebers war, wurde ferner § 480 BGB a.F. herangezogen, der besagte, dass für den Anspruch auf Nachlieferung einer mangelfreien Sache als Austausch für eine mangelhafte Sache beim Gattungskauf (an sich ein Anspruch auf Vertragserfüllung, der ansonsten der 30jährigen Verjährung unterlegen hätte) § 477 BGB a.F. mit seiner kurzen Verjährungsfrist anzuwenden sei.[61] In erster Linie wurden die Ansprüche aus positiver Vertragsverletzung in solchen Fällen der gewährleistungsrechtlichen Verjährungsfrist unterworfen, in denen sachlich nicht sinnvoll zwischen Gewährleistungsrecht und sonstigem Schadensersatzrecht differenziert werden konnte. Gemeinsamer Nenner dieser Fälle war, dass der Schaden aus einem Sachmangel resultierte und mit diesem in unmittelbarem und untrennbarem Zusammenhang stand. Ein Gegenbeispiel ist der so genannte Benzintankverwechslungsfall[62]. Dort wurde z.B. ein Zusammenhang mit einem Sachmangel verneint, als zwei verschiedene Sorten Kraftstoff jeweils in den falschen Behälter gefüllt und dadurch Motorschäden verursacht wurden, weil die Abfüllung des Kraftstoffs in den jeweils dafür vorgesehenen und dafür geeigneten Behälter nur eine Nebenpflicht sei.[63]

Auch Schadensersatzansprüche wegen Verschuldens bei Vertragsverhandlungen (culpa in contrahendo) unterlagen grundsätzlich der Regelverjährung des § 195 BGB a.F. In manchen Fällen wurden sie jedoch der Verjährung des § 477 BGB a.F. unterworfen, wenn der Anspruch unmittelbar Mängel der Kaufsache betraf, und zwar mit der Begründung, das Verschulden stehe „in engem tatsächlichem und wirtschaftlichem Zusammenhang mit der Vertragsanbahnung".[64] Die Rechtsfigur der culpa in contrahendo sei quasi als Ausgleich dafür geschaffen worden, dass der Vertragsschluss scheitert und deshalb keine vertraglichen Ansprüche entstehen. Der Geschädigte solle nicht durch das Scheitern des Vertrages irgendwelche Nachteile erleiden.[65] Dann solle aber auch die gleiche Verjährung gelten, die bei Zustandekommen des Vertrages gegolten hätte.[66]

60 RGZ 53, 200, 203; RGZ 56, 166, 169; RGZ 117, 315, 316; RGZ 129, 280, 282; BGHZ 60, 9 11; BGHZ 66, 315, 317; BGHZ 77, 215, 219; BGHZ 87, 88, 93; BGHZ 88, 130, 139; BGH NJW-RR 1990, 1301, 1302; BGHZ 107, 249, 252; BGH NJW 2004, 1032, 1033; siehe auch Staud/Honsell (1995), § 477 Rz 22; Soergel/Huber (1991), § 477 Rz 12; MünchKomm/Westermann (1995), § 477 Rz 26.

61 RGZ 53, 200, 204.

62 BGHZ 107, 249.

63 BGHZ 107, 249, 253.

64 RGZ 129, 280, 282; BGHZ 57, 191, 197.

65 BGHZ 57, 191, 197.

66 BGHZ 57, 191, 198.

Zusätzlich wurde zum Teil gefordert, dass die Pflichtwidrigkeit in einer unterlassenen oder falschen Aufklärung bezüglich einer zusicherungsfähigen Eigenschaft der Sache bestehen müsse.[67] Hier waren die Abgrenzungskriterien aber teilweise nicht ganz klar. So wurde nach höchstrichterlicher Rechtsprechung beispielsweise keine Verletzung einer Aufklärungspflicht gesehen bei falschen Angaben über die Betroffenheit mehrerer Grundstücke von einem geplanten Straßenbau, über die Steuerpflichtigkeit bei Einfuhr einer Sache oder bei falschen Angaben über den Bierumsatz in einer Gaststätte.[68] Dementsprechend wurde die Anwendung des § 477 BGB a.F. auf Ansprüche aus culpa in contrahendo von Teilen der Literatur auch komplett abgelehnt.[69] In anderen Fällen wurde vertreten, dass fahrlässige Angaben bzw. Nichtangaben des Verkäufers über die Kaufsache grundsätzlich gar keinen Anspruch auf Vertrauensschaden aus culpa in contrahendo begründen könnten.[70] Es könne nicht Wille des Gesetzgebers sein, auf dem Umweg über § 242 BGB zu einer zusätzlichen Haftung des Verkäufers zu kommen. Das Gewährleistungsrecht begünstige den Käufer ohnehin, da der Verkäufer verschuldensunabhängig hafte; der Käufer bräuchte keinen darüber hinausgehenden Schutz durch einen Anspruch aus culpa in contrahendo.[71] Das Gewährleistungsrecht sei insofern spezieller. Jedoch käme hier ein Anspruch wegen Nebenpflichtverletzung in Betracht, auch wenn die Angaben sich auf Eigenschaften der Kaufsache bezögen.[72]

Lag die Verletzung einer unselbständigen Nebenpflicht zur Beratung oder Aufklärung des Käufers in Bezug auf Eigenschaften der Ware vor, wurde in manchem Fall ebenfalls § 477 BGB a.F. angewandt, und zwar unabhängig davon, ob diese Eigenschaften einen Mangel darstellten oder nicht.[73] So entschied der BGH z.B. in einem Fall, in dem ein Klebstoff gekauft wurde, mit dem ein Bodenbelag befestigt werden sollte. Durch die dem Käufer unbekannte Feuchtigkeitsempfindlichkeit des Klebstoffs kam es zu Reaktionen mit dem verwendeten Baumaterial und die verwendeten Bodenplatten wurden beschädigt. Ein Verschulden bei Vertragsschluss nahm der Senat zwar nicht an, da die Feuchtigkeitsempfindlichkeit nur eine besondere Eigenschaft, nicht aber einen Mangel

67 BGHZ 111, 75, 82; BGH NJW 1990, 1658, 1659; siehe auch Staud/Honsell (1995), § 477 Rz 27.

68 RGZ 161, 193, 195; BGHZ 111, 75, 82; BGH NJW 1990, 1658, 1659.

69 MünchKomm/Emmerich (1994), vor § 275 Rz 118; Leenen, § 477, S. 34; J. Prölss, ZIP 1981, 337, 346; Leenen, JZ 2001, 552, 555.

70 RGZ 135, 339, 346; RGZ 161, 330, 337; BGHZ 60, 319, 321; BGHZ 88, 130, 134; BGH WM 1976, 740, 740; BGH NJW 1984, 2938, 2938.

71 RGZ 135, 339, 346; BGHZ 60, 319, 322; BGH NJW 1984, 2938; Soergel/Huber (1991), § 477 Rz 18.

72 BGH NJW 1984, 2938.

73 BGHZ 88, 130, 137; BGH NJW 1962, 1196, 1197; BGH NJW 1965, 148, 148; BGH WM 1976, 740; BGH NJW 1984, 1955, 1956; BGH NJW 1984, 2938; BGH NJW-RR 1990, 1301, 1302; Staud/Honsell (1995), § 477 Rz 19; Soergel/Huber (1991), § 477 Rz 18.

des Klebstoffes darstelle. Jedoch führte er weiter aus, dass einem Verkäufer, der eine solche Eigenschaft verschweige, die Verletzung einer Nebenpflicht vorgeworfen werden könne.[74]

Ansprüche aus der Verletzung kaufvertraglicher Nebenpflichten wurden entgegen der gesetzlichen Regelung regelmäßig der Verjährung des § 477 BGB a.F. unterworfen, wenn sich die Pflichtverletzung aus der schuldhaften Schlechterfüllung einer Ersatzlieferungspflicht des Verkäufers ergab, wenn sie einen Mangel der Kaufsache verursachte oder wenn der entstandene Schaden auf andere Art in unmittelbarem Zusammenhang mit einem Mangel oder einer die Verwendungsfähigkeit beeinflussenden Eigenschaft der Kaufsache stand.[75] In diesen Fällen war quasi ein Gewährleistungsanspruch im weiteren Sinne betroffen. Eine unterschiedliche verjährungsrechtliche Behandlung solcher Ansprüche würde zu Wertungswidersprüchen führen, so wurde argumentiert, da sonst die Verletzung einer Hauptpflicht der kurzen Verjährung unterläge, während die Verletzung einer bloßen Nebenpflicht gemäß § 195 BGB erst nach 30 Jahren verjährte, obwohl beide Pflichtverletzungen auf den Mangel an der Kaufsache zurückzuführen seien.[76]

Eine uneinheitliche Behandlung wurde ferner den einzelnen Garantieverträgen zuteil. Auf Garantieerklärungen des mit dem Verkäufer nicht identischen Herstellers wurde in manchen Fällen § 477 BGB a.F. analog angewandt.[77] So entschied der BGH beispielsweise in einem Fall, in dem die Klägerin nach Abschluss eines Kaufvertrages von der mit dem Verkäufer nicht identischen Herstellerin nachträglich eine Garantieerklärung zugesandt bekam.[78] Der BGH sah hier einen Garantievertrag in engem wirtschaftlichen Zusammenhang mit dem Kaufvertrag, da die Herstellergarantie den Abschluss eines Kaufvertrages als wirtschaftlichen Anlass für die Garantieübernahme voraussetze und inhaltlich nicht über das Gewährleistungsrecht hinausgehe. Auch eine Abwägung der beiderseitigen Interessenlage führe zu einer Anwendung des § 477 BGB a.F. auf die Ansprüche aus der Garantieerklärung. Zwar gebe der Hersteller die Garantieerklärung ab, um die Qualität seines Produktes zu betonen und dessen Absatz zu fördern, trotzdem habe er ein berechtigtes Interesse daran, möglichst bald zu erfahren, welche Mängel der Käufer geltend macht. Deshalb sei ab Kenntnis des Käufers vom Mangel die kurze gewährleistungsrechtliche Verjährungsfrist einschlägig.[79] Diese Argumentation stieß jedoch nicht durchweg auf Zustimmung. Von einigen Stimmen wurde auch die Anwendung der längeren, allgemeinen Verjährungsfrist gefordert, da der Hersteller schließlich mit der Garantie ein zu-

---

74 BGHZ 88, 130, 135.

75 BGHZ 47, 312, 319; BGHZ 60, 9 f.; BGHZ 87, 88, 93; BGHZ 88, 130, 137; BGHZ 107, 249, 252; BGH NJW-RR 1990, 1301, 1302; BGH NJW 1983, 392, 393.

76 BGHZ 66, 208, 213; BGHZ 87, 88, 94; BGH NJW-RR 1990, 1301, 1302.

77 BGH NJW 1981, 2248; BGH NJW 1983, 392; Staud/Honsell (1995), § 477 a.F. Rz 16.

78 BGH NJW 1981, 2248, 2249.

79 BGH NJW 1981, 2248, 2249.

sätzliches Risiko übernehme.[80] Klare Kriterien für die verjährungsrechtliche Einordnung solcher Garantieversprechen gab es allerdings nicht.

3. Der Aspekt der Grundrechtsverletzung

§ 477 BGB a.F. wurde demnach häufig auf Ansprüche angewandt, die eigentlich einer längeren Verjährungsfrist unterlagen. Beruhten die Ansprüche unmittelbar auf Mängeln der Kaufsache und standen mit diesen in untrennbarem Zusammenhang, wurde stets geltend gemacht, dass für eine unterschiedliche Behandlung zwischen direkten Gewährleistungsansprüchen und den anderen Ansprüchen kein Grund ersichtlich sei, sondern dass sie vielmehr zu Wertungswidersprüchen führen würde. Durch die analoge Anwendung der kurzen Verjährung des § 477 BGB a.F. hatte der Gläubiger allerdings nur sechs Monate Zeit seine Ansprüche geltend zu machen, statt der dreißig Jahre, die ihm nach der Regelverjährung des § 195 BGB a.F. zur Verfügung gestanden hätten. Hier wurde also eine Analogie zu Lasten des Käufers herangezogen, durch die er erheblich benachteiligt wurde. Dahinter wurde von Teilen der Literatur eine Grundrechtsverletzung des Käufers vermutet.[81]

Eine Verletzung des Art. 14 GG käme in Betracht, wenn durch die gerichtlich festgestellte Verjährung eines Anspruchs ein Eingriff in das Eigentum des Gläubigers vorläge. Unter das Eigentum fallen grundsätzlich alle vermögenswerten Rechte, also auch Forderungen.[82] Durch die Feststellung der (vorzeitigen) Verjährung wird der Anspruch wirtschaftlich entwertet. Schließlich hängt der Wert eines Anspruchs entscheidend damit zusammen, ob der Anspruch durchsetzbar ist.[83] Die Entscheidungen des Gerichts, dazu noch in ständiger Rechtsprechung, stellen durch die Erweiterung der kurzen Verjährung eine Art Inhalts- und Schrankenbestimmung auf, so dass man hier tatsächlich von einem Eingriff ausgehen könnte. Allerdings ist vom Schutzbereich des Art. 14 GG nur der Anspruch in seiner Gesamtheit und damit in seiner Eigenschaft als verjährbar erfasst, das heißt ein zeitlich unbegrenzter Anspruch stand dem Gläubiger niemals zu.[84] Dass dies in praxi dazu führen kann, dass ein Käufer unter Umständen im Einzelfall gar keine Gelegenheit haben wird, seinen Anspruch geltend zu machen, ist eine, wenn auch unschöne, so dennoch unvermeidbare Nebenwirkung

80 BGH NJW 1979, 645; Tengelmann, NJW 1966, 2195, 2200; v. Westphalen, NJW 1980, 2227, 2228; Bunte, NJW 1982, 1629, 1630.

81 Mansel/Budzikiewicz, S. 35; Bruggner-Wolter, S. 73 ff.

82 BVerfGE 28, 119, 141; BVerfGE 68, 193, 222; BVerfGE 70, 278, 285; BVerfGE 83, 201, 208; BVerfGE 112, 93, 107; BGHZ 160, 197, 200; Jarass/Pieroth, GG, Art. 14 Rz 7; Ipsen, Staatsrecht II, Rz 681; MünchKomm/Grothe, Vor § 194 Rz 9.

83 R. Zimmermann, JuS 1984, 409, 421; R. Zimmermann, JZ 2000, 853, 854.

84 BVerfGE 20, 31, 34; Bruggner-Wolter, S. 73.

dieses Grundsatzes. Demnach wird der Käufer durch die Verjährung zu keinem Zeitpunkt in seinem Recht auf Eigentum verletzt.

Es käme auch eine Verletzung des in Art. 20 Abs. 3 GG festgeschriebenen Vertrauensschutzes in Betracht.[85] Der Vertrauensschutz könnte dadurch verletzt worden sein, dass manche Ansprüche abweichend von Gesetzeswortlaut und ständiger Rechtsprechung der kurzen Verjährung des § 477 BGB a.F. unterworfen wurden. So wurde z.B. auch ein unerwarteter Wechsel der Rechtsauffassung vom Bundesverfassungsgericht als Verletzung des Vertrauensschutzes gewertet.[86] Jedoch wurde, wie dargestellt, in bestimmten nicht gewährleistungsrechtlichen Fallkonstellationen die kurze gewährleistungsrechtliche Verjährung mit gewisser Regelmäßigkeit analog herangezogen. Eine einheitliche Anwendung der Verjährungsvorschriften gab es eben nicht, so dass man hier nicht vernünftigerweise behaupten kann, der einzelne Gläubiger sei durch einzelne Entscheidungen in seinem Vertrauen auf die Anwendung bestimmter Verjährungsregeln erschüttert worden.[87]

Ferner käme eine Verletzung des Art. 2 GG durch Verletzung der Handlungsfreiheit in Frage. Als konkretes Schutzgut kommt die Privatautonomie in Betracht.[88] Ein Eingriff in selbige liegt z.B. vor, wenn der Staat Maßnahmen vollzieht, welche die wirtschaftliche Entfaltung des Bürgers einschränken oder auf die Lenkung des Wirtschaftslebens angelegt sind bzw. sich dementsprechend auswirken.[89] Die Anwendung einer kurzen Verjährungsfrist über ihren gesetzlichen Wortlaut hinaus könnte deshalb als eine solche Maßnahme verstanden werden, weil eine Person zur Geltendmachung ihrer Rechte innerhalb eines bestimmten Zeitrahmens angehalten wird, wenn sie das Recht bzw. die Möglichkeit zu dessen Geltendmachung nicht verlieren will. Jedoch unterliegt auch die Privatautonomie gewissen Schranken, so der verfassungsmäßigen Ordnung und den Rechten Anderer. Um letztere geht es vorwiegend bei der Verjährung. Bei der Frage nach der Rechtfertigung der Verjährung geht es entscheidend um die Abwägung des Interesses des einzelnen Anspruchsinhabers mit dem Allgemeininteresse, wobei letzteres aus vielfältigen Gründen überwiegt, ausführlicher dazu siehe unten, Kapitel D) III.

Demnach kann eine Grundrechtsverletzung des Käufers nicht festgestellt werden. Trotzdem bestand vor allem aus Käufersicht Reformbedarf für das Verjährungsrecht. Denn unabhängig von einer Grundrechtsverletzung fanden sich in der alten Rechtslage Unstimmigkeiten, die der Berichtigung bedurften, wie z.B. die zahlreichen Verkürzungen von Verjährungsfristen, ohne dass eine klare Linie für ihre Heranziehung ersichtlich war. Diese Ungereimtheiten mussten durch

---

85 Bruggner-Wolter, S. 75.

86 BVerfGE 53, 336, 351.

87 Bruggner-Wolter, S. 76.

88 Siehe dazu Jarass/Pieroth, GG, Art. 2 Rz 4.

89 BVerfGE 98, 218, 259; Jarass/Pieroth, GG, Art. 2 Rz 12.

neue gesetzliche Regelungen und durch verfassungskonforme Auslegung bzw. Anwendung derselben ausgeräumt werden.[90]

III. Zusammenfassung

Spätestens seit der Einführung des BGB im Jahre 1900 ist Verjährung im deutschen Recht gleichzusetzen mit der Nichtdurchsetzbarkeit eines an sich bestehenden Anspruchs. Durch den Eintritt der Verjährung erhält der Schuldner die Möglichkeit, die Erfüllung eines Anspruchs mit rein zeitlicher Begründung zu verweigern, ihm steht ein Leistungsverweigerungsrecht aufgrund von Zeitablauf zu. Grundsätzlich unterliegen alle zivilrechtlichen Ansprüche der Verjährung. Es gibt nur wenige im Gesetz explizit aufgezählte Ausnahmen. Vor der Schuldrechtsreform unterlagen die einzelnen Ansprüche verschiedensten Verjährungsfristen. Die Existenz der zahlreichen Verjährungsvorschriften war jedoch nicht frei von Kritik. So wurde dem Verjährungssystem Unübersichtlichkeit und Uneinheitlichkeit vorgeworfen. Zudem wurde die Unangemessenheit der verschiedenen Verjährungsnormen moniert. In besonderem Maße der Kritik ausgesetzt waren allerdings die Analogien und die davon wiederum gemachten Ausnahmen. Die uneinheitliche Anwendung der Verjährungsvorschriften führte dazu, dass der Anwendungsbereich der einzelnen Vorschriften nicht mehr klar umrissen war und dass es zu Abgrenzungsproblemen kam. Die Uneinheitlichkeit des Verjährungsrechts allgemein und speziell im Gewährleistungsrecht führe zu dogmatischen Verwerfungen und Rechtsunsicherheit, so hieß es.[91] Neben den verfassungsrechtlichen Bedenken war die Unzufriedenheit über das Verjährungsrecht so weit verbreitet und derart ausgeprägt, dass eine Reform quasi unausweichlich war.

90 Vgl. MünchKomm/Grothe, Vor § 194 Rz 9; Staud/Peters/Jacoby, Vorbem zu §§ 194 ff Rz 8; Palandt/Ellenberger, Überbl v § 194 Rz 7.

91 Peters/Zimmermann, Gutachten, S. 226; Leenen, § 477, S. 9; Heinrichs, NJW 1982, 2021, 2022; Köhler, JZ 1990, 43, 44; Saenger, NJW 1997, 1945; S. Lorenz, NJW 2005, 1889.

C) Überblick über das heutige Verjährungsrecht

Die Neuregelung der Verjährung im BGB fand im Zuge der Schuldrechtsmodernisierung statt und setzt die Richtlinie 1999/44/EG des Europäischen Parlaments und des Rates, die so genannte Verbrauchsgüterkauf-Richtlinie, um. Grundgedanke der Richtlinie war die länderübergreifende Erreichung eines hohen Verbraucherschutzniveaus.[92] Das hohe Verbraucherschutzniveau sollte im Verjährungsrecht durch möglichst klare und einheitliche Regelungen erreicht werden.[93] Die Neuregelung der gewährleistungsrechtlichen Verjährung hatte das Ziel, verjährungsrechtliche Unstimmigkeiten, Fehlentwicklungen und dogmatische Verwerfungen zu beseitigen. Die Kritiker des alten Verjährungsrechts erhofften sich neben mehr Rechtsklarheit gerechtere und widerspruchsfreiere Lösungen, die einen sachgerechten Ausgleich zwischen den Interessen des Gläubigers und des Schuldners gewährleisteten.[94] So erwartete man beispielsweise, dass durch die Verlängerung der gewährleistungsrechtlichen Verjährung weniger „als berechtigt empfundene Mängelansprüche" an der Verjährungseinrede scheitern würden.[95] Dabei war von vornherein klar, dass eine Vereinheitlichung nur erreicht werden konnte, wenn nicht viele verschiedene Fallgruppen konstituiert würden, sondern eine weitgehende Vereinheitlichung des Verjährungsrechts stattfände.[96] Von Teilen der Literatur wurde gar eine einheitliche, vom Rechtsgrund unabhängige Verjährungsfrist gefordert.[97] Die Schuldrechtskommission wollte für vertragliche Ansprüche einen Gleichlauf von Regelverjährung und gewährleistungsrechtlicher Verjährung erreichen; in allen Fällen sollte die Verjährung drei Jahre betragen, siehe § 195 BGB des Diskussionsentwurfs.[98] Es wurden jedoch einige Stimmen gegen eine Vereinheitlichung der Fristen der allgemeinen Verjährung und der Gewährleistungsverjährung laut. Eine einheitliche objektive Frist helfe nicht gegen Ausweichstrategien, da eine Frist, die eine angemessene Begrenzung der Gewährleistungsansprüche darstelle für die allgemeine Anspruchsverjährung zwangsläufig zu kurz sein müsse, hieß es.[99] Vorgeschlagen wurden verschiedene Varianten der Länge und des Beginns der Fristen, um bei dem Gleichlauf der Fristen wenigstens zu einigermaßen sachgerechten

92 Siehe Erwägungsgründe 1 und 2 der Richtlinie.

93 BT-Drucks 14/6040, S. 100.

94 Peters/Zimmermann, Gutachten, S. 105; Mansel, NJW 2002, 89, 99; Leenen, JZ 2001, 552, 552; Heinrichs, NJW 1982, 2021, 2024.

95 Zimmermann/Leenen/Mansel/Ernst, JZ 2001, 684, 692.

96 Heinrichs, NJW 1982, 2021, 2024; R. Zimmermann, JuS 1984, 409, 410; Köhler, JZ 1990, 43, 44; R. Zimmermann, JZ 2000, 853, 858; H. Roth, S. 47.

97 Heinrichs, NJW 1982, 2021, 2025.

98 Siehe Diskussionsentwurf, S. 46.

99 Ernst, ZRP 2001, 1, 8; Zimmermann/Leenen/Mansel/Ernst, JZ 2001, 684, 689.

Ergebnissen zu gelangen.[100] Letztlich entschied sich der Gesetzgeber für verschiedene Fristen bei der Verjährung von allgemein zivilrechtlichen und gewährleistungsrechtlichen Ansprüchen. Eine weitere Vereinfachung der Rechtsanwendung hätte ohnehin nicht durch Festlegung einer einheitlichen Frist für gewährleistungsrechtliche und sonstige Verjährung stattgefunden, da aufgrund der „funktionalen und technischen Besonderheiten“ die Anwendung der Fristen trotzdem sehr unterschiedlich ausgefallen wäre.[101]

I. Die allgemeine Verjährung gemäß §§ 194 ff. BGB

1. Allgemeine Verjährung

Die allgemeine Verjährung ist im Allgemeinen Teil des BGB in den §§ 194 ff. BGB geregelt. § 194 BGB wurde durch die Schuldrechtsreform inhaltlich nicht verändert und legt weiterhin den Gegenstand der Verjährung fest.

In § 195 BGB wurde formell betrachtet zwar nur ein Wort verändert, trotzdem hat hier materiellrechtlich die größte Veränderung im Verjährungsrecht stattgefunden: Die regelmäßige Verjährungsfrist beträgt nun nicht mehr dreißig, sondern nur noch *drei* Jahre. Diese Frist ist § 852 Abs. 1 BGB a.F. entnommen, der eine dreijährige Verjährungsfrist für Schadensersatzansprüche aus Delikt vorsah. Allgemeingültigkeit erlangte diese Frist, da sie dem Gesetzgeber zur größtmöglichen Vereinfachung geeignet und als „sachlich angemessen“ erschien.[102] Der Regelung des § 195 BGB unterfallen nun unter anderem auch die Ansprüche aus vertragsbezogener Pflichtverletzung aus §§ 280 ff. BGB, insbesondere die „positive Vertragsverletzung“. Dies gilt natürlich nur, sofern es sich nicht um gewährleistungsrechtliche Ansprüche handelt, hier ist § 438 BGB vorrangig. Auch die Ansprüche aus Pflichtverletzung bezüglich eines vorvertraglichen Schulverhältnisses (insbesondere „culpa in contrahendo“) unterfallen über § 311 Abs. 2 Nr. 1 BGB der Regelung des § 195 BGB.

Während § 196 BGB in der Fassung vor der Schuldrechtsreform eine Vielzahl von Fällen aufzählte, in denen die Verjährungsfrist zwei Jahre betragen sollte, regelt der jetzige § 196 BGB ausschließlich die Verjährung von Rechten an einem Grundstück, für welche er eine Frist von zehn Jahren vorsieht. § 197 BGB statuiert nun nicht mehr wie vor der Schuldrechtsreform die Fälle der vierjähri-

---

100 Vgl. z.B. Ernst, ZRP 2001, 1, 8, der entweder eine kurze Frist mit subjektivem Anknüpfungspunkt für den Beginn forderte, oder aber eine längere Frist mit objektivem Anknüpfungspunkt.

101 Zimmermann/Leenen/Mansel/Ernst, JZ 2001, 684, 689.

102 BT-Drucks 14/6040, S. 104 f.

gen Verjährung, sondern enthält einen abschließenden Katalog der Ansprüche, für welche die Verjährungsfrist dreißig Jahre beträgt. Besonders hervorzuheben ist § 197 Abs. 1 Nr. 1 BGB, der Herausgabeansprüche aus dinglichen Rechten der dreißigjährigen Verjährung unterwirft. Besonders genannt werden in dieser Norm die Herausgabeansprüche aus dem Eigentum, zu denen unter anderem der Vindikationsanspruch des § 985 BGB gehört. Dieser Verjährbarkeit wird von Teilen der Literatur die Sachgerechtigkeit abgesprochen.[103] Jedoch hat sich der Gesetzgeber ganz bewusst gegen die Unverjährbarkeit solcher Ansprüche ausgesprochen. Der Bedeutsamkeit dieser Ansprüche wird immer noch dadurch Rechnung getragen, dass hier die „außerordentlich lange Verjährungsfrist von 30 Jahren“ gewählt wurde.[104] Der neue § 198 BGB trifft eine Regelung zugunsten des Rechtsnachfolgers bezüglich der Verjährung dinglicher Ansprüche Dritter.

Von entscheidender Bedeutung ist § 199 BGB, welcher den Beginn der regelmäßigen Verjährungsfristen und Höchstfristen regelt. § 199 Abs. 1 BGB legt den Beginn der regelmäßigen Verjährungsfrist auf den Schluss des Jahres, in welchem der Anspruch entstanden ist (§ 199 Abs. 1 Nr. 1 BGB) und in welchem der Gläubiger Kenntnis von dem Anspruch bzw. den diesen begründenden Umständen und der Person der Schuldners (§ 199 Abs. 1 Nr. 2 BGB) erlangt hat oder erlangt haben müsste. Diese Voraussetzungen müssen nach dem eindeutigen Wortlaut des § 199 Abs. 1 BGB kumulativ vorliegen. Im Gegensatz zur alten Rechtslage, nach der gemäß § 198 BGB a.F. die Verjährung schlicht mit Entstehung des Anspruchs und unabhängig von der Kenntnis des Gläubigers begann (so genanntes objektives Prinzip), hat die Regelverjährung des § 199 Abs. 1 BGB damit einen zusätzlichen kenntnisabhängigen Anknüpfungspunkt (so genanntes subjektives Prinzip). Diese Veränderung hat auch Konsequenzen für die Verteilung der Beweislast. Da bei der Regelverjährung i.S.d. § 199 BGB die Kenntnis des Gläubigers Tatbestandsvoraussetzung für den Beginn der Verjährung ist, statt wie früher nur Hemmungsgrund, muss nicht der Gläubiger seine Unkenntnis darlegen, sondern der Schuldner muss die Kenntnis bzw. die grobe Fahrlässigkeit bezüglich der Unkenntnis beweisen.[105] Gelingt es dem Schuldner nicht, das Vorliegen der für § 199 Abs. 1 BGB erforderlichen subjektiven Elemente nachzuweisen, werden die Fristen des § 199 Abs. 2 bis 4 BGB ergänzend herangezogen. Auf den ersten Blick scheint sich diese gesetzliche Änderung einseitig für den Schuldner nachteilig auszuwirken. Allerdings ist zu bedenken, dass die Dauer der Regelverjährung von dreißig auf drei Jahre abgesenkt wurde. Diese Verkürzung der Verjährung trifft den Gläubiger hart genug. Würde man den Beginn der Verjährung noch von seiner Kenntnis trennen, wür-

103 Peters/Zimmermann, Gutachten, S. 186; H. Honsell, FS Druey, S. 177, 181; v. Plehwe, KUR 2001, 49, 60; Siehr, ZRP 2001, 346, 347; Mansel, NJW 2002, 89, 90.

104 BT-Drucks 14/7052, S. 179.

105 BGHZ 171, 1, 11; BGH NJW 2008, 2576, 2578; Canaris, SchRMod, S. L.

de sich die Verjährungsfrist für ihn noch weit reichender verkürzen. Auf der anderen Seite stellt eine dreijährige Verjährungsfrist in Kombination mit einem subjektiven Anknüpfungspunkt durchaus eine angemessene und ausreichende Zeitspanne für die Geltendmachung von Rechten dar.[106]

Zu beachten ist hier, dass unter Umständen eine natürliche Handlungseinheit mehrere Schadensersatzansprüche auslösen kann, für die jeweils einzeln die Voraussetzungen gegeben sein müssen.[107] Nimmt der Schuldner also mehrere Schädigungshandlungen vor, die zwar bei natürlicher Betrachtungsweise einen einheitlichen Lebenssachverhalt darstellen, für sich genommen aber jeweils einen eigenen Schadensersatzanspruch auslösen, verjährt jeder von diesen in einer eigenen Verjährungsfrist. Die jeweilige Frist beginnt dabei mit der kumulativen Erfüllung der Voraussetzungen des § 199 BGB, also insbesondere erst mit Kenntnis bezüglich des konkreten Anspruchs.

Die Absätze 2 bis 4 des § 199 BGB statuieren Höchstfristen, deren Beginn von der Kenntnis des Gläubigers unabhängig ist. Gemäß § 199 Abs. 2 BGB verjähren Schadensersatzansprüche, die auf der Verletzung von Leben, Körper, Gesundheit oder Freiheit einer Person beruhen, in 30 Jahren beginnend ab dem den Schaden auslösenden Ereignis – unabhängig von der Kenntnis des Gläubigers. Ähnliches besagt die Regelung des § 199 Abs. 3 BGB. Je nachdem welche Frist früher endet, verjähren sonstige Schadensersatzansprüche unabhängig von der Kenntnis des Gläubigers zehn Jahre nach ihrer Entstehung (§ 199 Abs. 3 Nr. 1 BGB) oder aber 30 Jahre nach dem den Schaden auslösenden Ereignis, unabhängig von der Entstehung des Anspruchs (§ 199 Abs. 3 Nr. 2 BGB). Für Ansprüche, die auf einem Erbfall beruhen oder deren Geltendmachung die Kenntnis einer Verfügung von Todes wegen voraussetzt, gilt gemäß § 199 Abs. 3a BGB eine kenntnisunabhängige dreißigjährige Maximalverjährung ab Entstehung des Anspruchs. Für andere Ansprüche ordnet § 199 Abs. 4 BGB eine kenntnisunabhängige Maximalverjährung von zehn Jahren ab Entstehung des Anspruchs an. Gemäß § 200 BGB beginnt auch die Verjährungsfrist bei Ansprüchen, die nicht der regelmäßigen Verjährung unterliegen, mit ihrer Entstehung. Das heißt, in den Fällen der §§ 199 Absätze 2 bis 4, 200 BGB gilt das objektive Prinzip. § 201 BGB befasst sich mit dem Beginn der Verjährungsfrist von festgestellten Ansprüchen, während § 202 BGB Grenzen für die Zulässigkeit von Vereinbarungen über die Verjährung festlegt.

---

106 Vgl. Leenen, DStR 2002, 34, 34; Heinrichs, BB 2001, 1417, 1418.

107 BGH NVwZ 2007, 362, 367; BGH NJW 208, 506, 507; BGH BKR 2010, 118, 119 f.

2. Hemmung und Neubeginn

a) Hemmung

Die Grundregel, dass dem Berechtigten das Risiko des Zeitablaufs auferlegt wird, kann unter bestimmten Umständen im Einzelfall durchbrochen werden. Dies geschieht z.B. durch die Hemmung der Verjährung. Wirkung der Hemmung ist gemäß § 209 BGB, dass der Zeitraum, während dessen die Verjährung gehemmt ist, in die Verjährungsfrist nicht eingerechnet wird. Da sich durch die Schuldrechtsreform viele Fristen verkürzt haben, nehmen die Möglichkeiten der Hemmung und des Neubeginns der allgemeinen Verjährung im neuen Recht einen höheren Stellenwert ein als vor der Schuldrechtsreform.[108] Aber auch im Gewährleistungsrecht ist die Bedeutung der Möglichkeiten der Hemmung und des Neubeginns der Verjährung nicht zu unterschätzen. Die einzelnen Möglichkeiten der Hemmung der Verjährung sind in den §§ 203 bis 208 BGB geregelt, während die §§ 210, 211 und 213 BGB Regelungen für Ablaufhemmungen enthalten. Von besonderem Interesse sind die Hemmungsgründe der §§ 203 und 204 BGB.

§ 203 BGB ordnet die Hemmung der Verjährung an, solange zwischen Gläubiger und Schuldner Verhandlungen über den Anspruch geführt werden. Diese Norm ist § 852 Abs. 2 BGB a.F. nachgebildet, der sich allerdings auf Schadensersatzansprüche aus Delikt beschränkte.[109] § 852 Abs. 2 BGB a.F. lag der aus dem Grundsatz von Treu und Glauben abgeleitete Rechtsgedanke zugrunde, dass der Verpflichtete keinen Vorteil daraus ziehen können soll, dass der Berechtigte sich auf Verhandlungen eingelassen hat.[110] Bereits vor der Schuldrechtsreform wurde in ständiger Rechtsprechung die Erhebung der Verjährungseinrede als treuwidrig i.S.d. § 242 BGB angesehen, wenn der Gläubiger durch Verhandlungen mit dem Schuldner von der rechtzeitigen Erhebung der Klage abgehalten worden war.[111] Tatsächlich widerspräche es der allgemeinen Billigkeit, wenn ein Gläubiger sich auf Verhandlungen mit dem Schuldner einließe, ohne direkt rechtliche Schritte einzuleiten, dieser sich dann aber auf die während der Verhandlungen eingetretene Verjährung beriefe. Zudem liegt der Hemmung bei Verhandlungen der Gedanke zugrunde, dass Verhandlungen, die Streitigkeiten beilegen bevor diese zu Rechtsstreitigkeiten werden und damit die Rechts-

---

108 Vgl. Staud/Peters/Jacoby, Vorbem zu §§ 194 ff Rz 11; Kähler, NJW 2006, 1769.

109 BT-Drucks 14/6040, S. 111.

110 BGHZ 93, 64, 69; BGH NJW 1982, 1041; Soergel/Zeuner (1998), § 852 Rz 29; MünchKomm/Stein (1997), § 852 Rz 67; Erman/Schiemann (1993), § 852 Rz 21.

111 RGZ 57, 372, 376; BGHZ 81, 370, 373; BGH NJW 1983, 2075, 2076; BGHZ 93, 64, 66; BGH NJW 1999, 1101, 1103 f.

pflege entlasten, nicht durch eine drohende Verjährung unter quasi gesetzlich angeordneten Zeitdruck geraten sollen.[112]

Der Begriff der Verhandlungen ist weit zu verstehen. Ausreichend ist jede Art von Meinungsaustausch über den Anspruch oder seine tatsächliche Grundlage, sofern die Verhandlungsbereitschaft nicht sofort erkennbar abgelehnt wird.[113] Verhandlungen sollen demnach bereits vorliegen, wenn der möglicherweise Verpflichtete (im Folgenden „Schuldner“) Erklärungen abgibt, die den Berechtigten (im Folgenden „Gläubiger“) zur Annahme verleiten, der Schuldner lasse sich auf eine Auseinandersetzung bezüglich der Möglichkeit berechtigter Ansprüche ein. Nicht erforderlich ist hingegen, dass eine Vergleichsbereitschaft oder ein Entgegenkommen angedeutet werden. Selbst wenn eine zuvor gegebene Vergleichsbereitschaft wieder zurückgenommen wird, können weiterhin verjährungshemmende Verhandlungen vorliegen, solange der Schuldner nur gesprächsbereit bleibt.[114] Dieser weite Verhandlungsbegriff soll verhindern, dass der Schuldner durch vorgespielte Verhandlungsbereitschaft tatsächliche Verhandlungen verhindert.[115] Ausreichend sind gemäß dem Wortlaut des § 203 BGB auch Verhandlungen über die den Anspruch begründenden Umstände. Dadurch wird klargestellt, dass das Begehren des Gläubigers noch nicht konkretisiert oder gar beziffert sein muss.[116] In dem Anwendungsbereich von § 203 BGB gehen neben § 852 Abs. 2 BGB a.F. auch § 651g Abs. 2 S. 3 BGB a.F. und vor allem § 639 Abs. 2 BGB a.F. auf, was dazu führt, dass, wann immer der Verkäufer es für möglich hält, dass ein Mangel existiert, und zum Ausdruck bringt, dass er bereit sei Maßnahmen dagegen zu ergreifen, eine Hemmung gemäß § 203 BGB eintreten soll.[117] Zur generellen Anwendung des § 203 BGB auf Fälle der Nacherfüllung siehe ausführlich unten, Kapitel E) II. 1. a). Keine Verhandlungen liegen hingegen vor, wenn der Gläubiger nur das Begehren, z.B. durch Mängelrüge, außergerichtlich an den Schuldner heranträgt oder wenn der Schuldner den Mangel lediglich besichtigt.[118]

---

112 BT-Drucks 14/6040, S. 111; Bamberger/Roth/Spindler, § 203 Rz 2.

113 BGHZ 93, 64, 67; BGH NJW 1983, 2075, 2076; BGH NJW-RR 1988, 730; BGH NJW-RR 1991, 796; BGH NJW 1998, 2819, 2820; BGH NJW-RR 2001, 1168, 1169; BGH NJW 2001, 1723; BGH NJW 2004, 1654; BGH NJW 2007, 587; Palandt/Ellenberger, § 203 Rz 2; Mansel/Budzikiewicz, S. 220; Reinking, ZGS 2002, 140, 143; Auktor/Mönch, NJW 2005, 1686, 1688; Gramer/Thalhofer, ZGS 2006, 250, 250; Bolthausen/Rinker, ZGS 2006, 12, 14.

114 Siehe dazu BGH NJW 1998, 2819, 2820.

115 Gramer/Thalhofer, ZGS 2006, 250.

116 Siehe dazu BT-Drucks 14/6040, S. 112.

117 BT-Drucks 14/6040, S. 111; BGH NJW 2007, 587; Auktor/Mönch, NJW 2005, 1686, 1688; MünchKomm/Grothe, § 203 Rz 6; Bamberg/Roth/Spindler, § 203 Rz 1; Bamberger/Roth/Faust, § 438 Rz 58; Mansel/Budzikiewicz, S. 221.

118 BGH NJW 1964, 647; BGH VersR 1972, 640, 641; BGH NJW 2002, 288, 289; MünchKomm/Grothe, § 203 Rz 6; Reinking, ZGS 2002, 140, 142.

Die Hemmung endet, wenn eine der Parteien die Fortsetzung der Verhandlungen verweigert. An die Verweigerung sind wegen der Bedeutung für die Durchsetzbarkeit der geltend gemachten Ansprüche strenge Anforderungen zu stellen, sie kann nur durch ausdrückliche Erklärung oder durch eindeutiges Verhalten gegenüber dem Verhandlungspartner zum Ausdruck gebracht werden.[119] Hält der Schuldner die Ansprüche nach den Verhandlungen für begründet, beginnt die Verjährung gemäß § 212 BGB von neuem zu laufen. Hält der Schuldner die Ansprüche hingegen für unbegründet, endet die Hemmung und die Verjährungsfrist läuft weiter, so dass nach frühestens drei Monaten die Verjährung eintreten kann. Dem Gläubiger stehen nun die Möglichkeiten aus § 204 BGB zu. Er kann also für eine weitere Hemmung der Verjährung sorgen, indem er z.B. Klage erhebt (§ 204 Abs. 1 Nr. 1 BGB) oder die Zustellung eines Mahnbescheids im Mahnverfahren bewirkt (§ 204 Abs. 1 Nr. 3 BGB).

Zu Problemen kann es kommen, wenn zwar das Ende der Verhandlungsbereitschaft nicht ausdrücklich erklärt wurde, die Verhandlungen jedoch nicht weitergeführt werden, also quasi „einschlafen“. Hier soll die Hemmung enden, wenn nach Treu und Glauben der nächste Verhandlungsschritt zu erwarten gewesen wäre; eine ausdrückliche Ablehnung der Fortsetzung der Verhandlungen ist hingegen nicht erforderlich.[120] Bei einer ausdrücklichen Erklärung würde man sich vielmehr bereits im Bereich der Verweigerung befinden. Wann genau von dem Einschlafen der Verhandlungen auszugehen ist, ist stets von den Umständen des Einzelfalls abhängig. Die nach altem Recht zu § 852 Abs. 2 BGB a.F. geltend gemachten Aspekte lassen sich insoweit auf § 203 BGB n.F. übertragen.[121]

Der Gläubiger hat, will er den Eintritt der Verjährung verhindern, demnach darauf zu achten, dass die Verhandlungen nicht einfach abbrechen. Sind die Verhandlungen versehentlich eingeschlafen, hat der Gläubiger natürlich die Möglichkeit, durch ihre Wiederaufnahme eine erneute Hemmung der Verjährungsfrist herbeizuführen. Nach Ende der Hemmung bleiben dem Gläubiger durch die Ablaufhemmung des § 203 S. 2 BGB noch drei Monate Zeit, ggf. weitere Schritte einzuleiten, wenn er die Verjährung des Anspruchs verhindern will.

Die Wirkung der Hemmung kann sich unter Umständen auch auf Dritte erstrecken. So wirkt z.B. die Hemmung der Verjährung der Hauptschuld auch gegen-

---

119 BGH NJW-RR 1991, 796, 797; BGH NJW 1998, 2819, 2820; BGH NJW-RR 2005, 1044, 1047; MünchKomm/Grothe, § 203 Rz 8.

120 BT-Drucks 14/6040, S. 112; BGH VersR 1963, 145, 146; BGH NJW 1977, 674; BGH NJW 1986, 1337, 1338; BGH NJW-RR 1990, 664, 665; BGH NJW-RR 2001, 1168, 1169; BGH NJW-RR 2005, 1044, 1047; BGH NJW 2009, 1806, 1807; BGH NJW 2010, 60, 62; MünchKomm/Grothe, § 203 Rz 8; Palandt/Ellenberger, § 203 Rz 4; Bamberger/Roth/Spindler, § 203 Rz 7.

121 Vgl. BGH NJW 2009, 1806, 1807; Staud/Peters/Jacoby, § 203 Rz 13; MünchKomm/Grothe, § 203 Rz 8.

über dem Bürgen, wenn zwischen Hauptschuldner und Gläubiger verjährungshemmende Verhandlungen stattfinden.[122]

§ 204 BGB zählt die Fälle auf, in denen die Verjährung durch Rechtsverfolgung gehemmt ist. Dabei gibt § 204 BGB im Wesentlichen die ehemaligen Unterbrechungstatbestände des § 209 BGB a.F. wieder. So wird die Verjährung z.B. gemäß § 204 Abs. 1 Nr. 1 BGB durch die Erhebung der Klage auf Leistung bzw. Feststellung des Anspruchs, auf Erteilung der Vollstreckungsklausel oder auf Erlass des Vollstreckungsurteils gehemmt, was § 209 Abs. 1 BGB a.F. entspricht. Im Gegensatz zum alten Gesetzeswortlaut fordert § 204 Abs. 1 Nr. 1 BGB nicht mehr ausdrücklich die Berechtigung des Klagenden. Jedoch wird auch nach neuer Rechtslage die Berechtigung des Klägers zu fordern sein.[123] Berechtigt ist der Kläger, wenn ihm der geltend gemachte Anspruch materiellrechtlich zusteht, er also der Rechtsinhaber oder dessen Rechtsnachfolger ist, oder wenn er zur Durchsetzung des Anspruchs befugt ist, er also als gesetzlicher oder gewillkürter Prozessstandschafter auftritt.[124] Die Berechtigung muss nicht für die gesamte Dauer des Prozesses bestehen. Es reicht aus, wenn der Kläger zum Zeitpunkt des Klagezustellung berechtigt war; die Hemmung wirkt beispielsweise über eine Abtretung nach Prozessbeginn hinaus, vgl. § 265 ZPO.[125] Wird hingegen ein zunächst nichtberechtigter Kläger im Laufe des Verfahrens durch Abtretung zum Berechtigten, wirkt die Berechtigung nicht in dem Sinne zurück, als dass die Verjährung bereits mit Klageerhebung gehemmt würde. Die Umstellung der bereits erhobenen Klage aus einem vermeintlich eigenen Anspruch auf einen abgetretenen Anspruch stellt auch bei einheitlichem Klageziel eine Klageänderung i.S.d. § 533 ZPO wegen Änderung des Lebenssachverhalts dar.[126] Die Hemmung der Verjährung bezieht sich jedoch nur auf den Anspruch in der Gestalt, wie er mit der Klage geltend gemacht wurde.[127] Im Fall Abtretung nach Klageerhebung wird die Verjährung mithin erst zum Zeitpunkt der Klageänderung gehemmt.

---

122 BGH NJW-RR 2010, 975, 977; BGH, Urteil vom 26,01.2010 (XI ZR 12/09).

123 BGH NJW 2010, 2270, 2271; BGH NJW 2011, 2193, 2194; Staud/Peters/Jacoby, § 204 Rz 6; MünchKomm/Grothe, § 204 Rz 17; Bamberger/Roth/Henrich, § 204 Rz 8; Erman/Schmidt-Räntsch, § 204 Rz 4; Palandt/Ellenberger, § 204 Rz 9; Rabe, NJW 2006, 3089, 3090.

124 BGH NJW 1999, 2110, 2111; BGH NJW 2010, 2270, 2271; BGH NJW 2011, 2193, 2194; Staud/Peters/Jacoby, § 204 Rz 7, 9; MünchKomm/Grothe, § 204 Rz 17; Palandt/Ellenberger, § 204 Rz 9; Erman/Schmidt-Räntsch, § 204 Rz 4; Kähler, NJW 2006, 1769.

125 Siehe dazu Staud/Peters/Jacoby, § 204 Rz 10; Palandt/Ellenberger, § 204 Rz 9.

126 BGH NJW 1991, 1683, 1684; BGH NJW-RR 2006, 275, 277; BGH NJW 2007, 2414, 2415; Kähler, NJW 2006, 1769.

127 BGH NJW 1999, 2110, 2111; BGH NJW 2005, 2004, 2005.

Weitere Hemmungsgründe sind nach § 204 Nummern 2 bis 4 BGB die Antragszustellung im Verfahren über den Unterhalt Minderjähriger, die Mahnbescheidszustellung im Mahnverfahren und die Veranlassung der Bekanntgabe des Güteantrags, der bei einer der in § 204 BGB genannten Gütestellen eingereicht ist. Wird die Bekanntgabe demnächst nach der Einreichung des Antrags veranlasst, tritt allerdings die Hemmung bereits mit der Einreichung ein.

Ferner nennt § 204 BGB in den Nummern 5 bis 8 als Hemmungsgründe die Geltendmachung der Aufrechnung des Anspruchs im Prozess, die Zustellung der Streitverkündung, die Zustellung des Antrags auf Durchführung eines selbständigen Beweisverfahrens, sowie den Beginn eines vereinbarten Begutachtungsverfahrens oder die Beauftragung des Gutachters. Hinsichtlich der Zustellung der Streitverkündung ist zu beachten, dass auch hier § 167 ZPO gilt, gemäß welchem die Verjährung bereits mit Eingang der Erklärung bei Gericht gehemmt sein kann, wenn die Zustellung demnächst erfolgt. Dabei ist unbeachtlich, ob zum Zeitpunkt der tatsächlichen Zustellung die Verjährung bereits eingetreten wäre oder nicht.[128] Auch die Antragszustellung bei Antrag auf Erlass eines Arrests, einer einstweiligen Verfügung bzw. Anordnung oder die Einreichung des Antrags stellt nun gemäß § 204 Abs. 1 Nr. 9 BGB einen Hemmungsgrund dar, wenn der Arrestbefehl, die einstweilige Verfügung oder die einstweilige Anordnung innerhalb eines Monats seit Verkündung oder Zustellung an den Gläubiger dem Schuldner zugestellt wird. Das ist eine Neuerung gegenüber dem alten Recht, nach welchem Anträge des einstweiligen Rechtsschutzes als solche keinen Einfluss auf den Lauf der Verjährungsfrist hatten. Entscheidender Zeitpunkt für die Hemmung ist die Zustellung bzw. Einreichung des Antrags, nicht aber die Entscheidung über denselben. Daher ist die Zulässigkeit oder Begründetheit des Antrags für die Hemmungswirkung irrelevant. Im Einzelfall wird man allerdings zu einer Unbeachtlichkeit der Berufung auf die Hemmung kommen müssen, wenn ein offensichtlich unbegründeter Antrag allein zum Zweck der Hemmung der Verjährung gestellt wurde.[129]

Die Verjährung wird ferner gemäß § 204 Nummern 10 bis 14 BGB unter bestimmten Umständen durch die Anmeldung des Anspruchs im Insolvenzverfahren (Nr. 10), den Beginn des schiedsrichterlichen Verfahrens (Nr. 11), die Einreichung des Antrags bei einer bestimmten Einrichtung (wenn die Zulässigkeit der Klage von der Vorentscheidung derselben abhängt, Nr. 12), die Antragseinreichung bei dem höheren Gericht (wenn dieses das zuständige Gericht zu bestimmen hat, Nr. 13) oder die Veranlassung der Bekanntgabe des erstmaligen Antrags auf Gewährung von Prozesskostenhilfe (Nr. 14) gehemmt. Nicht zu den Hemmungsgründen gehören hingegen die Nichterkennbarkeit des Mangels so-

128 BGH NJW 2010, 856, 857.

129 MünchKomm/Grothe, § 204 Rz 49; Palandt/Ellenberger, § 204 Rz 24; Mansel, NJW 2002, 89, 98.

wie die Unkenntnis des Berechtigten über anspruchsrelevante Tatsachen, obwohl dies im Vorfeld der Schuldrechtsreform vorgeschlagen wurde.[130]

Die Hemmung endet gemäß § 204 Abs. 2 Satz 1 BGB sechs Monate nach Beendigung des Verfahrens. Der Beendigung des Verfahrens gleichgestellt ist der Stillstand des Verfahrens wegen fehlender Betreibung seitens der Parteien, siehe § 204 Abs. 2 Satz 2 BGB, wobei der entscheidende Zeitpunkt dann die letzte Verfahrenshandlung ist. Für einen Stillstand der Verhandlungen kommt es einzig darauf an, dass die zur Betreibung des Verfahrens erforderlichen Handlungen nicht vorgenommen werden.[131] So sind z.B. außergerichtliche Vergleichsverhandlungen keine Verfahrenshandlungen im Sinne des § 204 BGB und stehen dem Stillstand des Verfahrens und damit dem Ende der Verjährungshemmung grundsätzlich nicht entgegen.[132] Der Gläubiger hat hier Vorsicht walten zu lassen, denn für das Betreiben des Verfahrens kommt es entscheidend auf sein Verhalten an. Das Gericht muss erkennen können, dass er an der Fortführung des Verfahrens interessiert ist. Mit Einverständnissen bezüglich des Ruhens des Verfahrens sollte er zurückhaltend umgehen.

b) Neubeginn

§ 212 BGB regelt den Neubeginn der Verjährung. Diese Vorschrift gibt die §§ 208, 209 Abs. 2 Nr. 5, 216 BGB a.F. wieder, die zwar noch von der „Unterbrechung" der Verjährung sprachen, inhaltlich aber den Neubeginn regelten. Der Neubeginn hat zur Folge, dass die bereits verstrichene Zeit der laufenden Verjährungsfrist nicht weiter beachtet wird und die Verjährungsfrist in voller Länge erneut zu laufen beginnt. Das ist der Fall, wenn der Schuldner dem Gläubiger gegenüber den Anspruch anerkennt (§ 212 Abs. 1 Nr. 1 BGB, entspricht § 208 BGB a.F.) oder wenn der Neubeginn durch eine gerichtliche oder behördliche Vollstreckungshandlung vorgenommen bzw. beantragt wird (§ 212 Abs. 1 Nr. 2 BGB, entspricht § 209 Abs. 2 Nr. 5 BGB a.F.). § 212 Abs. 2 BGB entspricht im Wesentlichen § 216 Abs. 1 BGB a.F. und regelt wie § 212 Abs. 3 BGB, der seinerseits im Wesentlichen § 216 Abs. 2 BGB a.F. entspricht, Sonderfälle, in denen der Neubeginn als nicht eingetreten gilt. Von besonderem Interesse ist hier § 212 Abs. 1 Nr. 1 BGB.

§ 212 Abs. 1 Nr. 1 BGB entspricht § 208 BGB a.F. und ordnet für den Fall eines Anerkenntnisses seitens des Schuldners durch Abschlagzahlung, Zinszahlung, Sicherheitsleistung oder in anderer Weise den Neubeginn der Verjährung an. Es handelt sich dabei um einen sofortigen Neubeginn, das heißt die Verjährungs-

---

130 Siehe dazu Zimmermann JZ 2000, 853, 865.

131 BGHZ 73, 8, 11 f; BGH DZWIR 2009, 375, 377; MünchKomm/Grothe, § 204 Rz 74.

132 BGH DZWIR 2009, 375, 377.

frist fängt direkt mit dem Anerkenntnis neu an zu laufen.[133] Das Anerkenntnis ist eine geschäftsähnliche Handlung, einer rechtsgeschäftlichen Willenserklärung bedarf es nicht.[134] Ein Anerkenntnis liegt in jeder ausdrücklichen Erklärung oder in jedem tatsächlichen Verhalten des Schuldners gegenüber dem Gläubiger vor, aus dem sich unzweideutig ergibt, dass der Schuldner sich des Bestehens des Anspruchs bewusst ist und nicht vorhat, sich direkt auf die Verjährung zu berufen.[135] Das Anerkenntnis kann demnach sowohl ausdrücklich wie auch konkludent vorliegen. So wurden z.B. Abschlagzahlungen als Anerkenntnis gewertet, die vom Schuldner nach Aufforderung durch den Gläubiger auf einen mitgeteilten Saldo geleistet wurden, ohne diesen in Frage zu stellen oder dessen Aufschlüsselung zu verlangen.[136] Ob ein Nacherfüllungsversuch i.S.d. § 437 Nr. 1 BGB ein Anerkenntnis darstellt, ist umstritten. Im Ergebnis ist dies jedoch zu bejahen. Selbst eine Nacherfüllung aus Kulanz kann als ein Anerkenntnis gewertet werden, ausführlicher dazu siehe unten, Kapitel E) II. 1. c). Ein Anerkenntnis kann unter Umständen auch durch bloße Untätigkeit oder durch Schweigen vorliegen, Voraussetzung ist lediglich die Eindeutigkeit des Verhaltens.[137] Kein die Verjährung unterbrechendes Anerkenntnis soll hingegen vorliegen, wenn der Mangel lediglich überprüft wird oder eine solche Überprüfung zugesagt wird.[138]

Grundsätzlich soll das Anerkenntnis eines Teils der Schuld sich auf den Gesamtanspruch erstrecken. Nur wenn eine teilbare Verbindlichkeit ausdrücklich ausschließlich zum Teil anerkannt wird, führt dies nur bezüglich des betroffenen Teils der Verbindlichkeit zum Neubeginn der Verjährung.[139] Auch ein Gesamtanspruch kann bei wiederkehrenden Leistungen durch die Erfüllung eines Einzelanspruchs anerkannt werden.[140] Von entscheidender Bedeutung ist dabei stets,

---

133 BT-Drucks 14/6040, S. 120; BGH NJW 1998, 2972, 2973; MünchKomm/Grothe, § 212 Rz 2; Bamberger/Roth/Henrich, § 212 Rz 14; Mansel, NJW 2002, 89, 97.

134 RGZ 78, 130, 132; RGZ 113, 234, 238; BGH NJW 1988, 254 f; BGH NJW-RR 1994, 373; Palandt/Ellenberger, § 212 Rz 2; MünchKomm/Grothe, § 212 Rz 6; Bamberger/Roth/Henrich, § 212 Rz 2.

135 BGHZ 58, 103, 104; BGH NJW 1965, 1430; BGH WM 1970, 548, 549; BGH NJW-RR 1994, 373; BGH NJW 1997, 516, 517; BGH NJW 1999, 1101, 1103; BGHZ 142, 172, 182; BGH NJW 2002, 2872, 2873; BGH NJW-RR 2005, 1044, 1047; BGH NJW 2007, 2843; MünchKomm/Grothe, § 212 Rz 6; Palandt/Ellenberger, § 212 Rz 2.

136 BGH NJW 1997, 516; BGH NJW 2007, 2843.

137 Vgl. BGH NJW 1965, 1430; BGH NJW-RR 2002, 1433, 1434; BGH NJW-RR 2005, 1044, 1047; MünchKomm/Grothe, § 212 Rz 6; Palandt/Ellenberger, § 212 Rz 3; Auktor/Mönch, NJW 2005, 1686, 1687

138 MünchKomm/Grothe, § 212 Rz 16; Auktor/Mönch, NJW 2005, 1686, 1687.

139 BGH NJW 1967, 2353, 2354; BGH NJW-RR 1986, 324, 325; OLG Koblenz, NJW-RR 1994, 1049, 1050; MünchKomm/Grothe, § 212 Rz 9; Bamberger/Roth/Henrich, § 212 Rz 6; Palandt/Ellenberger, § 212 Rz 5.

140 MünchKomm/Grothe, § 212 Rz 8; Palandt/Ellenberger, § 212 Rz 5; Bamberger/Roth/Henrich, § 212 Rz 8.

dass sich das Anerkenntnis bei Gewährleistungsansprüchen nicht auf den konkret auftretenden Schaden, sondern auf den zugrunde liegenden Mangel bezieht.[141]

Da das Anerkenntnis nur eine geschäftsähnliche Handlung darstellt, kann es sich nicht nur aus wirksamen, sondern auch aus unwirksamen Rechtsgeschäften, z.B. einer unwirksam erklärten Abtretung, ergeben.[142] Keine rechtliche Wirkung kommt hingegen einem arglistig herbeigeführten Anerkenntnis zu.[143] Ein Neubeginn der Verjährung ist auch während einer Hemmungszeit möglich, nicht aber nach Vollendung der Verjährung.[144] Wird ein Anerkenntnis nach Ablauf der Verjährungsfrist abgegeben, kann es zwar gegebenenfalls als Verzicht auf die Verjährungseinrede gedeutet werden, die Verjährung beseitigt es allerdings nicht.[145] Eine Verjährungsfrist kann unter Umständen mehrmals von neuem beginnen, so dass sich die ursprüngliche Verjährungsfrist vervielfacht.[146] Zudem ist eine Kombination von Neubeginn und Hemmung möglich:[147] Sind sowohl die Voraussetzungen für eine Hemmung wie auch für einen Neubeginn gegeben, wird die Verjährungsfrist zunächst gehemmt und beginnt nach Wegfall des Hemmungsgrundes von neuem zu laufen.

§ 213 BGB besagt, dass Hemmung, Ablaufhemmung und Neubeginn der Verjährung eines Anspruchs sich auch auf die Verjährung konkurrierender Ansprüche erstrecken. Das galt vor der Schuldrechtsreform gemäß § 477 Abs. 3 BGB a.F. nur für kaufrechtliche Gewährleistungsansprüche, soll aber durch § 213 BGB nun allgemein für alle Ansprüche gelten.

3. Rechtsfolgen der Verjährung

Gemäß § 214 Abs. 1 BGB, welcher § 222 Abs. 1 BGB a.F. entspricht, ist der Schuldner nach Eintritt der Verjährung berechtigt, die Leistung zu verweigern. Durch Ablauf der Frist wird für den Schuldner also ein Leistungsverweigerungsrecht begründet. Für die Beweislast bedeutet das Folgendes: Allgemein gilt, dass

141 BGHZ 62, 293, 295; BGHZ 110, 99, 101; MünchKomm/Grothe, § 212 Rz 7; Palandt/Ellenberger, § 212 Rz 5; Bamberger/Roth/Henrich, § 212 Rz 8.

142 Palandt/Ellenberger, § 212 Rz 2.

143 Palandt/Ellenberger, § 212 Rz 2; Bamberger/Roth/Henrich, § 212 Rz 2.

144 RGZ 78, 130, 131; BGH NJW-RR 1987, 288, 289; BGH NJW 1997, 516, 517; MünchKomm/Grothe, § 212 Rz 1; Palandt/Ellenberger, § 212 Rz 2.

145 Vgl. BGH NJW-RR 1987, 288, 289; BGH NJW 1997, 516, 517; Palandt/Ellenberger, § 212 Rz 2.

146 BGHZ 109, 220, 223; BGH NJW 1999, 2961; MünchKomm/Grothe, § 212 Rz 23.

147 Siehe dazu BGH NJW 1973, 698, 699; BGH NJW 1988, 254; BGHZ 109, 220, 223; BGH NJW 1999, 2961; BGHZ 145, 203, 239; OLG Zweibrücken OLGZ 2007, 612, 613; MünchKomm/Grothe, § 212 Rz 23; Bamberger/Roth/Henrich, § 209 Rz 4.

jede Partei zu beweisen hat, dass die Voraussetzungen für die sie begünstigende Norm vorliegen.[148] Der Anspruchsteller, also der Gläubiger, trägt die Beweislast für rechtsbegründende Tatbestandsmerkmale, während der Anspruchsgegner, also der Schuldner, die Beweislast für die rechtshemmenden und die rechtsvernichtenden Tatbestandsmerkmale trägt.[149] Das bedeutet, dass es dem Schuldner obliegt, darzulegen, dass der geltend gemachte Anspruch verjährt ist.

§ 214 Abs. 2 BGB besagt, dass trotz Verjährung erbrachte Leistungen nicht zurückgefordert werden können. Das hätte an sich keiner gesetzlichen Feststellung bedurft, da mit der Verjährung das jeweilige zugrunde liegende Recht nicht untergeht und somit auch nach Verjährung noch ein Rechtsgrund für die erbrachte Leistung besteht. Das war noch anders im Preußischen Allgemeinen Landrecht (PrALR I 9 § 580) und ist bis heute so z.B. in Frankreich (art. 2219 CC) oder Italien (art. 2934 Codice Civile). Im BGB bezog sich die Verjährung allerdings, wie dargestellt, stets auf die Durchsetzbarkeit des Anspruchs, nicht auf seinen Bestand.

Davon abgesehen, dass der verjährte Anspruch noch einen Rechtsgrund darstellt, hat er seinen Wert als Vermögensgegenstand weitestgehend verloren, da der Wert eines Anspruchs entscheidend mit dessen Durchsetzbarkeit zusammenhängt. Die Verjährung ist damit zwar als Einrede ausgestaltet, führt aber zur Nichtdurchsetzbarkeit und steht so in ihrer Einwirkung auf die Forderung der Erfüllung oder dem Erlass gleich. Obwohl die Verjährung rein rechtlich gesehen nur eine schwache Wirkung hat, bewirkt sie demnach de facto einen Forderungsverlust und entfaltet damit im Ergebnis eine starke Wirkung.[150] Was dem Rechtsinhaber nach abgelaufener Verjährungsfrist bleibt, ist ein „dominium sine re", ein Recht ohne Gegenstand.[151] Ganz wertlos ist dieses gegenstandslose Recht nicht. Zum Beispiel kann der Eigentümer, wenn auch nicht auf Herausgabe seines Eigentums, so doch wenigstens auf Feststellung seines Eigentums klagen. Was dies dem Rechtsinhaber tatsächlich bringt, ist allerdings fraglich. Die Fälle, in denen diese Möglichkeit dem Eigentümer tatsächlich zugutekommt, dürften sich sehr in Grenzen halten. Als Beispiel wird die Feststellung des Ei-

---

148 BGHZ 3, 342, 346; BGHZ 87, 393, 399; BGHZ 113, 222, 225; BGH NJW 1983, 2018, 2019; BGH NJW 1983, 2944, 2944; BGH NJW 1989, 1728, 1729; BGH NJW 1991, 1052, 1053; BGH NJW 1999, 352, 353; Musielak/Foerste, ZPO, § 286 Rz 35; Baumbach/Lauterbach/Albers/Hartmann, Anhang § 286 Rz 1; Rosenberg/Schwab/Gottwald, § 114 Rz 10; Schellhammer, ZPO, Rz 387.

149 BGHZ 3, 342, 346; BGHZ 113, 222, 225; BGH NJW 1983, 2944, 2944; BGH NJW 1986, 1755, 1755 f; Stein/Jonas/Leipold, ZPO § 138 Rz 9; MünchKomm-ZPO/Prütting, § 286 Rz 111; Musielak/Foerste, ZPO, § 286 Rz 35; Rosenberg/Schwab/Gottwald, § 114 Rz 10.

150 Vgl. BT-Drucks 14/6040, S. 100; Peters/Zimmermann, Gutachten, S. 103, A II 1 b); Mansel/Budzikiewicz, S. 30; Schnaufer, S. 9; H. Roth, S. 48; R. Zimmermann, JuS 1984, 409, 421; Schlosser, JuS 1966, 257, 264; R. Zimmermann, JZ 2000, 853, 854.

151 Motive I, S. 292; v. Plehwe, KUR 2001, 49, 53.

gentums an einem abhanden gekommenen Kunstgegenstand angeführt.[152] Die allgemeine Nachforschungspflicht des Kunsthändlers würde in Kombination mit dem gerichtlich festgestellten Fremdeigentum zu einem Handelshemmnis führen, die letztlich den derzeitigen Besitzer dazu bringen könnte, den Kunstgegenstand freiwillig an den Eigentümer zurückzugeben.[153] Ob dies der Wirklichkeit entspricht, darf bezweifelt werden.

Nach § 215 BGB steht die Verjährung eines Anspruchs der Aufrechnung nicht entgegen. Die Aufrechnung muss lediglich bereits zu einem Zeitpunkt möglich gewesen sein, zu dem der Anspruch noch nicht verjährt war. Gleiches gilt für ein Zurückbehaltungsrecht, das auch noch geltend gemacht werden kann, wenn der zugrunde liegende Anspruch im Nachhinein verjährt ist.

§ 216 BGB befasst sich mit der Verjährung gesicherter Ansprüche. Auch wenn es dem Gläubiger nicht mehr möglich ist, den verjährten Anspruch durchzusetzen, steht ihm gemäß § 216 Abs. 1 BGB die Möglichkeit zu, Befriedigung aus dem mit einer Hypothek, Schiffshypothek oder einem Pfandrecht belasteten Gegenstand zu suchen. Auch dem Recht, das zur Sicherung eines Anspruchs verschafft worden ist, steht die Verjährung nicht entgegen. Gemäß § 216 Abs. 2 S. 1 BGB führt die Verjährung des Anspruchs nicht zur Rückübertragung des Rechts. Der BGH hat § 216 Abs. 2 S. 1 BGB auch analog auf ein in einer notariellen Grundschuldbestellungsurkunde abgegebenes abstraktes Schuldversprechen mit Vollstreckungsunterwerfung angewandt.[154] Ein notariell beurkundetes Schuldversprechen sei zwar kein dingliches Recht, das § 216 Abs. 2 S. 1 BGB in erster Linie im Fokus hat. Jedoch sei eine vergleichbare Interessenlage gegeben und nach dem Zweck der Norm auch das abstrakte Schuldversprechen in den Anwendungsbereich des § 216 BGB einzubeziehen. Schließlich sei der Gedanke, dass eine verdinglichte Rechtsstellung, die zur Sicherung einer persönlichen Forderung geschaffen worden sei, nicht nur auf die Grundschuld, sondern auch auf das zur Sicherung einer Forderung abgegebene abstrakte Schuldversprechen anwendbar.[155] Anders ergeht es hingegen den Ansprüchen auf Zinsen und andere wiederkehrende Leistungen. Diese unterliegen nach § 216 Abs. 3 BGB der Verjährung.

Gemäß § 217 BGB verjährt mit dem Hauptanspruch auch der Anspruch auf die von ihm abhängenden Nebenleistungen und zwar unabhängig davon, ob die für letzteren geltende besondere Verjährung bereits eingetreten ist. Unabhängig voneinander sind hingegen der Ausgleichsanspruch des Gesamtschuldners, der den Anspruch des Gläubigers erfüllt hat, aus § 426 Abs. 1 BGB und der Anspruch des Gläubigers gegen den anderen Gesamtschuldner.[156] Auch wenn der

---

152 V. Plehwe, KUR 2001, 49, 53.

153 V. Plehwe, KUR 2001, 49, 53.

154 BGH ZIP 2010, 23, 25.

155 BGH ZIP 2010, 23, 26.

156 BGHZ 58, 216, 218; BGH NJW 2010, 62, 63; BGH NJW 2010, 435, 436; Palandt/Ellenberger, § 195 Rz 5.

Anspruch des Gläubigers bereits verjährt ist, kann der Anspruch im Innenverhältnis noch durchsetzbar sein. Der Anspruch auf Ausgleich verjährt gemäß § 195 BGB innerhalb der regelmäßigen Verjährungsfrist, selbst wenn der Anspruch des Gläubigers einer kürzeren Verjährungsfrist unterliegt.[157]

Verjährung tritt nur bezüglich eines Anspruchs ein, nicht bezüglich einer Einrede. Eine gesonderte Einredeverjährung gibt es zwar nicht, allerdings führt die Verjährung des Anspruchs allgemein zum Verlust der nicht selbständigen Einrede.[158] Ebenfalls nicht verjährbar sind Gestaltungsrechte, was dazu führt, dass Rücktritt und Minderung eigentlich von dem Wirkungsbereich der Verjährung ausgenommen sind. Schon im Gesetzgebungsverfahren wurde allerdings gesehen, dass es zur Vermeidung von Widersprüchen für Rücktritt und Minderung einer Ausnahme vom Grundsatz der Unverjährbarkeit bedarf.[159] Daher wurde der neue, freilich nicht auf Gewährleistungsrechte beschränkte, § 218 BGB eingeführt. Mit geltend gemachter Verjährung des zugrunde liegenden Anspruchs wird nun gemäß § 438 Abs. 4 Satz 1, § 218 Abs. 1 Satz 1 BGB die Erklärung des Rücktritts unwirksam, gleiches gilt über § 438 Abs. 5 BGB für die Minderung, so dass i.E. auch die Gestaltungsrechte einer Verjährungswirkung unterfallen.[160]

Da die Verjährung als Einrede ausgestaltet ist, muss sie erhoben werden, um überhaupt rechtliche Relevanz zu erlangen. Schließlich soll dem Schuldner im Hinblick auf die Privatautonomie kein Schutz „aufgedrängt" werden.[161] Dass die Verjährung nicht den Anspruch vernichtet, sondern als rechts*hemmende* Einrede ausgestaltet ist, hat zur Folge, dass der Verpflichtete die Verjährung einfach ignorieren kann; er muss nicht von seinem Recht Gebrauch machen. Auf der anderen Seite entfällt das Recht des Verpflichteten, gleichwohl Geleistetes zurückzufordern, da der Rechtsgrund für die Leistung bestehen bleibt. Von Amts wegen ist die Verjährung, gleich wie evident sie vorliegt, nicht zu berücksichtigen.[162] Ob das Gericht ein Hinweisrecht oder gar eine Hinweispflicht hat, ist umstritten. Der Richter steht auf der einen Seite dem Gebot der materiellen Prozessleitung nach § 139 ZPO und auf der anderen Seite der Befangenheit nach § 42 Abs. 2 ZPO gegenüber.[163] Von einem Teil der Rechtsprechung und Literatur wird dem

157 BGHZ 58, 216, 218; BGH NJW 2010, 62, 63; BGH NJW 2010, 435, 436; Palandt/Ellenberger, § 195 Rz 5.

158 Motive I, S. 291.

159 Siehe Begründung zum Regierungsentwurf, S. 531.

160 Palandt/Weidenkaff, § 438 Rz 17; AnwKomm/Büdenbender, § 438 Rz 5; Mansel, NJW 2002, 89, 94.

161 Motive I, S. 341; Staud/Peters/Jacoby, § 214 Rz 5; H. Roth, S. 51 f.; R. Zimmermann, JuS 1984, 409, 421; dens. JZ 2000, 853, 856.

162 Motive I, S. 341; Staud/Peters/Jacoby, § 214 Rz 1; MünchKomm/Grothe, § 214 Rz 3; Peters, NJW 2001, 2289, 2289.

163 Siehe dazu Staud/Peters/Jacoby, § 214 Rz 14; MünchKomm/Grothe, § 214 Rz 3.

Gericht ein Hinweisrecht zugestanden, schließlich müsse der Schuldner über die Sachlage informiert sein, damit er die Möglichkeit hat, sich für die Geltendmachung der Verjährung zu entscheiden.[164] Von anderer Seite wird jedoch ein Hinweisrecht nur restriktiv zugestanden bzw. ganz abgelehnt.[165] Auf eine ausführliche Darstellung des Streitstandes wird hier verzichtet. Jedoch sollte die Mitwirkung des Richters in der Form zulässig sein, dass er auf eine Präzisierung des Tatsachenvortrages hinwirkt, oder indirekte Hinweise auf die Verjährung gibt, wenn die Geltendmachung offenkundig im Interesse des Schuldners läge und sich auf die voraussichtliche weitere Entwicklung des Falls auswirken würde.[166] Die direkte Anregung der Erhebung der Einrede überschreitet hingegen wohl die Kompetenz des Richters.[167]

Klagt der Gläubiger seinen Gewährleistungsanspruch gerichtlich ein und macht der Beklagte (Schuldner des Gewährleistungsanspruchs) vor Prozessbeginn die Verjährung geltend, führt dies zur Abweisung der Leistungsklage wegen Unbegründetheit und zum Ausschluss der Vollstreckung für immer.[168] Wird die Verjährung hingegen vom Kläger eingeräumt, ist die Klage als unschlüssig abzuweisen.[169] Voraussetzung ist dabei stets, dass die Verjährung ohne Bedingungen geltend gemacht wird, da sie bedingungsfeindlich ist.[170] Die Einrede der Verjährung kann im Einzelfall auch unbeachtlich sein, wenn z.B. eine unzulässige Rechtsausübung i.S.d. § 242 BGB vorliegt.[171] Bloßes Nichtstun seitens des Schuldners reicht dafür nicht aus, da ihm in der Regel keine Offenbarungspflicht obliegt. Eine unzulässige Rechtsausübung liegt jedoch vor, wenn der Schuldner den Gläubiger durch irgendein aktives Verhalten seinerseits, sei es wissentlich oder unwissentlich, von der rechtzeitigen Klageerhebung abgehalten hat.

---

164 BGH NJW 1998, 612; OLG Köln, NJW-RR 1990, 192; Staud/Peters/Jacoby, § 214 Rz 15; MünchKomm-ZPO/Wagner, § 139 Rz 41; Palandt/Ellenberger, § 214 Rz 2; Wieser, § 214 Rz 14; Mansel/Budzikiewicz, S. 37; Schneider, NJW 1986, 1316, 1317.

165 RGZ 165, 226, 234; OLG Bremen, NJW 1979, 2215; OLG Hamburg, NJW 1984, 2710; OLG Bremen, NJW 1986, 999, 1000; BGH NJW 2004, 164; Thomas/Putzo, § 139 Rz 6; Stein/Jonas/Leipold, § 139 Rz 23; MünchKomm/Grothe, § 214 Rz 3;

166 BGH NJW 1998, 612; OLG Köln, NJW-RR 1990, 192; Staud/Peters/Jacoby, § 214 Rz 14; MünchKomm/Grothe, § 214 Rz 3;

167 Vgl. OLG Köln, NJW-RR 1990, 192; Staud/Peters/Jacoby, § 214 Rz 14; MünchKomm/Grothe, § 214 Rz 3; Büdenbender, JuS 1997, 481, 482.

168 Staud/Peters/Jacoby, § 214 Rz 9; Wieser, § 214 Rz 2; Dauner-Lieb/Mansel, § 1 D Rz 19; H. Roth, S. 48; Zimmermann, JuS 1984, 409; Peters, NJW 2001, 2289.

169 Staud/Peters/Jacoby, § 214 Rz 11; MünchKomm/Grothe, § 214 Rz 4; Wieser, § 214 Rz 5; Peters, NJW 2001, 2289.

170 Staud/Peters/Jacoby, § 214 Rz 9; Bamberger/Roth/Henrich, § 214 Rz 2.

171 Siehe dazu BGHZ 93, 64, 66; BGH NJW 1988, 265, 266; BGH NJW 1988, 2245, 2247; BGH NJW-RR 1989, 1270, 1271; BGH NJW-RR 1993, 1059, 1061; Staud/Peters/Jacoby, § 214 Rz 17; MünchKomm/Grothe, Vor § 194 Rz 15; Bamberger/Roth/Henrich, § 214 Rz 9; Dauner-Lieb/Mansel, § 1 D Rz 20; v. Plehwe, KUR 2001, 49, 53.

II. Die Verjährung der Gewährleistungsrechte gemäß § 438 BGB

1. Der Anwendungsbereich der §§ 437, 438 BGB

Die Verjährung der kaufrechtlichen Gewährleistungsansprüche ist in § 438 BGB geregelt. Sie ist Teil des Besonderen Schuldrechts (Zweites Buch des BGB), weil ihr andere Strukturen zugrunde liegen als der allgemeinen Verjährung und sie zur inhaltlichen Ausgestaltung der Gewährleistungsrechte gehört.[172] Auch wenn die Regelungen im Zuge der Umsetzung der Verbrauchsgüterkauf-Richtlinie eingeführt wurden, sind §§ 437, 438 BGB in ihrem Anwendungsbereich nicht auf Verbrauchsgüterkäufe beschränkt, sondern gelten für alle Käufe. Die Verjährungsregelung des § 438 BGB bezieht sich auf die in § 437 BGB geregelten Ansprüche des Käufers bei Vorliegen eines Mangels i.S.d. §§ 434, 435 BGB. Davon erfasst sind in erster Linie Sachmängel i.S.d. § 434 Abs. 1 und Abs. 2 BGB. Einem Sachmangel gleichgestellt sind gemäß § 434 Abs. 3 BGB die Lieferung einer anderen Sache (aliud-Lieferung) und die Lieferung in zu geringer Menge. Die Zuviellieferung unterfällt nicht dem Kriterium des Sachmangels. Durch die Gleichstellung der aliud-Lieferung mit dem Sachmangel erledigen sich Abgrenzungsprobleme der alten Rechtslage, gleichgelagerte Fälle werden nun auch tatsächlich gleich behandelt. Über die Konstruktion der aliud-Lieferung vermochte die Rechtsprechung zum alten Recht die kurze Verjährung des § 477 BGB a.F. in bestimmten Fällen zu umgehen.[173] Durch die Verlängerung der gewährleistungsrechtlichen Verjährungsfrist bedarf es dieses Hintertürchens nicht mehr. Hatte der Verkäufer Kenntnis von den Umständen der Pflichtverletzung, wird ihm dies zudem immer noch im Rahmen der Arglist zum Verhängnis.

Die Gewährleistungsrechte werden ferner nicht nur durch Sachmängel, sondern auch durch Rechtsmängel i.S.d. § 435 BGB ausgelöst. Die Gleichstellung von Sach- und Rechtsmängeln bedeutet eine erhebliche Vereinheitlichung und Vereinfachung des gewährleistungsrechtlichen Verjährungssystems. Von Teilen der Literatur wird gesagt, es sei nicht zweckmäßig, dass der Käufer nach Ablauf der zweijährigen Verjährungsfrist die Kaufsache auf Grund eines Rechtes eines Dritten verliere, ohne sich an den Verkäufer halten zu können.[174] Dies sei gerade

172 BT-Drucks 14/6040, S. 226; Haas/Medicus/Rolland/Schäfer/Wendtland/Wendtland, Kap. 2 Rz 53; Zimmermann/Leenen/Mansel/Ernst, JZ 2001, 684, 689; Leenen, DStR 2002, 34.

173 Siehe z.B. BGH NJW 1969, 787, 788.

174 So z.B. Zimmermann/Leenen/Mansel/Ernst, JZ 2001, 684, 691; Ernst/Gsell, ZIP 2000, 1812.

bei Grundstückskäufen problematisch, wo der Käufer beispielsweise gezwungen sein könnte, eine erst nach drei Jahren bemerkte Grunddienstbarkeit alten Rechts hinzunehmen, ohne sich noch irgendwie an den Verkäufer halten zu können.[175] Im Sinne der Rechtssicherheit und zur Vermeidung von Wertungswidersprüchen ist die Gleichstellung von Sach- und Rechtsmängeln jedoch notwendig und angemessen.[176]

Ebenso führte die Einführung des neuen § 443 BGB zu mehr Rechtssicherheit. § 443 Abs. 1 BGB schreibt die nach alter Rechtslage von der Rechtsprechung konstruierte echte Anspruchskonkurrenz für Ansprüche aus Gewährleistung und Garantie nun ausdrücklich vor – unabhängig davon, ob es sich um eine Haltbarkeits- oder Beschaffenheitsgarantie handelt und unabhängig davon, wer die Garantie übernommen hat. Das ist unter anderem deshalb von Bedeutung, weil die jeweiligen Ansprüche unterschiedlichen Verjährungsregimes unterliegen. Da die Garantie grundsätzlich kein Bestandteil des Kaufvertrages ist und damit nicht der Regelung des § 438 BGB unterfällt, verjähren die Ansprüche aus der Garantie grundsätzlich in der allgemeinen dreijährigen Verjährungsfrist des § 195 BGB. Dabei wird die Verjährungsfrist für die Ansprüche grundsätzlich nicht durch die Garantiefrist begrenzt,[177] immerhin liegt die Ausgestaltung der Garantie mitsamt ihrer Fristen in der Hand des Garantiegebers.

Trotz der echten Anspruchskonkurrenz gibt es Berührungspunkte von Garantie und Gewährleistung. Weicht die Beschaffenheit der Kaufsache von jener in der Beschaffenheitsgarantie zugesicherten nachteilig ab, liegt ein Sachmangel im Sinne des § 434 Abs. 1 S. 1 BGB vor, der zunächst die Gewährleistungshaftung aus §§ 437 ff. BGB auslöst.[178] Eine weitere Verknüpfung schafft § 443 Abs. 2 BGB, nach dem die Rechte aus einer Haltbarkeitsgarantie ausgelöst werden, wenn innerhalb der Garantiefrist ein Sachmangel auftritt.

Darüber hinaus ist der Schadensbegriff nun weit zu verstehen, er umfasst auch Mangelfolgeschäden, ausführlicher dazu siehe unten, Kapitel E) I. 1. In den Regelungsbereich des § 438 BGB fallen zudem über § 90a BGB nun auch Tiere, die wie bewegliche Sachen behandelt werden. Die Sondervorschriften für den Viehkauf wurden als „überholt“ und „nicht mehr verbesserungsfähig“ eingestuft und ersatzlos gestrichen.[179]

175 Zimmermann/Leenen/Mansel/Ernst, JZ 2001, 684, 691; Ernst/Gsell, ZIP 2000, 1812.

176 Vgl. BT-Drucks 14/6040, S. 227; Schmidt-Räntsch, ZEuP 1999, 294, 301.

177 Diskussionsentwurf, S. 258

178 Siehe dazu Stöber, S. 99.

179 BT-Drucks 14/6040, S. 206.

2. Der Regelungsbereich des § 438 Abs. 1 BGB (Verjährungsfristen)

Der eher versteckte Grundsatz für die gewährleistungsrechtliche Verjährung findet sich in § 438 Abs. 1 Nr. 3 BGB, nach dem die in § 437 Nr. 1 und 3 BGB geregelten Rechte auf Nacherfüllung, Schadensersatz und Aufwendungsersatz in zwei Jahren verjähren. Die zweijährige Verjährungsfrist wurde durch Art. 5 Abs. 1 der Verbrauchsgüterkauf-Richtlinie zwingend vorgeschrieben, allerdings nur für Verbrauchsgüterkäufe. Die Einbeziehung aller sonstigen Käufe in die verlängerte Verjährungsfrist lag im Willen des deutschen Gesetzgebers. Neben der Zweijahresfrist enthält § 438 BGB einige Sonderregelungen.

Eine Sonderreglung findet sich z.B. in § 438 Abs. 1 Nr. 1 BGB, der für den Fall, dass die Kaufsache mit einem dinglichen Recht, das auf Herausgabe der Kaufsache gerichtet ist oder mit einem sonstigen Recht, das im Grundbuch eingetragen ist, belastet ist, eine Verjährung von 30 Jahren vorsieht. Der dieser langen Verjährung zugrunde liegende Gedanke ist, dass der Käufer nicht noch 28 Jahre lang eine Inanspruchnahme aus dinglichem Recht befürchten müssen soll, wenn sein Anspruch wegen Rechtsmangels gegenüber dem Verkäufer bereits verjährt ist.[180] Es ist also ein Gleichlauf der Fristen der Herausgabeansprüche aus dinglichem Recht (§ 197 Abs. 1 Nr. 1 BGB) und der Frist für die Geltendmachung von Rechtsmängeln beabsichtigt. So wird der Käufer vor Verlusten geschützt, die ihm dadurch entstehen können, dass einem Dritten Rechte, wie z.B. ein Pfandrecht an beweglichen Sachen (§§ 1227, 985 BGB), ein Wohnrecht kraft Dienstbarkeit (§§ 1036 Abs. 1, 1093 Abs. 1 Satz 2 BGB) oder ein Dauerwohnrecht (§§ 34 Abs. 2 WEG, 985 BGB), zustehen. Eine direkte Anwendung des § 438 Abs. 1 Nr. 1 a BGB auf den Fall, dass der Dritte Eigentümer der abhanden gekommenen Sache ist und gemäß § 985 BGB Herausgabe von dem Käufer verlangen kann, kommt deshalb nicht in Frage, da wegen § 935 Abs. 1 BGB dem Käufer kein Eigentum verschafft werden konnte und somit nicht ein Rechtsmangel, sondern eine Nichterfüllung vorliegt.[181] In solchen Fällen ist aber § 438 Abs. 1 Nr. 1 a BGB analog anzuwenden, da hier die gleiche Interessenlage vorliegt und dieser spezielle Fall vom Gesetzgeber schlichtweg nicht mitbedacht wurde.[182]

180 BT-Drucks 14/6040, S. 227.

181 BGHZ 174, 61, 68; MünchKomm/Westermann, § 438 Rz 13; Palandt/Weidenkaff, § 438 Rz 6; Bamberger/Roth/Faust, § 438 Rz 14; Erman/Grunewald, § 438 Rz 5.

182 Vgl. Staud/Matusche-Beckmann, § 438 Rz 45; MünchKomm/Westermann, § 438 Rz 13; Palandt/Weidenkaff, § 438 Rz 6; Bamberger/Roth/Faust, § 438 Rz 14.

Eine weitere Sonderregelung enthält § 438 Abs. 1 Nr. 2 BGB; die Verjährungsfrist beträgt in den dort genannten Fälle fünf Jahre ab Ablieferung. Darunter fallen zunächst nach § 438 Abs. 1 Nr. 2 a BGB Gewährleistungsrechte beim Kauf eines Bauwerks. Mit der Schaffung einer Fünfjahresfrist für diese Fälle ist der Gesetzgeber der Rechtsprechung zum alten Recht gefolgt, die bei Käufen von Bauwerken und Eigentumswohnungen grundsätzlich eine fünfjährige Verjährungsfrist annahm und deshalb Werkvertragsrecht statt Kaufvertragsrecht bemühte. Die Fünfjahresfrist erscheint angemessen, schließlich zeigen sich Mängel bei Bauwerken oftmals erst Jahre nach Beginn der Nutzung[183] und es geht in der Regel um vergleichsweise hohe Kaufpreise. Die Frist des § 438 Abs. 1 Nr. 2 a BGB gilt für alle Kaufverträge, auch für gebrauchte Immobilien[184], wenngleich bei letzteren die Verjährungsfrist grundsätzlich durch AGB verkürzt werden kann. Dadurch wird ein weitgehender Gleichlauf mit § 634a Abs. 1 Nr. 2 BGB erreicht, der vorsieht, dass der Bauhandwerker seinem Besteller fünf Jahre ab Abnahme haftet. So kann nach der neuen Rechtslage der jeweilige Vertrag systemgetreu je nach Stand der Bauarbeiten bzw. Schwerpunkt der geschuldeten Leistung als Kauf- oder Werkvertrag qualifiziert werden, ohne dass es zu ungerechtfertigten verjährungsrechtlichen Unterschieden käme.

§ 438 Abs. 1 Nr. 2 b BGB unterstellt auch Sachen, die zwar an sich kein Bauwerk darstellen, entsprechend ihrer üblichen Verwendungsweise aber für ein solches verwendet wurden, der fünfjährigen Verjährungsfrist. Damit wird im Interesse der Bauhandwerker die Diskrepanz zwischen der kaufrechtlichen Verjährung beim Kauf von Baumaterial und der werkvertraglichen Verjährung bei der Erstellung von Bauwerken überwunden. Der Bauhandwerker wird dadurch davor geschützt, dass er seinem Auftraggeber fünf Jahre lang haftet, während seine eigenen Ansprüche gegen seinen Lieferanten bereits innerhalb von zwei Jahren verjährten.[185] Damit trägt der Bauhandwerker nur noch das Risiko des unterschiedlichen Verjährungsbeginns, das er aber durch zeitige Verwendung des Baumaterials klein halten kann.[186] Da § 438 Abs. 1 Nr. 2 BGB eine eigenständige Verjährungsregel enthält, gilt die Fünfjahresfrist unabhängig davon, ob dem Bauhandwerker tatsächlich die Regressfalle droht, also auch wenn er die Sache

183 BGH DB 2009, 2259, 2261; Kötz, FS Medicus, S. 283, 291 f.

184 Bamberger/Roth/Faust, § 438 Rz 21; Erman/Grunewald, § 438 Rz 7; Prütting/Wegen/Weinreich/Schmidt, § 438 Rz 17; Henssler/v. Westphalen/v. Westphalen, S. 539; Leenen, DStR 2002, 34, 37.

185 BT-Drucks 14/6040, S. 227; MünchKomm/Westermann, § 438 Rz 18; Bamberger/Roth/Faust, § 438 Rz 23; Erman/Grunewald, § 438 Rz 9; AnwKomm/Büdenbender (2005), § 438 Rz 23; HK/Saenger, § 438 Rz 6; Fikentscher/Heinemann, § 71 Rz 888; Haas, BB 2001, 1313, 1318; Leenen, DStR 2002, 34, 37.

186 BT-Drucks 14/6040, S. 227.

für sich selbst verwendet. Schließlich sind in den Anwendungsbereich sowohl der Zwischenhändler als auch der Bauherr selbst einbezogen.[187]

Für die Anwendbarkeit der Frist des § 438 Abs. 1 Nr. 2 b ist erforderlich, dass die verkaufte Sache ihrer üblichen Verwendungsweise entsprechend für ein Bauwerk verwendet wurde. Hinsichtlich der Üblichkeit der Verwendung sind objektive Kriterien anzulegen. Maßgeblich ist nicht die Parteiabrede oder die Kenntnis des Verkäufers von der Verwendung für ein Bauwerk, sondern die objektive Beschaffenheit der Sache, aus welcher sich die übliche Verwendung für Bauwerke ergibt.[188] Die Verwendung muss tatsächlich stattgefunden haben, das heißt die Sache muss eingebaut worden sein.[189] Das ist der Fall, wenn eine feste Verbindung mit dem Bauwerk stattgefunden hat.[190] Der Begriff des Bauwerks ist dabei ebenso weit zu verstehen wie bei § 638 Abs. 1 BGB a.F., nämlich als unbewegliche, unter Verwendung von Arbeit und Material hergestellte und mit dem Erdboden fest verbundene Sache.[191] Eine Neuerrichtung ist nicht zu fordern, auch bestandswesentliche Erneuerungs- oder Umbauarbeiten sind von dem Verwendungsbegriff gedeckt.[192]

Umstritten ist in der Literatur, ob die Verbindung mit dem Bauwerk innerhalb der Zweijahresfrist des § 438 Abs. 1 Nr. 3 BGB erfolgen muss. Dieses Erfordernis wird von einem Teil der Literatur mit dem Argument abgelehnt, dass sie keine Stütze im Gesetz finde.[193] Fordere man eine Verwendung innerhalb der Zweijahresfrist, handle es sich dabei um ein ungeschriebenes Tatbestandsmerkmal, dass dem fundamentalen Zweck der Verjährung, für Rechtssicherheit zu sorgen, zuwiderliefe.[194] Es könne zudem nicht Intention des Gesetzgebers gewesen sein,

---

187 BT-Drucks 14/6040, S. 227; Staud/Matusche-Beckmann, § 438 Rz 40; MünchKomm/Westermann, § 438 Rz 18; Bamberger/Roth/Faust, § 438 Rz 25; Erman/Grunewald, § 438 Rz 9; Palandt/Weidenkaff, § 438 Rz 10.

188 BT-Drucks 14/6040, S. 227; MünchKomm/Westermann, § 438 Rz 18; Erman/Grunewald, § 438 Rz 10; Bamberger/Roth/Faust, § 438 Rz 24; HK/Saenger, § 438 Rz 6; Henssler/v. Westphalen/v. Westphalen, S. 539 f; Forster, NZBau 2007, 479, 480.

189 MünchKomm/Westermann, § 438 Rz 20; Bamberger/Roth/Faust, § 438 Rz 25; AnwKomm/Büdenbender (2005), § 438 Rz 25; Prütting/Wegen/Weinreich/Schmidt, § 438 Rz 18.

190 BT-Drucks 14/6040, S. 227; BGHZ 53, 43, 45; Bamberger/Roth/Faust, § 438 Rz 21; Erman/Grunewald, § 438 Rz 8; Palandt/Weidenkaff, § 438 Rz 9; AnwKomm/Büdenbender (2005), § 438 Rz 24; HK/Saenger, § 438 Rz 6; Leenen, DStR 2002, 34, 37.

191 BT-Drucks 14/6040, S. 227; Staud/Matusche-Beckmann, § 438 Rz 38; MünchKomm/Westermann, § 438 Rz 17; Bamberger/Roth/Faust, § 438 Rz 20.

192 BT-Drucks 14/6040, S. 227; BGHZ 117, 25, 53, 54; Staud/Matusche-Beckmann, § 438 Rz 38; MünchKomm/Westermann, § 438 Rz 20; Bamberger/Roth/Faust, § 438 Rz 25; Henssler/v. Westphalen/v. Westphalen, S. 538; Mansel, NJW 2002, 89, 95.

193 Erman/Grunewald, § 438 Rz 9; AnwKomm/Büdenbender (2005), § 438 Rz 27; Haas/Medicus/Rolland/Schäfer/Wendtland/Haas, Rz 325; Forster, NZBau 2007, 479, 481.

194 Forster, NZBau 2007, 479, 482.

dem Käufer einen „Verwendungszwang" aufzuerlegen, zumal der ebenfalls von der Regelung privilegierte Zwischenhändler keinen Einfluss auf den Einbau habe.[195] Im Kontext des Händlerregresses bringt der Gesetzgeber jedoch eindeutig zum Ausdruck, dass derjenige die Folgen langer Lagerzeiten tragen soll, der diese beeinflussen kann.[196] Zwei Jahre stellen auch im Baugewerbe keine unangemessen kurze Zeitspanne dar, um die Sache ihrer intendierten Verwendung zuzuführen.

Von dieser Auffassung wird zudem die Gefahr verkannt, dass die Anwendbarkeit der Fünfjahresfrist den Käufer dazu bewegen könnte, Materialien in ein Bauwerk einzubauen, die sich zwischenzeitlich als mangelhaft erwiesen haben, nur um so in den Genuss der längeren Verjährungsfrist für die Gewährleistungsansprüche zu kommen. So wird geltend gemacht, dass gegen ein solches rechtsmissbräuchliches Verhalten schon die Mängeleinrede des § 641 Abs. 3 BGB spreche, nach welcher der Abnehmer eines mangelhaften Werkes die Vergütung in Höhe des Doppelten der erwarteten Mangelbeseitigungskosten zurückbehalten kann.[197] Die Mängeleinrede kann der Abnehmer jedoch nur erheben, wenn er den Mangel zu einem Zeitpunkt entdeckt, zu dem er die Vergütung noch nicht bezahlt hat. Da ein Mangel an einem Bauwerk unter Umständen erst nach Jahren zum Vorschein tritt, ist zweifelhaft, ob der Abnehmer in einer derart relevanten Anzahl der Fälle von der Einrede Gebrauch macht, als dass dies den Bauhandwerker vor dem Einbau mangelhafter Teile „abschrecken" würde.

Weiterhin wird geltend gemacht, dass von der Fünfjahresfrist von vornherein solche Sachen nicht erfasst seien, die der Käufer in Kenntnis ihrer Mangelhaftigkeit in ein Bauwerk einbaut.[198] Da der Anwendungsbereich des § 438 BGB davon ausgehe, dass insgesamt ein mangelfreies Bauwerk im Sinne des § 633 Abs. 1 BGB geschuldet ist, sei der wissentliche Einbau eines mangelhaften Baumaterials keine „Verwendung" im Sinne des § 438 Abs. 1 Nr. 2 b BGB.[199] Das Problem über den Kenntnisstand des Verkäufers zu lösen, erscheint jedoch hinsichtlich des objektiv gewählten Anknüpfungspunktes der Verjährung problematisch. Die Konstruktion eines restriktiven Verwendungsbegriffes ist aber auch nicht erforderlich.

Zwar handelt sich bei einzelnen Gewährleistungsfristen des § 438 Abs. 1 BGB um selbständige Fristen. Wären Sachen, die potentiell aufgrund ihrer üblichen Verwendungsweise in den Anwendungsbereich des § 438 Abs. 1 Nr. 2 b BGB fallen könnten, nicht von der Verjährungsfrist des § 438 Abs. 1 Nr. 3 BGB erfasst,[200] hätte dies jedoch zur Folge, dass die Ansprüche bezüglich solcher Sachen vor deren Einbau gar keiner Verjährungsfrist unterfielen. Schließlich ist für

195 Erman/Grunewald, § 438 Rz 9; Forster, NZBau 2007, 479, 481 f.

196 BT-Drucks 14/6040, S. 250.

197 Forster, NZBau 2007, 479, 483.

198 Forster, NZBau 2007, 479, 484.

199 Forster, NZBau 2007, 479, 484.

200 So AnwKomm/Büdenbender (2005), § 438 Rz 27; Forster, NZBau 2007, 479, 482.

die Eröffnung des Anwendungsbereichs des § 438 Abs. 1 Nr. 2 b BGB die bereits erfolgte Verwendung erforderlich. Der unter Umständen bis zu fünf Jahre dauernde Zustand der „Verjährungslosigkeit" würde zu einer nicht vertretbaren Rechtsunsicherheit führen, welche gerade durch das Verjährungsrecht im Allgemeinen vermieden werden soll. Eine Sache, die (derzeit) aufgrund des Nichtvorliegens eines Tatbestandmerkmals nicht dem Anwendungsbereich des § 438 Abs. 1 Nr. 2 b BGB unterfällt, wird demnach von § 438 Abs. 1 Nr. 3 BGB aufgefangen, welcher ausweislich seines Wortlauts die Verjährung „im Übrigen" regelt.[201] Sind die Gewährleistungsrechte bezüglich der Kaufsache nach § 438 Abs. 1 Nr. 3 BGB aber erst einmal verjährt, soll der Käufer sie nicht durch einseitiges Handeln, wie z.B. den Einbau in ein Bauwerk, wieder durchsetzbar machen können.[202] Ansonsten würden dem Käufer sanktionslos Tür und Tor für die arglistige Vereitlung der Verjährung geöffnet; die Arglistregelung des § 438 Abs. 3 BGB gilt schließlich nur für den arglistig handelnden Verkäufer.

Auch im Interesse der Berechenbarkeit für den Verkäufer ist eine Begrenzung auf zwei Jahre erforderlich.[203] Denn nach einer gewissen Zeit ist für den Verkäufer nicht mehr nachprüfbar, ob das Material zum Zeitpunkt der Lieferung mangelhaft war, bzw. ob die für den Einbau verwendeten Materialien überhaupt von ihm stammen.[204] Dass die Fünfjahresfrist nicht per se für alle Baumaterialien und erst recht nicht unabhängig von ihrem Einbau und ihre Auswirkungen auf das Bauwerk gelten soll, ergibt sich schon aus der Tatsache, dass die Fünfjahresfrist gemäß dem Wortlaut des § 438 Abs. 1 Nr. 2 b BGB nur einschlägig ist, wenn die Mangelhaftigkeit des Materials zur Mangelhaftigkeit des Bauwerks führt.[205]

Der Anwendungsbereich des § 438 Abs. 1 Nr. 2 b BGB kann nach alledem nur für Sachen eröffnet sein, die „für ein Bauwerk verwendet" werden, bevor sie nach § 438 Abs. 1 Nr. 3 BGB verjährt sind. In der Praxis hat der Verkäufer dadurch freilich nicht viel gewonnen, da er in der Regel nicht weiß, ob die von ihm verkaufte Sache innerhalb von zwei Jahren eingebaut wurde und sich demnach im Zweifel ohnehin auf die Fünfjahresfrist einstellen muss.[206] Das gilt insbesondere für den Zwischenhändler. Der Verkäufer kann dieses Risiko jedoch in den Kaufpreis einkalkulieren[207] oder entsprechende vertragliche Regelungen mit seinen Käufern treffen.

---

201 MünchKomm/Westermann, § 438 Rz 21; Bamberger/Roth/Faust, § 438 Rz 26.

202 Staud/Matusche-Beckmann, § 438 Rz 39; Bamberger/Roth/Faust, § 438 Rz 26; Jauernig/Berger, § 438 Rz 7; Prütting/Wegen/Weinreich/Schmidt, § 438 Rz 18; Mansel/Budzikiewicz, S. 136; Mansel, NJW 2002, 89, 94.

203 Vgl. Prütting/Wegen/Weinreich/Schmidt, § 438 Rz 18.

204 MünchKomm/Westermann, § 438 Rz 21.

205 Mansel, NJW 2002, 89, 94.

206 Staud/Matusche-Beckmann, § 438 Rz 39; Forster, NZBau 2007, 479, 481; Mansel, NJW 2002, 89, 95.

207 Forster, NZBau 2007, 479, 481.

3. Der Regelungsbereich des § 438 Abs. 2 BGB (Ablieferung und Übergabe)

§ 438 Abs. 2 BGB besagt, dass die Verjährung bei Grundstücken mit Übergabe und bei beweglichen Sachen mit deren Ablieferung beginnt. Vor Übergabe bzw. Ablieferung richtet sich die Verjährung nach den allgemeinen Vorschriften der §§ 195 ff. BGB. Damit unterliegt beispielsweise der Anspruch des Käufers aus § 433 Abs. 1 Satz 1 BGB auf Erfüllung des Kaufvertrages durch Übergabe und Übereignung der Kaufsache der Regelverjährung des § 195 BGB. Mit der Bindung an die Ablieferung hat sich der Gesetzgeber für einen vom Kenntnisstand des Käufers unabhängigen, also objektiven Anknüpfungspunkt entschieden.

Die Heranziehung eines objektiven Kriteriums stößt in der Literatur auf Kritik[208], ganz im Sinne des Preußischen Allgemeinen Landrechts, nach dessen PrALR I 9 § 512 der Grundsatz galt: „Keine Art der Verjährung kann gegen den anfangen, welcher von seinem Rechte nicht hat unterrichtet sein können.“ Mit der Anknüpfung an die Kenntnis des Gläubigers ließen sich die der gewährleistungsrechtlichen Verjährung zugrunde liegenden Ziele jedoch nicht erreichen.[209] Weder würden so widerstreitende Interessen in Einklang gebracht, noch würde das Verjährungsrecht zu Rechtssicherheit führen, was nur mit klaren und einfachen Regelungen zu realisieren ist. Dass dem objektiven Ansatz das Problem innewohnt, dass in bestimmten Fallkonstellationen, namentlich bei versteckten Mängeln, ein Gläubiger die Verjährung seiner Forderung hinnehmen muss, auch wenn er vor Ablauf der Verjährungsfrist weder wusste noch wissen konnte, dass ihm ein solcher Anspruch überhaupt zusteht, war auch dem Gesetzgeber bewusst.[210]

Ein subjektiver Anknüpfungspunkt würde zwar dem Käufer insbesondere bei versteckten Mängeln zugutekommen, birgt aber die Gefahr in sich, dass sich der konkrete Zeitpunkt nicht mit Sicherheit feststellen lässt und gefährdet damit die Rechtssicherheit.[211] Darunter hätte insbesondere der Verkäufer zu leiden, der seinerseits im Rahmen der Nacherfüllung gegenüber dem Käufer verschuldens- und kenntnisunabhängig für aus der Mangelhaftigkeit der Sache resultierende Schäden haften muss. Haftet der Schuldner im Gewährleistungsrecht schon verschuldensunabhängig, so ist es nur gerecht, wenn die Haftung bzw. ihre zeitliche Begrenzung nicht auch noch von der Person des Gläubigers bzw. dessen Kennt-

208 Larenz, Schuldrecht, S. 71; Littbarski, NJW 1981, 2331, 2335; Haug, S. 87.

209 Haug, S. 88 f., Schulze/Schulte-Nölke/Eidenmüller, S. 405, 409; Zimmermann/Leenen/Mansel/Ernst JZ 2001, 684, 688; Eidenmüller, JZ 2001, 283, 285; G. Wagner, JZ 2002, 475, 477.

210 BT-Drucks 14/6040, S. 95.

211 Ernst, ZRP 2001, 1, 8; Leenen, DStR 2002, 34, 42; G. Wagner, JZ 2002, 475, 477.

nisstand abhängt.[212] Zudem kann es dem Schuldner nicht zugemutet werden, dass er quasi auf Verdacht die Verjährungseinrede geltend machen muss, was allerdings in einer Vielzahl von Fällen geschehen müsste, da sich der Eintritt der Verjährung unter Umständen völlig seiner Kenntnis entzieht.[213] Der objektive Anknüpfungspunkt für die gewährleistungsrechtliche Verjährung ist mithin notwendig, weil es für eine gerechte Risikoverteilung eines Anknüpfungspunktes bedarf, der für alle Beteiligten objektiv bestimmbar ist.[214] Nur so können Rechtssicherheit und Rechtsklarheit gewährleistet werden.[215] Zudem kann nur durch das objektive Prinzip gewährleistet werden, dass Verjährungsfrist und Gewährleistungsfrist gleichlaufen.[216]

Es ist auch zu beachten, dass sich die Sache mit Übergabe bzw. Ablieferung in den Händen des Gläubigers befindet. Dieser hat zum einen die besseren Möglichkeiten, den zuvor nicht offensichtlichen Mangel zu entdecken.[217] Zum anderen kann er die Sache ab Übergabe/Ablieferung nutzen, so dass die Vermutung zunimmt, dass der Mangel erst durch den Umgang des Käufers mit der Kaufsache entstanden ist.[218] Letztendlich darf man, wie allgemein bei den Problemen des Verjährungsrechts, nicht übersehen, dass es den Vertragsparteien unbenommen bleibt, innerhalb des gesetzlich vorgesehenen Rahmens abweichende Vereinbarungen über die Verjährung zu treffen.

Mit Übergabe meint § 438 BGB die tatsächliche Verschaffung des unmittelbaren Besitzes i.S.d. § 854 BGB.[219] Die Besitzverschaffung kann jedoch grundsätzlich nach Vereinbarung im Kaufvertrag ersetzt werden durch Erlangung des mittelbaren Besitzes (§§ 930, 868 BGB) oder Abtretung des Herausgabeanspruchs (§§ 931, 985 BGB). Da insbesondere die Abtretung des Herausgabeanspruchs dem Käufer nicht die Möglichkeit der effektiven Untersuchung des Grundstücks ermöglicht, soll sie der Verschaffung des unmittelbaren Besitzes im Rahmen des § 438 BGB nicht gleichstehen. Erforderlich ist vielmehr die einverständliche Einräumung des unmittelbaren Besitzes, allerdings unabhängig vom Zeitpunkt der Auflassung oder der Eintragung.[220]

---

212 Siehe dazu BGHZ 77, 215, 221 f.; Canaris, SchRMod, S. XXVII; Schulze/Schulte-Nölke/Eidenmüller, S. 405, 409; Eidenmüller, JZ 2001, 283, 285; Leenen, JZ 2001, 552, 559.

213 Begründung der Schuldrechtskommission, S. 36.

214 Vgl. Haas/Medicus/Rolland/Schäfer/Wendtland/Wendtland, Kap. 2 Rz 55; Mansel/Budzikiewicz, S. 118; Saenger, NJW 1997, 1945, 1946.

215 Patti, ZEuP 2010, 58, 65.

216 Siehe dazu Zimmermann/Leenen/Mansel/Ernst, JZ 2001, 684, 688.

217 Canaris, Karlsruher Forum, S. 93.

218 Canaris, Karlsruher Forum, S. 93; G. Wagner, JZ 2002, 475, 477.

219 Palandt/Weidenkaff, § 438 Rz 14; Erman/Grunewald, § 438 Rz 15; Bolthausen/Rinker, ZGS 2006, 12.

220 BGH NJW 1996, 586, 587; Staud/Matusche-Beckmann, § 438 Rz 65; MünchKomm/Westermann, § 438 Rz 24.

Bei beweglichen Sachen beginnt die Verjährungsfrist der §§ 438, 479 BGB mit Ablieferung zu laufen. Was genau unter dem Begriff zu verstehen ist, muss aus der Funktion der Ablieferung geschlossen werden. Die Ablieferung i.S.d. §§ 438, 479 BGB erfüllt dabei die gleiche Funktion wie die Ablieferung i.S.d. § 377 HGB.[221] Auch wenn dem nichtkaufmännischen Käufer keine Untersuchungspflicht obliegt, soll er die Möglichkeit haben, die Ware zu überprüfen. Deshalb ist Ablieferung i.S.d. Kaufrechts nach einhelliger Auffassung zu verstehen als die tatsächliche Überlassung der Sache an den Käufer, so dass dieser die Möglichkeit hat, über sie zu verfügen und sie auf Mängel zu untersuchen.[222] Dabei kann es im Ergebnis keine Rolle spielen, wann die Gefahr übergeht, ob das Eigentum an der Kaufsache bereits übergegangen ist, oder welche Art von Schuld (Hol-, Schick-, Bringschuld) vorliegt.[223] So reicht bei einem Versendungsverkauf beispielsweise die Übergabe an die Transportperson als Ablieferung nicht aus. Vielmehr ist erforderlich, dass die Kaufsache am Bestimmungsort eingetroffen ist und der Käufer tatsächlich die Möglichkeit hat, sie zu untersuchen.[224] Bei der Bringschuld ist die Übergabe an den Käufer entscheidend.[225] Abgeliefert ist auch bei einer Holschuld erst mit tatsächlicher Übergabe; der Annahmeverzug des Käufers reicht ebenso wenig aus wie die bloße Bereitstellung beim Verkäufer.[226] Zwar wird von einer Auffassung geltend gemacht, die Bereitstellung beim Verkäufer reiche für eine Ablieferung aus, da bereits mit der Bereitstellung eine Zugriffsmöglichkeit für den Käufer bestehe.[227] Jedoch wurde die Sache mit Bereitstellung noch nicht dem Käufer überlassen, vielmehr ist sie noch dem Macht- und Einwirkungsbereich des Verkäufers zuzuordnen, weshalb

---

221 Staud/Matusche-Beckmann, § 438 Rz 54; MünchKomm/Westermann, § 438 Rz 25; Bamberger/Roth/Faust, § 438 Rz 30.

222 Protokolle, Mudgan II, S. 679 (1408); RGZ 5, 28, 31; BGH NJW 1961, 730; BGHZ 93, 338, 345; BGH NJW 1988, 2608, 2609; BGH NJW 1995, 3381, 3382; BGH NJW 2000, 1415, 1416; Staud/Matusche-Beckmann, § 438 Rz 54; Soergel/Wertenbruch, § 479 Rz 12; MünchKomm/Westermann, § 438 Rz 25; Palandt/Weidenkaff, § 438 Rz 15; Bamberger/Roth/Faust, § 438 Rz 30; Erman/Grunewald, § 438 Rz 16; MünchKomm-HGB/Grunewald, § 377 Rz 13; Oetker/Maultzsch, S. 131.

223 MünchKomm/Westermann, § 438 Rz 25; Erman/Grunewald, § 438 Rz 16.

224 RGZ 5, 28, 31 f; BGHZ 93, 338, 345; BGH NJW 1988, 2608, 2609; Soergel/Wertenbruch, § 479 Rz 12; Staud/Matusche-Beckmann, § 438 Rz 57; MünchKomm/Westermann, § 438 Rz 26; Palandt/Weidenkaff, § 438 Rz 15; HK/Saenger, § 438 Rz 9; Saenger, NJW 1997, 1945, 1947.

225 Soergel/Wertenbruch, § 479 Rz 12; MünchKomm/Westermann, § 438 Rz 26; Palandt/Weidenkaff, § 438 Rz 15; Saenger, NJW 1997, 1945, 1949.

226 BGH NJW 1995, 3381, 3383; Staud/Matusche-Beckmann, § 438 Rz 57; Soergel/Wertenbruch, § 479 Rz 12; MünchKomm/Westermann, § 438 Rz 26; Palandt/Weidenkaff, § 438 Rz 15; Saenger, NJW 1997, 1945, 1947.

227 Erman/Grunewald, § 438 Rz 19.

in solchen Konstellationen eine tatsächliche Übergabe zu fordern ist.[228] Wird die Sache vertragsgemäß bei einem Dritten eingelagert, können allerdings Bereitstellung und Ermöglichung der tatsächlichen Annahme ausreichen.[229] Eine Ablieferung liegt stets nur vor, wenn die Ware zur Abwicklung eines Kaufvertrages in den Machtbereich des Empfängers gelangt, nicht aber bei Erlangung in sonstiger Weise, z.B. ohne Wissen des Verkäufers oder durch Diebstahl.[230]

4. Der Regelungsbereich des § 438 Abs. 3 BGB (Arglist)

§ 438 Abs. 3 BGB ordnet bei arglistigem Verschweigen des Mangels seitens des Verkäufers die Regelverjährung gemäß §§ 195, 199 BGB an. Damit verjähren die in § 438 Abs. 1 Nr. 2 und Nr. 3 BGB genannten Ansprüche in drei Jahren nach Kenntnis des Gläubigers von allen den Anspruch begründenden Umständen (vgl. § 199 Abs. 1 Nr. 2 BGB), spätestens aber zehn Jahre nach Entstehung des Anspruchs, vergleiche § 199 Abs. 3 Nr. 1 bzw. Abs. 4 BGB. Gemäß § 438 Abs. 3 Satz 2 BGB verjähren die in § 438 Abs. 1 Nr. 2 BGB genannten Ansprüche jedoch frühestens fünf Jahre nach Ablieferung der Sache. Hier liegt eine relative Ablaufhemmung vor, die sicherstellt, dass der Verkäufer keinen verjährungsrechtlichen Nutzen aus seiner Arglist ziehen kann.

Dass in Fällen der Arglist ein *subjektiver* Anknüpfungspunkt gewählt wird, ergibt sich logischerweise daraus, dass dem Verkäufer kein Vorteil daraus erwachsen darf, dass er den Mangel arglistig verschweigt.[231] Im Römischen Recht galt noch der Grundsatz *„Dolus omnimodo puniatur"* (Arglist muss in jedem Fall bestraft werden).[232] Auch heute bedarf der Schuldner in Fällen der Arglist keines Schutzes, da für ihn aufgrund seiner Kenntnis vom Mangel kein Mängel*risiko* besteht. Die „Bestrafung" des arglistigen Verkäufers erschöpft sich im BGB allerdings in den verlängerten Verjährungsfristen und der Haftung für aus der Arglist erwachsende Schäden.

Arglistig verschweigt, wer sich dessen bewusst ist, dass ein bestimmter Umstand für die Entscheidung des Vertragsgegners erheblich ist und er nach Treu und

---

228 BGH NJW 1995, 3381, 3383; Staud/Matusche-Beckmann, § 438 Rz 57; Soergel/Wertenbruch, § 479 Rz 12; MünchKomm/Westermann, § 438 Rz 26; Palandt/Weidenkaff, § 438 Rz 15; Saenger, NJW 1997, 1945, 1947.

229 BGH NJW 1995, 3381, 3382; Staud/Matusche-Beckmann, § 438 Rz 57; MünchKomm/Westermann, § 438 Rz 26; Haas/Medicus/Rolland/Schäfer/Wendtland/Haas, Kap.5 Rz 331.

230 RGZ 5, 28, 33; MünchKomm-HGB/Grunewald, § 377 Rz 13.

231 BT-Drucks 14/6040, S. 230.

232 Siehe dazu Liebs, D 57.

Glauben den Umstand mitzuteilen verpflichtet wäre, es aber dennoch nicht tut.[233] Das impliziert, dass Fahrlässigkeit, egal in welchem Maße, nicht ausreichen kann,[234] denn nur wer einen Fehler zumindest für möglich hält, kann ihn auch bewusst verschweigen. Für Arglist ist demnach mindestens bedingter Vorsatz zu fordern, dieser reicht allerdings auch aus.[235] Bedingter Vorsatz liegt bereits vor, wenn der Verkäufer Angaben „ins Blaue hinein" macht, in dem Wissen, dass ihm nicht alle für solche Angaben erforderlichen Informationen vorliegen.[236] Eine darüber hinausgehende Verletzung einer Aufklärungspflicht ist nicht zu fordern.[237] Schließlich gehört die Aufklärung über bestimmte Aspekte wegen des Wissensvorsprungs und der aus § 241 Abs. 2 BGB folgenden Pflicht zur Rücksichtnahme ohnehin zu den vertraglichen Pflichten des Verkäufers.

Die Wissenszurechnung bei zur Erfüllung der Offenbarungspflicht eingeschalteten Personen richtet sich nach der allgemeinen Wissenszurechnung im Schuldrecht.[238] Das bedeutet, dass z.B. ein Unternehmer, der sich einer Hilfsperson bedient, sich deren Wissen oder Schweigen zurechnen lassen muss, als hätte er selbst das Wissen besessen bzw. geschwiegen.[239] Je nachdem ob es sich bei der Hilfsperson um einen Stellvertreter oder einen Erfüllungsgehilfen handelt, findet die Zurechnung über § 166 BGB oder über § 278 BGB statt. Juristische Personen müssen sich das Wissen ihrer Organe zurechnen lassen, vgl. § 31 BGB. Tritt hingegen bei Abschluss des Kaufvertrages ein Dritter auf, dem keine Auskunftspflicht zukommt, und äußert dieser sich quasi „bei Gelegenheit" des Kaufvertrags, haftet der Verkäufer nicht für diese Aussagen.[240]

---

233 BGHZ 62, 63, 66; BGH NJW 1971, 1795, 1798; BGH NJW 1977, 1055, 1055; Staud/Matusche-Beckmann, § 438 Rz 86; MünchKomm/Westermann, § 438 Rz 29; Erman/Grunewald, § 438 Rz 25.

234 Erman/Grunewald, § 438 Rz 26.

235 Staud/Matusche-Beckmann, § 438 Rz 90; Bamberger/Roth/Faust, § 438 Rz 39.

236 BGHZ 63, 382, 388; BGHZ 74, 383, 392; BGH NJW 1977, 1055, 1055; BGH NJW 1981, 1441, 1442; BGH NJW 1998, 302, 303; BGH NJW 1998, 2360, 2361; BGH NJW 2006, 2839, 2840; Kaser/Knütel, S. 217, § 41 Rz 45; MünchKomm/Westermann, § 438 Rz 29; Erman/Grunewald, § 438 Rz 24; Bamberger/Roth/Faust, § 438 Rz 40; Leenen, JZ 2001, 552, 556

237 Vgl. MünchKomm/Westermann, § 438 Rz 29; Erman/Grunewald, § 438 Rz 23; Bamberger/Roth/Faust, § 438 Rz 37.

238 Staud/Matusche-Beckmann, § 438 Rz 113; MünchKomm/Westermann, § 438 Rz 34; Bamberger/Roth/Faust, § 438 Rz 44.

239 BGHZ 62, 63, 66; BGH NJW 1974, 1505, 1506; BGH NJW 1990, 1661, 1662; BGHZ 109, 327, 330; BGHZ 117, 318, 320; MünchKomm/Westermann, § 438 Rz 34; Bamberger/Roth/Faust, § 438 Rz 44; Leenen, JZ 2001, 552, 557.

240 RGZ 61, 207, 210; RGZ 63, 146, 151; RGZ 101, 64, 73; BGHZ 62, 63, 68; BGHZ 117, 318, 320; MünchKomm/Westermann, § 438 Rz 34.

5. Der Regelungsbereich des § 438 Abs. 4 und 5 BGB (Rücktritt und Minderung)

Einen Verweis in den allgemeinen Teil des BGB enthält § 438 BGB in den Absätzen 4 und 5, die sich mit Rücktritt und Minderung befassen. Rücktritt und Minderung i.S.d. § 437 BGB sind keine Ansprüche, sondern Gestaltungsrechte und als solche nicht der Verjährung unterworfen, vgl. § 194 Abs. 1 BGB.

Um eine einheitliche Abwicklung aller Rechte aus § 437 BGB, also einen Gleichlauf mit den anderen Gewährleistungsrechten, zu erreichen, ordnet zunächst § 438 Abs. 4 Satz 1 BGB die Geltung von § 218 BGB für den Fall der Rücktrittserklärung durch den Käufer an. Gemäß § 218 Abs. 1 Satz 1 BGB ist der Rücktritt unwirksam, wenn der damit zusammenhängende Anspruch auf Leistung oder Nacherfüllung verjährt ist und der Schuldner dies geltend macht. Wenn der Nacherfüllungsanspruch aus § 437 Nr. 1 BGB verjährt ist, kann der Rücktritt also nicht mehr wirksam erklärt werden, wenn der Verkäufer sich auf die Verjährung beruft. Dem Käufer steht gemäß § 438 Abs. 4 Satz 2 BGB jedoch das Recht zu, die Zahlung des Kaufpreises zu verweigern, wenn er aufgrund eines, wegen Verjährung des zugrunde liegenden Anspruchs nicht mehr möglichen, Rücktritts dazu berechtigt gewesen wäre. Das gilt unabhängig von einer Mängelanzeige,[241] so dass nach neuem Recht auch Mängel, die erst nach Verjährung der Mängelansprüche entdeckt werden, den Käufer zur Verweigerung der Kaufpreiszahlung berechtigen. So kann der Verkäufer seinen Anspruch auf Kaufpreiszahlung aus § 433 Abs. 2 BGB nicht mehr durchsetzen, wenn der Käufer seine Gewährleistungsansprüche nicht mehr durchsetzen kann. Der Gesetzgeber hielt es, unabhängig davon, dass für Gewährleistungsrechte mit Bedacht eine kürzere als die allgemeine Frist gewählt wurde, nur für gerecht, zu diesem Zeitpunkt einen Gleichstand zwischen den Parteien zu schaffen, obwohl der Anspruch des Verkäufers aus § 433 Abs. 2 BGB an sich nach § 195 BGB erst ein Jahr später verjähren würde.[242] Systematisch mag diese Regelung zunächst ein wenig widersprüchlich erscheinen: Im Rahmen eines Anspruchs soll der Käufer sein Recht nicht mehr durchsetzen können, zu einer Einrede kann es ihm aber immer noch verhelfen. Das Ergebnis ist allerdings zu begrüßen.

Hat der Käufer den Kaufpreis bereits bezahlt, kann er ihn nicht mehr zurückfordern, siehe § 214 Abs. 2 Satz 1 BGB. Hat er bereits einen Teil des Kaufpreises gezahlt, erwächst ihm aus dem Zurückbehaltungsrecht bezüglich des restlichen Teils dementsprechend auch kein Herausgabeanspruch bezüglich des bereits gezahlten Teils.[243]

---

241 BT-Drucks 14/6040, S. 230; Haas/Medicus/Rolland/Schäfer/Wendtland/Haas, Kap. 5 Rz 339.

242 BT-Drucks 14/6040, S. 230.

243 Staud/Matusche-Beckmann, § 438 Rz 124; HK/Saenger, § 438 Rz 13.

Verweigert der Käufer die Zahlung, steht dem Verkäufer gemäß § 438 Abs. 4 Satz 3 BGB ein Rücktrittsrecht zu. Ansonsten wäre der Verkäufer weiterhin zur Leistung verpflichtet bzw. müsste dem Käufer die Kaufsache überlassen, ohne dass er seinen Anspruch auf Gegenleistung durchsetzen könnte, siehe § 438 Abs. 4 Satz 2 BGB. Ein Teil der Literatur sieht hier eine Verschiebung vom Gewährleistungsrecht zum Verkäuferrecht:[244] Dem Verkäufer werde in § 438 Abs. 4 Satz 3 BGB ein Rücktrittsrecht eingeräumt, durch das er den Vertrag vollständig vernichten könne, vgl. §§ 323 ff, 346 ff. BGB, während dem Käufer bei einer mangelhaften Lieferung seitens des Verkäufers nur ein Leistungsverweigerungsrecht eingeräumt werde. Dass erst der Verkäufer als Reaktion auf Leistungsverweigerungsrecht den Rücktritt erklären kann, führe dazu, dass dem Verkäufer, der mangelhaft liefert und dadurch den Käufer dazu bringt, die Leistung zu verweigern, ein Recht eingeräumt werde, das dem Käufer zu diesem Zeitpunkt nicht (mehr) zustehe.[245] Es ist allerdings zu bedenken, dass sich durch die einseitige Einräumung des zusätzlichen Rücktrittsrechts für den Verkäufer im Ergebnis nichts an der Rechtslage des Käufers ändert. Schließlich führt auch ein Rücktritt seitens des Verkäufers letztlich zur Rückabwicklung des Vertrages und damit zur Rückgewähr der Leistungen. Wert- oder Nutzungsersatz muss der Käufer auch nicht zahlen, ausführlicher dazu siehe unten, Kapitel E) II. 1. c). Zudem darf nicht übersehen werden, dass diese Problematik erst zu einem Zeitpunkt entsteht, zu dem die Gewährleistungsrechte grundsätzlich nicht mehr durchsetzbar sind. Gestünde man dem Käufer zu diesem Zeitpunkt ebenfalls ein Rücktrittsrecht zu, könnte er das Recht auf zweite Andienung schlichtweg aushebeln, indem er stets die Verjährung der Nacherfüllungsansprüche abwartete, um danach auf den Rücktritt zurückzugreifen. Das würde allerdings der Wertung des Gesetzgebers vollends zuwider laufen.[246] Es handelt sich also nur um eine Art Bonus für den Käufer, der das Glück hat, den Kaufpreis zum Zeitpunkt der Entdeckung des Mangels noch nicht (vollständig) gezahlt zu haben. Selbstverständlich ist davon der Käufer auszunehmen, der sich mit der Zahlung des Kaufpreises in Verzug befindet. Vielmehr geht es um Fälle, in denen eine spätere Zahlung des Kaufpreises vereinbart war oder geduldet wurde, und um Fälle, in denen der Kaufpreis in Teilbeträgen gezahlt wird.

Gemäß § 438 Abs. 5 BGB wird § 218 BGB auch analog auf das Minderungsrecht angewandt. Das heißt, auch die Minderung kann nicht mehr wirksam erklärt werden wenn der Nacherfüllungsanspruch bereits verjährt ist. Ebenfalls analog auf die Minderung anwendbar ist § 438 Abs. 4 S. 2 BGB, das Leistungsverweigerungsrecht des Käufers. Der Käufer kann also trotz Verjährung des Nacherfüllungsanspruchs den Teil des Kaufpreises zurückbehalten, um den er bei einer wirksamen Minderung gemindert hätte. Da § 438 Abs. 5 BGB *nicht* auf § 438 Abs. 4 Satz 3 BGB verweist, steht dem Verkäufer im Fall der Minderung kein Rücktrittsrecht aus § 438 Abs. 4 S. 3 BGB zu. Ein solches steht dem

---

244 AnwKomm/Büdenbender, § 438 Rz 7.

245 AnwKomm/Büdenbender, § 438 Rz 7.

246 MünchKomm/Westermann, § 438 Rz 38.

Verkäufer ausschließlich bei zuvor erfolglos betätigtem Rücktrittsrecht des Käufers zu.

Zusammenfassend heißt das, dass weder das Rücktritts- noch das Minderungsrecht verjähren können, die Möglichkeit ihrer Geltendmachung aber wegen § 218 BGB zeitlich auf die zweijährige Verjährungsfrist des Nacherfüllungsanspruchs beschränkt ist. Die Erklärung des Rücktritts bzw. der Minderung ist unwirksam, wenn zum Zeitpunkt ihres Zugangs i.S.d. § 130 BGB der Nacherfüllungsanspruch aus § 439 BGB bereits verjährt ist.[247] Ist der Kaufpreis zu diesem Zeitpunkt noch nicht (vollständig) bezahlt, kann der Käufer ihn allerdings gemäß § 438 Abs. 4 S. 2 BGB (in entsprechender Höhe, vergleiche den Wortlaut: „insoweit") zurückbehalten. Dafür müssen allerdings, abgesehen von dem Fristenproblem, die Voraussetzungen für einen wirksamen Rücktritt bzw. eine wirksame Minderung gegeben sein. Insbesondere muss der Käufer also dem Verkäufer eine Möglichkeit zur zweiten Andienung eingeräumt haben.[248] Verweigert der Käufer im Zuge eines nicht wirksam erklärten Rücktritts die Kaufpreiszahlung, berechtigt dies den Verkäufer gemäß § 438 Abs. 4 S. 3 BGB seinerseits zum Rücktritt.

Die Ansprüche, die sich bei einem rechtzeitig (das heißt vor Eintritt der Verjährung des Nacherfüllungsanspruchs) und wirksam erklärten Rücktritt aus §§ 346, 347 BGB bzw. bei rechtzeitig und wirksam erklärter Minderung aus § 441 Abs. 6 BGB ergeben, verjähren, da sie nicht auf § 437 BGB beruhen, unabhängig davon innerhalb der regelmäßigen Verjährungsfrist des § 195 BGB, ausführlicher dazu siehe unten Kapitel E) II. 3.

III. Die Verjährung der Rückgriffsansprüche gemäß § 479 BGB

1. Der Anwendungsbereich der §§ 478, 479 BGB

Die §§ 478, 479 BGB regeln die Rückgriffsansprüche des Unternehmers, der an den Verbraucher eine Sache verkauft hat (im Folgenden „Unternehmer" oder „Letztverkäufer") gegenüber jenem Unternehmer, von dem er die Sache erworben hat (im Folgenden „Lieferant"). Dieser so genannte „Händlerregress" (oder auch „Unternehmerregress") wurde durch die Schuldrechtsreform in das BGB eingeführt als Umsetzung des Artikels 4 Verbrauchsgüterkauf-Richtlinie. Die Richtlinie fordert, dass der Verkäufer, der gegenüber dem Verbraucher voll für

247 BGH NJW 2006, 2839, 2842; Palandt/Weidenkaff, § 438 Rz 18.

248 Vgl. Bamberger/Roth/Faust, § 438 Rz 53; Erman/Grunewald, § 438 Rz 29.

die Vertragsmäßigkeit der Sache haftet, nach Maßgabe des innerstaatlichen Rechts die Möglichkeit haben soll, seinen Vorgänger in der Lieferkette in Regress zu nehmen, wenn die Vertragswidrigkeit in dessen Verantwortungsbereich fällt. Den einzelnen nationalen Gesetzgebern wurde viel Freiraum bezüglich der Umsetzung des Regresses gelassen, der Rückgriff muss jedoch *effektiv* sein.[249]

§ 478 Abs. 1 BGB modifiziert die Gewährleistungsansprüche des Unternehmers aus § 437 BGB, indem er die ansonsten erforderliche Fristsetzung bei der Geltendmachung der Gewährleistungsrechte für entbehrlich erklärt. Damit wird quasi das Recht auf zweite Andienung im Verhältnis Lieferant-Unternehmer aufgehoben.[250] § 478 Abs. 2 BGB statuiert daneben einen selbständigen Aufwendungsersatzanspruch des Unternehmers, aufgrund dessen er von seinem Lieferanten Ersatz jener Kosten verlangen kann, die er aufgrund der Nacherfüllung im Rahmen des § 439 Abs. 2 BGB zu tragen hatte. Dabei können nur die Nachteile solcher Mängel weitergereicht werden, die auch im Verhältnis Unternehmer-Lieferant einen Mangel darstellen.[251]

Gemäß § 478 Abs. 3 BGB findet die Beweislastumkehr des § 476 BGB auch im Verhältnis Unternehmer-Lieferant Anwendung mit der Maßgabe, dass die Frist mit Übergang der Gefahr auf den Verbraucher beginnt. Gemäß § 476 BGB wird vermutet, dass ein Mangel, der sich innerhalb von sechs Monaten seit Gefahrübergang zeigt, bereits bei Gefahrübergang vorlag. Nach § 478 Abs. 3 BGB wird also ein Sachmangel, der sich innerhalb von sechs Monaten nach Gefahrübergang auf den Verbraucher zeigt, zugunsten des Unternehmers als bereits bei Gefahrübergang an ihn vorliegend angenommen. Das ist konsequent, da in solchen Fällen nicht der Unternehmer, sondern der Verbraucher die erste Person ist, welche die Kaufsache in Gebrauch nimmt und bei der sich dementsprechend

249 BT-Drucks 14/6040, S. 250; Soergel/Wertenbruch, § 479 Rz 13; MünchKomm/Lorenz, § 478 Rz 2; Wegen/Prütting/Weinreich/Schmidt, § 478 Rz 4; Grundmann/Bianca/Bridge, Art. 4 Rz 36; v. Sachsen Gessaphe, RIW 2001, 721, 726; Ernst/Gsell, ZIP 2000, 1410, 1423; Lehmann, JZ 2000, 280, 290; Dutta, ZHR 171 (2007), 79, 81; Gsell, JZ 2001, 65, 73.

250 Staud/Matusche-Beckmann, § 478 Rz 34; MünchKomm/Lorenz, § 478 Rz 30; Palandt/Weidenkaff, § 478 Rz 10; Erman/Grunewald, § 478 Rz 16; Grunewald, Kaufrecht, S. 293 Rz 12; Haas/Medicus/Rolland/Schäfer/Wendtland/Haas, Kap. 5 Rz 482; Ernst/Gsell, ZIP 2001, 1389, 1398; Lepsius, AcP 207 (2007), S. 340, 356; Sendmeyer, NJW 2008, 1914, 1915.

251 BT-Drucks 14/6040, S. 248; Staud/Matusche-Beckmann, § 478 Rz 41; Soergel/Wertenbruch, § 478 Rz 77; MünchKomm/Lorenz, § 478 Rz 23; Palandt/Weidenkaff, § 478 Rz 18; Bamberger/Roth/Faust, § 478 Rz 10; Henssler/v. Westphalen/v. Westphalen, § 478 Rz 5; HK/Saenger, § 479 Rz 6; Prütting/Wegen/Weinreich/Schmidt, § 478 16; Grunewald, Kaufrecht, S. 291 Rz 9; Lorenz/Riehm, § 8 Rz 591; v. Sachsen Gessaphe, RIW 2001, 721, 734.

der Mangel überhaupt erst zeigen kann.[252] Zu beachten ist hier jedoch die Unvereinbarkeitsklausel des § 476 BGB. Diese kann dazu führen, dass die Vermutung des § 476 BGB nicht zum Tragen kommt, z.B. wenn der Unternehmer die Sache unverhältnismäßig lang eingelagert hatte.[253]

Vom Händlerregress erfasst werden nach dem Gesetzeswortlaut (siehe §§ 478 Absätze 1 und 2, 479 Abs. 2 BGB) nur neu hergestellte Sachen. Der Begriff der neu hergestellten Sache ist weder im Gesetz noch in der Gesetzesbegründung definiert. Im Gesetz wird jedoch nur zwischen neu hergestellten und gebrauchten Sachen, nicht aber zusätzlich zwischen neu hergestellten und lediglich ungebrauchten Sachen unterschieden. Es ist demnach davon auszugehen, dass im Rahmen des Händlerregresses auch solche Sachen als neu hergestellt gelten, die nicht fabrikneu sind, sondern lediglich ungebraucht.[254] In den Anwendungsbereich fallen damit auch Sachen, die längere Zeit beim Verkäufer lagerten.[255] Auch der Gesetzgeber ging davon aus, dass Sachen innerhalb der Distributionskette, zum Teil auch für längere Zeit, bei einem Händler eingelagert werden.[256] Es ist aber darauf zu achten, dass die Sachen in der gesamten Vertragskette als „neu hergestellt" in eben genanntem Sinne verkauft und nicht zwischenzeitlich in Gebrauch genommen werden.[257]

Von einem Teil der Literatur wird darüber hinausgehend erwogen, die Regelungen im vermeintlichen Sinne der Richtlinie, die eine Unterscheidung zwischen gebrauchten und neu hergestellten Sachen nicht kennt, auf den Verkauf gebrauchter Sachen zu erstrecken, da bei diesen die gleichen Rückgriffsprobleme auftreten können wie bei neuen Sachen.[258] Durch die Vorgaben der Richtlinie wurde den einzelnen Staaten bezüglich der Umsetzung jedoch so viel Freiraum gelassen, dass die Beschränkung auf neu hergestellte Sachen dem Ermessen des

252 BT-Drucks 14/6040, S. 248.

253 Staud/Matusche-Beckmann, § 478 Rz 94; Henssler/v. Westphalen/v. Westphalen, § 478 Rz 16; KompaktKomm/Tonner, § 478 Rz 22.

254 Soergel/Wertenbruch, § 478 Rz 31; MünchKomm/Lorenz, § 478 Rz 8; Schumacher, Lieferantenregress, S. 101.

255 Soergel/Wertenbruch, § 478 Rz 31; MünchKomm/Lorenz, § 478 Rz 8; Schumacher, Lieferantenregress, S. 101.

256 Siehe Beispielsfall in BT-Drucks 14/6040, S. 250.

257 Staud/Matusche-Beckmann, § 478 Rz 5; Soergel/Wertenbruch, § 478 Rz 26; MünchKomm/Lorenz, § 478 Rz 8; Henssler/v. Westphalen/v. Westphalen § 478 Rz 2.

258 H. P. Westermann, NJW 2002, 241, 252; Brüggemeier, JZ 2000, 529, 532; Ernst/Gsell, ZIP 2001, 1389, 1402; Canaris, SchRMod, S. XXXII; vorsichtiger Staud/Matusche-Beckmann, § 478 Rz 3 und § 479 Rz 17 (m.w.N.), die zwar in Frage stellt, ob diese Einschränkung europarechtskonform ist, den Wortlaut der §§ 478, 479 BGB insoweit aber für bindend hält.

deutschen Gesetzgebers unterlag.[259] Dieser hat aber die Einbeziehung von gebrauchten Sachen in den Regelungsbereich ausdrücklich abgelehnt, da bei gebrauchten Sachen in der Regel „keine geschlossene Vertriebskette“ vorliege.[260] Eine zwischenzeitliche Nutzung würde Fehlerquellen eröffnen, mit denen der Hersteller nichts zu tun hat, weshalb auch die daraus erwachsenden Konsequenzen nicht über die Regresskette auf ihn abgewälzt werden können sollten.[261] Aus dem Anwendungsbereich fällt demnach auch der Handel mit hochwertigen Kunstgegenständen, Antiquitäten und Gebrauchtwagen.[262] Trotz des unter Umständen hohen Kaufwertes dieser Sachen besteht auch dort keine mit dem Handel mit Neuwaren vergleichbare Situation. Nur bei Neuwaren kann schließlich ausgeschlossen werden, dass der Mangel durch Nutzung seitens des Unternehmers aufgetreten ist. Die eingeschränkten Möglichkeiten zur Untersuchung der Neuware sind ebenfalls nicht mit den Untersuchungsmöglichkeiten (insbesondere das Testen durch Nutzung) bezüglich der konkreten Gebrauchtware vergleichbar. Eine analoge Anwendung der Regelungen auf gebrauchte Sachen, gleich welcher Art, kommt aufgrund des entgegenstehenden Willens des Gesetzgebers und demnach des Fehlens einer Regelungslücke nicht in Betracht. Der Händlerregress ist somit auf neue Sachen beschränkt.

Voraussetzung für die Anwendbarkeit der §§ 478, 479 BGB ist stets eine ununterbrochene Lieferkette, alle Glieder der Kette müssen durch Kaufverträge miteinander verbunden sein.[263] In dieser Lieferkette müssen alle Schuldner Unternehmer sein, vgl. § 478 Abs. 5 BGB und § 479 Abs. 3 BGB, während der Endabnehmer stets ein Verbraucher sein muss, vgl. § 478 Abs. 2 BGB und § 479 Abs. 2 BGB. Dass am Ende der Kette ein Verbrauchsgüterkauf vorliegen muss, ergibt sich schon daraus, dass der Händlerregress im BGB dem Untertitel Verbrauchsgüterkauf zugeordnet wurde. Von den Verbrauchsgüterkaufsregelungen werden laut der Definition des § 474 Abs. 1 S. 1 BGB ausschließlich solche Kaufverträge erfasst, in denen ein Unternehmer an einen Verbraucher verkauft, nicht aber solche, die Unternehmer untereinander schließen. Der Gesetzgeber bezeichnet die Verbrauchereigenschaft des Endabnehmers trotzdem noch einmal explizit als Ausgangsvoraussetzung.[264] Auch wenn es in der Regel um Kaufgegenstände geht, die sowohl an einen Verbraucher als auch an einen Unternehmer verkauft werden können und es letztlich vom Zufall abhängt, in welcher Eigenschaft der Käufer im konkreten Fall auftritt, ist der Anwendungsbereich des

---

259 Soergel/Wertenbruch, § 478 Rz 28; MünchKomm/Lorenz, § 478 Rz 2; Prütting/Wegen/Weinreich/Schmidt, § 478 Rz 6; Böhle, Rückgriff in der Lieferkette, S. 194; Jacobs, JZ 2004, 225, 227; Grunewald, Kaufrecht, S. 288 Rz 1.

260 BT-Drucks. 14/6040, S. 248.

261 Soergel/Wertenbruch, § 478 Rz 26; Bamberger/Roth/Faust, § 478 Rz 9.

262 Oetker/Maultzsch, S. 218; Bedenken dagegen äußert Tröger, AcP 204 (2004), 115, 123.

263 HK/Saenger, § 479 Rz 4; Schindler, JA 2004, 835, 838; Jacobs, JZ 2004, 225.

264 BT-Drucks 14/6040, S. 247.

Händlerregresses nicht auf Käufe auszuweiten, bei denen der End-Käufer kein Verbraucher ist.[265]

Das gilt sogar, wenn ein Verbraucher zwar der planmäßige Endabnehmer ist, der Mangel jedoch noch vor dem Verkauf von dem Unternehmer entdeckt wird und damit quasi in der Lieferkette „stecken bleibt". In solchen Fällen wird von einem Teil der Literatur im Sinne einer allgemeinen Regresslogik eine analoge Anwendung der §§ 478, 479 BGB gefordert.[266] Es soll für die Bewertung der Rechte des Unternehmers dieser Ansicht nach nicht darauf ankommen, ob es tatsächlich zum Absatz an einen Verbraucher gekommen ist, sondern nur darauf, dass ein solcher Absatz intendiert war.[267] Richtig ist, dass die Regressregelungen die Position des Unternehmers stärken, denn tatsächlich zielt die Regresslogik darauf ab, den Unternehmer vor der Regressfalle zu schützen. Diese kann allerdings nur im Falle des Verkaufs an einen Verbraucher „zuschnappen". Der Zwischenhändler, der nicht an einen Verbraucher veräußert, ist gerade nicht den aus dem Verbrauchsgüterkaufrecht resultierenden verstärkten Verbraucheransprüchen ausgesetzt und befindet sich damit in keiner vergleichbaren Interessenlage mit dem an einen Verbraucher veräußernden Unternehmer.[268] Es ist auch nicht davon auszugehen, dass der Zwischenhändler als Unternehmer sich einem übermächtigen Hersteller gegenüber sieht, dem er schutzlos ausgeliefert ist.[269] Auch wenn er in der Regel gegenüber dem Lieferanten die schwächere Position einnimmt, hat der Unternehmer als am Markt agierende Person genug Möglichkeiten sich im Vorfeld zu informieren, sich für oder gegen einzelne Hersteller zu entscheiden oder sich vertraglich abzusichern.

Denkbar wäre auch eine begrenzte Analogie für solche Produktgruppen, die bestimmungs- und erfahrungsgemäß für den Verkauf an einen Verbraucher gedacht sind, wie z.B. Spielkonsolen oder Freizeitbekleidung.[270] Eine im Einzelfall nach verbrauchertypischen Produktgruppen differenzierende Betrachtung ließe

---

265 BGHZ 164, 196, 202 und 215; MünchKomm/Lorenz, § 478 Rz 1; Staud/Matusche-Beckmann, Vor §§ 478 f Rz 9; Soergel/Wertenbruch, § 478 Rz 2; Palandt/Weidenkaff, § 478 Rz 3; Bamberger/Roth/Faust, § 478 Rz 5; Grunewald, Kaufrecht, S. 289 Rz 2; Tiedtke/Schmitt, ZIP 2005, 681, 686; S. Lorenz, FS Jayme 2004, 533, 535; v. Sachsen Gessaphe, FS Sonnenberger, 99, 111 ff.

266 AnwKomm/Büdenbender, § 478 Rz 49; Dauner-Lieb/Büdenbender, Das neue Schuldrecht, § 8 Rz 100, S. 224; Tröger, AcP 204 (2004), 115, 122.

267 AnwKomm/Büdenbender, § 478 Rz 49; Dauner-Lieb/Büdenbender, Das neue Schuldrecht, § 8 Rz 100, S. 224; Tröger, AcP 204 (2004), 115, 122.

268 BGHZ 164, 196, 215; Staud/Matusche-Beckmann, § 478 Rz 135; MünchKomm/Westermann, § 478 Rz 14; Soergel/Wertenbruch, § 478 Rz 21; Erman/Grunewald, § 478 Rz 9; Bamberger/Roth/Faust, § 478 Rz 5; Grunewald, Kaufrecht, S. 288 Rz 2; Oetker/Maultzsch, S. 217; Matthes, NJW 2002, 2505, 2506.

269 BT-Drucks 14/6040, S. 249; Grunewald, Kaufrecht, S. 289 Rz 2; Matthes, NJW 2002, 2505; Staud/Matusche-Beckmann, § 478 Rz 133.

270 Matthes, NJW 2002, 2505.

sich in der Praxis jedoch kaum realisieren.[271] Sie würde vielmehr zu Abgrenzungsschwierigkeiten und damit zu weiterer Rechtsunsicherheit führen. Zudem würde auch eine solche kategorisierte Vermutung nicht unbedingt zu Sachgerechtigkeit führen, da bis zum Abschluss eines Vertrages auch bei diesen Kaufsachen eben nicht mit absoluter Sicherheit gesagt werden kann, ob an einen Unternehmer oder Verbraucher veräußert wird. Für eine analoge Anwendung der Vorschriften fehlt es aber nicht nur an einer vergleichbaren Interessenlage, sondern auch an einer Regelungslücke.[272] Das Ziel war eben nicht, eine reine Regressregelung zu finden, sondern vielmehr, in einer bis zum Verbraucher ununterbrochenen Lieferkette die Unternehmer vor den zusätzlichen Belastungen des ausgeweiteten Gewährleistungsrechts zu schützen. Der Regress ist quasi nur Rechtsreflex des verbesserten Verbraucherschutzes.[273] Ob die Beschränkung der Regelung auf Verbrauchsgüterkäufe tatsächlich dazu führen wird, dass der Unternehmer, der einen Mangel entdeckt, unter Verschweigen desselben die Kaufsache an einen Verbraucher weiterzuveräußern versuchen wird,[274] ist aufgrund der strikten Sanktion arglistigen Verhaltens zu bezweifeln.

Die Effektivität des Rückgriffs soll durch die besonderen Verjährungsregeln des § 479 BGB gesichert werden. Der Unternehmer soll grundsätzlich nicht in die Lage kommen, gewährleistungsrechtlich in Anspruch genommen zu werden, während seine Gewährleistungsrechte gegenüber dem Lieferanten bereits verjährt sind, so dass er auf den Konsequenzen des verstärkten Verbraucherschutzes sitzen bleibt.[275] Der Schutz des Unternehmers vor der so genannten Regressfalle kommt mittelbar wiederum dem Verbraucher zugute, da durch die Regressregelungen die Bereitschaft des Unternehmers gesteigert wird, die Käuferrechte aus §§ 437 ff. BGB zu erfüllen.[276]

---

271 Staud/Matusche-Beckmann, § 478 Rz 134; Matthes, NJW 2002, 2505; Jacobs, JZ 2004, 225; 226; so i.E. auch Brüggemeier, JZ 2000, 529, 534.

272 Staud/Matusche-Beckmann, § 478 Rz 139; MünchKomm/Westermann, § 478 Rz 14; Palandt/Weidenkaff, § 478 Rz 3; HK/Saenger, § 479 Rz 4; Prütting/Wegen/Weinreich/ Schmidt, § 478 Rz 9; Reinicke/Tiedtke, Rz 787; Tiedtke/Schmitt, ZIP 2005, 681, 686; Mansel/Budzikiewicz, S. 161.

273 Matusche-Beckmann, BB 2002, 2561, 2563; Bitterich, JR 2004, 485.

274 Staud/Matusche-Beckmann, § 478 Rz 140.

275 Staud/Matusche-Beckmann, Vorbem zu §§ 478 f Rz 5; Soergel/Wertenbruch, § 479 Rz 13; Bamberger/Roth/Faust, § 479 Rz 1; Prütting/Wegen/Weinreich/Schmidt, § 479 Rz 1; Jauernig/Berger, § 479 Rz 1; Lorenz/Riehm, § 8 Rz 588; H. P. Westermann, NJW 2002, 249, 252; v. Sachsen Gessaphe, RIW 2001, 721, 728.

276 Staud/Matusche-Beckmann, Vorbem zu §§ 478 f Rz 9; Soergel/Wertenbruch, § 478 Rz 2; Bamberger/Roth/Faust, § 478 Rz 1; AnwKomm/Büdenbender, § 478 Rz 1; HK/Saenger, § 479 Rz 1; Bitterich, JR 2004, 485, 485; Tröger, AcP 204 (2004), 115, 116; Schindler, JA 2004, 835, 838; Dutta, ZHR 171 (2007), 79, 83.

2. Der Regelungsbereich des § 479 Abs. 1 BGB (Verjährungsfrist)

§ 479 Abs. 1 BGB statuiert eine Verjährungsfrist für die Aufwendungsersatzansprüche aus § 478 Abs. 2 BGB. Die Rechte des Unternehmers aus § 437 BGB verjähren hingegen unabhängig davon, ob sie gemäß § 478 Abs. 1 BGB modifiziert wurden, in der Frist des § 438 BGB. Ebenfalls nicht vom Anwendungsbereich des § 479 Abs. 1 BGB erfasst sind, trotz der begrifflichen Verwandtschaft, jene Aufwendungsersatzansprüche, die dem Regressgläubiger aus §§ 437 Nr. 3, 284 BGB zustehen.[277] Es handelt sich bei der Regelung des § 479 Abs. 1 BGB also um eine Exklusivverjährung für die Aufwendungsersatzansprüche aus § 478 Abs. 2 BGB.

Von dem Aufwand erfasst sind neben den in § 439 Abs. 2 BGB genannten Transport-, Wege-, Arbeits- und Materialkosten nach dem Wortlaut („insbesondere") auch sonstige Kosten der Bearbeitung des Vorgangs. Vom Anwendungsbereich umfasst sind damit unter anderem Kosten für Personal, Miete, Lagerhaltung, Inbetriebhaltung von Werkräumen oder die Anschaffung neuer Werkzeuge, sofern es sich um zusätzliche und nicht ohnehin anfallende Kosten handelt.[278] Nicht erforderlich ist hingegen, dass die Nacherfüllung erfolgreich war, da der Unternehmer auch zu solchen Nacherfüllungsversuchen verpflichtet ist, die sich im Nachhinein als erfolglos erweisen.[279] Aufwendungen, die aus Kulanzhandlungen des Unternehmers resultieren, denen also kein einredefreier Anspruch des Verbrauchers zugrunde liegt, sind jedoch ausgenommen.[280] Gleiches gilt für jene Kosten, die für die Nacherfüllung nicht erforderlich waren, wie z.B. zusätzliche Kosten, die dadurch entstehen, dass der Unternehmer sich auf dem freien Markt zu einem höheren Preis eine Ersatzsache beschaffte, obwohl er eine solche auch durch seinen Ersatzlieferungsanspruch gegen den Lieferanten von diesem rechtzeitig hätte erhalten können.[281] In vorangeschrittener Lieferkette sind

277 Soergel/Wertenbruch, § 479 Rz 6; Palandt/Weidenkaff, § 479 Rz 4; Prütting/ Wegen/ Weinreich/Schmidt, § 478 Rz 14.

278 Staud/Matusche-Beckmann, § 478 Rz 64; MünchKomm/Lorenz, § 478 Rz 29a; Palandt/ Weidenkaff, § 478 Rz 13; Bamberger/Roth/Faust, § 478 Rz 24; Prütting/ Wegen/ Weinreich/Schmidt, § 478 Rz 17; Marx, BB 2002, 2566, 2568; Böhle, NJW 2003, 3680, 3682; Tröger, ZGS 2003, 296, 297.

279 Staud/Matusche-Beckmann, § 478 Rz 52; MünchKomm/Lorenz, § 478 Rz 31; Bamberger/Roth/Faust, § 478 Rz 25; Erman/Grunewald, § 478 Rz 18; Reinicke/Tiedtke, Rz 780; Schubel, ZIP 2002, 2061, 2066; Tröger, ZGS 2003, 296, 300; Jacobs, JZ 2004, 225, 230; Tiedtke/Schmitt, ZIP 2005, 681, 684.

280 BT-Drucks 14/6040, S. 249.

281 Staud/Matusche-Beckmann, § 478 Rz 81; MünchKomm/Lorenz, § 478 Rz 30; Palandt/Weidenkaff, § 478 Rz 12; AnwKomm/Büdenbender, § 478 Rz 12; Bamberger/ Roth/Faust, § 478 Rz 25; Grunewald, Kaufrecht, S. 293 Rz 11; Schubel, ZIP 2002,

in den Ersatz nicht nur die Nacherfüllungskosten, sondern auch die dem jeweiligen regressnehmenden, nachfolgenden Unternehmer erstatteten Aufwendungen einzubeziehen, da nur so ein vollständiges Weiterreichen der aus der Mangelhaftigkeit der Sache erwachsenden Kosten erreicht wird.[282] Hat der Letztverkäufer den Aufwand für die Nacherfüllung durch eigene Nachlässigkeit anwachsen lassen, ist der Anspruch jedoch entsprechend § 254 BGB zu kürzen.[283]

Mit § 479 Abs. 1 BGB wird ein Gleichlauf mit der Verjährung der Gewährleistungsansprüche gemäß § 438 BGB erreicht, da die Aufwendungsansprüche ansonsten gemäß § 195 BGB in drei Jahren verjähren würden. Der Gleichlauf wird nicht nur durch Angleichung der Länge der Frist, sondern auch durch Anpassung des Fristbeginns erreicht: Die Frist des § 479 Abs. 1 BGB beginnt zu laufen mit Ablieferung der Sache durch den Lieferanten an den Unternehmer und nicht, wie es sonst nach § 199 Abs. 1 BGB der Fall wäre, am Ende des Jahres, innerhalb dessen der Anspruch entstand. Das ist konsequent, da ansonsten der Aufwendungsersatzanspruch grundlos gegenüber den normalen Gewährleistungsansprüchen privilegiert würde. In der Distributionskette bedeutet das, dass die Verjährung des § 479 Abs. 1 BGB mit Ablieferung an den jeweiligen Regressgläubiger beginnt, auf die Ablieferung an den Verbraucher kommt es hingegen nicht an.[284]

2061, 2068; Böhle, NJW 2003, 3680, 3681; Tiedtke/Schmitt, ZIP 2005, 681, 684; Lepsius, AcP 207 (2007), 340, 356.

282 Staud/Matusche-Beckmann, § 478 Rz 51; MünchKomm/Lorenz, § 478 Rz 51; Bamberger/Roth/Faust, § 478 Rz 26; Prütting/Wegen/Weinreich/Schmidt, § 478 Rz 17; Oetker/Maultzsch, S. 226; Maultzsch, JuS 2002, 1171, 1174; Ernst/Gsell, ZIP 2001, 1389, 1395; H. P. Westermann, NJW 2002, 241, 252; Marx, BB 2002, 2566, 2567; a.A. Grunewald, Kaufrecht, S. 297 Rz 24, die vom Wortlaut des § 478 Abs. 2 BGB nur die Aufwendungen gegenüber dem Verbraucher erfasst sieht.

283 Staud/Matusche-Beckmann, § 478 Rz 69; MünchKomm/Lorenz, § 478 Rz 30; Erman/Grunewald, § 478 Rz 16; Prütting/Wegen/Weinreich/Schmidt, § 478 Rz 18; Grunewald, Kaufrecht, S. 292 Rz 10; H. P. Westermann, NJW 2002, 241, 252; Harke, ZGS 2004, 14, 16; Lepsius, AcP 207 (2007), 340, 356.

284 BT-Drucks 14/6040, S. 250; Staud/Matusche-Beckmann, § 479 Rz 2; Soergel/Wertenbruch, § 479 Rz 10; MünchKomm/Lorenz, § 479 Rz 6; Palandt/Weidenkaff, § 479 Rz 4; Erman/Grunewald, § 479 Rz 1; Bamberger/Roth/Faust, § 479 Rz 3; Henssler/v. Westphalen/v. Westphalen, § 479 Rz 2; AnwKomm/Büdenbender, § 479 Rz 2.

3. Der Regelungsbereich des § 479 Abs. 2 BGB (Ablaufhemmung)

Anlass zur Diskussion hat der neue § 479 Abs. 2 BGB gegeben. Die Verjährung der Mängelansprüche des Unternehmers aus §§ 437, 478 Abs. 2 BGB tritt gemäß § 479 Abs. 2 S. 1 BGB frühestens zwei Monate nach Erfüllung der Ansprüche gegenüber dem Verbraucher ein. § 479 Abs. 2 S. 1 BGB statuiert damit zur Unterstützung eines effektiven Rückgriffs eine Ablaufhemmung. Damit wird insbesondere den Problemen abgeholfen, die durch die zeitliche Staffelung der Lieferungskette entstehen können.[285] Auf Seiten des Lieferanten stellt sich das Problem, dass er wegen der Ablaufhemmung des § 479 Abs. 2 S. 1 BGB unter Umständen weit länger als zwei Jahre abwarten muss, bevor er sicher sein kann, dass der Unternehmer keine Mängel- oder Aufwendungsansprüche mehr geltend macht. Damit die Haftung des Lieferanten zeitlich nicht ausufert und er nicht übermäßig in seinen unternehmerischen Kalkulationen behindert wird, sieht § 479 Abs. 2 S. 2 BGB vor, dass die Ablaufhemmung spätestens fünf Jahre nach Ablieferung der Sache an den Unternehmer endet, sofern nicht andere Gründe, wie Hemmung oder Neubeginn, den Verjährungslauf verändern.[286]

Die Ablaufhemmung umfasst dabei sowohl die Ansprüche auf Nachlieferung, Nachbesserung und Schadensersatz aus § 437 BGB wie auch den Aufwendungsersatz aus § 478 Abs. 2 BGB. Über § 438 Abs. 4 und 5 BGB in Verbindung mit § 218 BGB werden sogar Rücktritt und Minderung, die als Gestaltungsrechte nicht unmittelbar der Verjährung unterfallen, von der Ablaufhemmung erfasst. Im Ergebnis kann die Ablaufhemmung sich auch auf die allgemeine Verjährungsfrist des § 195 BGB beziehen, da diese gemäß § 438 Abs. 3 BGB für Ansprüche aus § 437 BGB einschlägig ist, wenn der Lieferant den Mangel arglistig verschwieg.[287] Ob sich § 479 Abs. 2 BGB auch auf eine selbständige Garantie erstrecken kann, kann nicht pauschal bestimmt werden, sondern ist im Einzelfall durch Auslegung der Garantie zu ermitteln.[288]

a) Die Zweimonatsfrist des § 479 Abs. 2 Satz 1 BGB

Durch die zweimonatige Ablaufhemmung des § 479 Abs. 2 Satz 1 BGB soll vermieden werden, dass der Rückgriffsanspruch verjährt, bevor der jeweilige

285 BT-Drucks 14/6040, S. 250; Leenen, DStR 2002, 34, 38; H. P. Westermann, NJW 2002, 241, 252; Matusche-Beckmann, BB 2002, 2561.

286 BT-Drucks 14/6040, S. 250.

287 Soergel/Wertenbruch, § 479 Rz 22; Schumacher, Lieferantenregress, S. 203.

288 Soergel/Wertenbruch, § 479 Rz 21; Höpker, Verkäuferregress, S. 196.

Rückgriffsgläubiger von dem Mangel erfährt.[289] Nach Inanspruchnahme durch den Verbraucher und Erfüllung gegenüber demselben werden dem Unternehmer zwei Monate Reaktionszeit gewährt, um den Regress in die Wege zu leiten. Diese zwei Monate sind an die Erfüllung gegenüber dem Verbraucher geknüpft, nicht aber an den Zeitpunkt der Ablieferung der Kaufsache bei dem Unternehmer. Im Einzelfall können dem Unternehmer diese zwei Monate also auch zustehen, wenn seit der Ablieferung der Kaufsache an ihn selbst schon mehr als zwei Jahre vergangen sind.[290] Aus Wortlaut („frühestens") und ratio von § 479 Abs. 2 S. 1 BGB ergibt sich, dass die Ablaufhemmung grundsätzlich nur zu einer Verlängerung führen soll, nicht aber zu einer Verkürzung der laufenden Verjährungsfrist führen kann.[291] Z.B. kann im Falle einer bereits eingetretenen Verjährungshemmung durch die §§ 203 ff. BGB die Zweimonatsfrist nicht zu einer vorzeitigen Beendigung der Hemmung und damit zu einer Verkürzung der Verjährung führen.[292] Das hat auch zur Folge, dass § 479 Abs. 2 BGB in Fällen des Verkaufs von Baustoffen nur bezüglich des Aufwendungsersatzanspruchs gemäß § 478 Abs. 2 BGB zum Zuge kommt, nicht aber bezüglich der Gewährleistungsansprüche, da diese gemäß § 438 Abs. 1 Nr. 2 b BGB ohnehin erst in fünf Jahren verjähren.[293] In der Praxis sind zwei Monate für einen Unternehmer eine ausreichende Zeitspanne, um seinen Vormann in Regress zu nehmen, schließlich ist dieser bereits mit der Handhabung dieser Ansprüche beschäftigt.[294] Diese zwei Monate bieten dem Unternehmer auf der einen Seite genug Zeit seinen Schaden weiterzureichen, wahren aber auf der anderen Seite die im Handelsrecht erstrebte Schnelligkeit des Verkehrs und stellen somit eine auf ihren Zweck optimal zugeschnittene Zeitspanne dar.[295]

Die Ablaufhemmung des § 479 Abs. 2 BGB ist zur Wahrung der Interessen des Unternehmers nicht nur deshalb erforderlich, weil die Nacherfüllung gegenüber dem Verbraucher keinen Hemmungsgrund i.S.d. § 204 BGB für die Verjährung der Gewährleistungsrechte im Verhältnis Unternehmer-Lieferant darstellt. Es geht auch darum, in längeren Distributionsketten den Regressschuldner vor der

---

289 BT-Drucks 14/6040, S. 250.

290 Staud/Matusche-Beckmann, § 479 Rz 2; Soergel/Wertenbruch, § 479 Rz 16; MünchKomm/Lorenz, § 479 Rz 8; Bamberger/Roth/Faust, § 479 Rz 9; Prütting/Wegen/Weinreich/Schmidt, § 479 Rz 6; HK/Saenger, § 479 Rz 12; Jauernig/Berger, § 479 Rz 3; AnwKomm/Büdenbender, § 479 Rz 5; Dauner-Lieb/Büdenbender, § 8 Rz 97, S. 223; Schumacher, Lieferantenregress, S. 195.

291 Staud/Matusche-Beckmann, § 479 Rz 4; Soergel/Wertenbruch, § 479 Rz 24; MünchKomm/Lorenz, § 479 Rz 8; Bamberger/Roth/Faust, § 479 Rz 8; AnwKomm/Büdenbender, § 479 Rz 3; KompaktKomm/Tonner, § 479 Rz 7; Höpker, Verkäuferregress, S. 193; Schumacher, Lieferantenregress, S. 196.

292 Soergel/Wertenbruch, § 479 Rz 25.

293 Soergel/Wertenbruch, § 479 Rz 26; Schumacher, Lieferantenregress, S. 203.

294 BT-Drucks 14/6040, S. 112; Staud/Matusche-Beckmann, § 479 Rz 30; Haas/Medicus/Rolland/Schäfer/Wendtland/Haas, Kap. 5 Rz 497.

295 Staud/Matusche-Beckmann, § 479 Rz 8; v. Sachsen Gessaphe, RIW 2001, 721, 732.

Regressfalle zu schützen, da dieser, je weiter vorne in der Distributionskette desto mehr, dem Problem ausgesetzt ist, dass der Verbraucher unabhängig von den Lagerzeiten gegenüber dem Letztverkäufer Gewährleistungsansprüche zu einem Zeitpunkt geltend machen könnte, zu dem die Ansprüche des Regressschuldners längst verjährt sind.[296] Auch kann es zu Verzögerungen bei der Geltendmachung von Gewährleistungsrechten seitens des Verbrauchers kommen, wenn dieser den Mangel erst spät entdeckt, zur Mangelfeststellung einen Sachverständigen einschaltet oder wegen schwacher Nachfrage auf dem Markt der Absatz verzögert wird.[297]

Voraussetzung für das Eingreifen der Ablaufhemmung ist gemäß § 479 Abs. 2 BGB ein einredefreier Anspruch des Verbrauchers. Zwar unterscheidet das Gesetz seinem Wortlaut nach nicht zwischen berechtigten und unberechtigten Ansprüchen des Verbrauchers, nach der ratio der Norm müssen die Ansprüche jedoch berechtigt gewesen sein.[298] Die Ablaufhemmung ist ebenso wie der Aufwendungsersatzanspruch nicht bei Handlungen anwendbar, die ohne einen Rechtsgrund auf Seiten des Verbrauchers, also nicht zur Erfüllung eines Anspruchs, sondern z.B. aus Kulanz vorgenommen wurden.[299] Ein Rechtsgrund des Verbrauchers fehlt vor allem beim praxisüblichen Umtausch, wenn der Verbraucher zuvor unmissverständlich auf seine Gewährleistungsrechte verzichtet hat oder wenn die Rechte des Verbrauchers bereits verjährt sind.[300] Gleiches gilt für Aufwendungen, die der Unternehmer nur zu tragen hat, weil er mit dem Verbraucher vertraglich eine Verjährungsverlängerung vereinbart hat. Hier handelt es sich um ein mit der Kulanz vergleichbares, freiwilliges Verhalten des Unternehmers, das keine Rückgriffansprüche zur Folge haben kann.[301] Will der Letztverkäufer auch bei Kulanzhandlungen Rückgriffansprüche gegen seinen Lieferanten bzw. den Hersteller geltend machen können, muss er dies im Vorfeld ex-

296 BT-Drucks 14/6040, S 250.

297 Soergel/Wertenbruch, § 479 Rz 14; Grundmann/Bianca/Bridge, Art. 4 Rz 19.

298 Staud/Matusche-Beckmann, § 478 Rz 12, § 479 Rz 6; Bereska, ZGS 2002, 59, 61.

299 Staud/Matusche-Beckmann, § 479 Rz 6; Soergel/Wertenbruch, § 479 Rz 56; MünchKomm/Lorenz, § 479 Rz 14; Palandt/Weidenkaff, § 479 Rz 5; Bamberger/Roth/Faust, § 479 Rz 12; Henssler/v. Westphalen/v. Westphalen, § 479 Rz 3; HK/Saenger, § 479 Rz 5; Prütting/Wegen/Weinreich/Schmidt, § 479 Rz 6; Mansel/Budzikiewicz, S. 161; Bereska, ZGS 2002, 59, 61; a.A. Harke, ZGS 2004, 14, 15 (diese Einschränkung ergebe sich weder aus dem Regelungsziel noch aus der Richtlinie).

300 Staud/Matusche-Beckmann, § 478 Rz 43; Soergel/Wertenbruch, § 479 Rz 58; KompaktKomm/Tonner, § 478 Rz 11; Lorenz/Riehm, § 8 Rz 589; Dauner-Lieb/Mansel, Das neue Schuldrecht, § 1 Rz 162; Mansel, NJW 2002, 89, 95.

301 Staud/Matusche-Beckmann, § 479 Rz 11; Soergel/Wertenbruch, § 479 Rz 60; MünchKomm/Lorenz, § 479 Rz 14; Bamberger/Roth/Faust, § 479 Rz 12; Sendmeyer, NJW 2008, 1914, 1917.

plizit mit dem Lieferanten bzw. Hersteller vereinbaren.[302] Das würde beispielsweise Sinn machen, wenn der Verkäufer regelmäßig aus Kulanz handelt, weil er ein bestimmtes Image wahren möchte.

Keine kulanzähnliche Situation liegt hingegen vor, wenn der Unternehmer die Ansprüche des Verbrauchers zu einem Zeitpunkt erfüllt, zu dem diese eigentlich verjährt wären, die Verjährung jedoch gemäß § 203 oder § 204 BGB gehemmt ist. Auch wenn der Unternehmer die Hemmung mit herbeigeführt hat, kann in einer Erfüllung zu diesem Zeitpunkt keine mit der Kulanz vergleichbare freiwillige Leistung erblickt werden.[303] Vielmehr sind die Ansprüche zu diesem Zeitpunkt noch nicht endgültig verjährt.

Berechnet wird die Zweimonatsfrist ab dem Zeitpunkt der Erfüllung nach § 362 Abs. 1 BGB, also mit Eintritt der Erfüllungswirkung.[304] Hier ist darauf zu achten, dass der Händlerregress von dem zugrunde liegenden Verbrauchsgüterkauf abhängig ist. Die für die Ablaufhemmung maßgebliche Erfüllung gegenüber dem Verbraucher bemisst sich demnach nach den für Verbrauchsgüterkäufe einschlägigen Regelungen. § 447 BGB ist gemäß § 474 Abs. 2 BGB auf Verbrauchsgüterkäufe nicht anwendbar, so dass auch bei einem Versendungskauf für Eintritt der Erfüllungswirkung die Sache tatsächlich beim Verbraucher angekommen sein muss. Der Gefahrübergang findet in solchen Fällen nach § 446 S. 1 BGB mit Übergabe an den Verbraucher statt.[305] Ob der Unternehmer höchstpersönlich erfüllt oder sich dazu eines Dritten, z.B. des Lieferanten, bedient, ist hingegen nicht entscheidend.[306]

Abzustellen ist auf den Zeitpunkt, zu dem die Ansprüche des Käufers, objektiv betrachtet, tatsächlich und vollständig erfüllt sind. Das heißt zum einen, dass ein Anerkenntnis oder ein Vergleich noch keine Erfüllung i.S.d. § 479 Abs. 2 BGB darstellen.[307] Zum anderen reicht die tatsächliche Erfüllung aus, daneben muss nicht noch ein subjektiv bestimmter Zeitpunkt gefunden werden, zu dem Käufer und Verkäufer sich über das Vorliegen der Erfüllung einig geworden sind.[308] Eine solche Absprache zwischen Unternehmer und Verbraucher wird in der Praxis kaum vorgenommen werden und würde nur zu Rechtsunsicherheiten führen.

---

302 Soergel/Wertenbruch, § 479 Rz 57.

303 Soergel/Wertenbruch, § 479 Rz 59.

304 Soergel/Wertenbruch, § 479 Rz 38.

305 AG Miesbach, ZGS 2005, 159, 160; Soergel/Wertenbruch, § 479 Rz 38; Henssler/v. Westphalen/v. Westphalen, § 479 Rz 4.

306 Soergel/Wertenbruch, § 479 Rz 69; AnwKomm/Büdenbender, § 478 Rz 17; Jacobs, JZ 2004, 225, 230.

307 Soergel/Wertenbruch, § 479 Rz 41.

308 Soergel/Wertenbruch, § 479 Rz 37.

Daraus folgt ferner, dass bei Teilerfüllung der entscheidende Zeitpunkt in der letzten Teilleistung liegt.[309] Zwar stellt sich hier das Problem, dass der Unternehmer gegenüber dem Verbraucher absichtlich nur zum Teil erfüllen könnte, um so die Ablaufhemmung künstlich in die Länge zu ziehen. Ein solches Verhalten stellt jedoch einen Verstoß gegen das in § 242 BGB festgeschriebene Prinzip von Treu und Glauben dar. Neben der daraus resultierenden Haftung riskiert der Unternehmer einen Imageverlust, der dazu führen kann, dass sich Kunden von ihm abwenden, was wiederum zu einer Schlechterstellung auf dem Markt führen würde. Der Unternehmer muss sich dieses unlauteren Verhaltens auch gar nicht bedienen: Wenn er gegenüber dem Käufer erfüllt, kann er eine längere Hemmung der Verjährung einfach über § 204 BGB herbeiführen. Gegen die letzte Teilleistung als maßgeblichen Zeitpunkt spricht auch nicht, dass der Unternehmer bei einer teilweisen Erfüllung der Gewährleistungsansprüche die Kaufsache bereits auf Mängel untersucht und das Vorliegen der Anspruchsvoraussetzungen bejaht hat.[310] Der Unternehmer könnte trotzdem noch mehr Zeit brauchen um vollständig zu erfüllen; so bedarf beispielsweise auch der konkrete Umfang der Käuferansprüche unter Umständen einer ausführlichen Prüfung.[311] Dies gilt insbesondere, wenn es nicht um eine Nachlieferung oder Nachbesserung geht, sondern ein bezifferter Minderungs-, Schadens- oder Aufwendungsersatz zur Rede steht oder wenn der Käufer weitere Forderungen nachschiebt.[312]

Ob der Unternehmer die Ansprüche freiwillig erfüllt hat oder ob er dazu verurteilt wurde, spielt keine Rolle.[313] Wurde er zur Erfüllung verurteilt, müssen die Ansprüche jedoch bereits rechtskräftig festgestellt worden sein. Ein vorläufig vollstreckbarer Titel reicht nicht aus; die Erfüllung tritt wie das Erlöschen der Forderung bei einem vorläufig vollstreckbaren Titel bis zur Rechtskraft nicht ein.[314] Schließlich steht auch demjenigen Schuldner die Überprüfung der Rechtssache durch eine höhere Instanz zu, der als Reaktion auf den vorläufig vollstreckbaren Titel durch Vornahme der titulierten Handlung reagiert.[315] Zu beachten ist in diesem Kontext, dass die Erfüllung nicht automatisch mit Rechtskraft des Urteils oder mit dem Eingreifen eines Gerichtsvollziehers eintritt; vielmehr

309 Soergel/Wertenbruch, § 479 Rz 35; Erman/Grunewald, § 479 Rz 2; Bamberger/ Roth/ Faust, § 479 Rz 8; Prütting/Wegen/Weinreich/Schmidt, § 479 Rz 6; Grunewald, Kaufrecht, S. 298 Rz 27.

310 Soergel/Wertenbruch, § 479 Rz 35.

311 Soergel/Wertenbruch, § 479 Rz 35.

312 Soergel/Wertenbruch, § 479 Rz 35.

313 Staud/Matusche-Beckmann, § 479 Rz 9; Soergel/Wertenbruch, § 479 Rz 39; Palandt/ Weidenkaff, § 479 Rz 6.

314 Soergel/Wertenbruch, § 479 Rz 39; MünchKomm/Wenzel, § 362 Rz 29; Palandt/Grüneberg, § 362 Rz 15; Musielak/Becker, ZPO, § 815 Rz 4; Höpker, Verkäuferregress, S. 195.

315 BGH NJW 1994, 942, 943.

bedarf es der tatsächlichen Erfüllung gemäß § 362 BGB.[316] Für Sachleistungen bedeutet dies, dass der Gläubiger die Verfügungsbefugnis über die durch Zwangsvollstreckung beigetriebene Leistung erhält, bei Geldleistungen muss das Geld entweder dem Gläubiger ausgehändigt worden oder seinem Bankkonto gutgeschrieben worden sein.[317]

Im Falle der Klage seitens des Verbrauchers kann der Unternehmer dem Lieferanten gemäß § 72 ZPO den Streit verkünden. Durch die Zustellung einer den Anforderungen der §§ 72, 73 ZPO entsprechenden Streitverkündung wird die Verjährung gemäß § 204 Abs. 1 Nr. 6 BGB gegenüber dem Dritten gehemmt. Gemäß § 72 Abs. 2 ZPO kann der Dritte, gegenüber welchem der Streit verkündet wurde, wiederum den Streit verkünden. Eine solche Ketten-Streitverkündung ist deshalb von Nutzen, da sie gegenüber dem Lieferanten gemäß §§ 74 Abs. 1, 68 ZPO Bindungswirkung für diesen entfaltet, das heißt er ist insbesondere an die Feststellung des Mangels seitens des Gerichts gebunden.[318] Liegt eine längere Lieferkette vor, ist dem Lieferanten zu empfehlen, den Streit zu verkünden, da so die Verjährung aller Regressansprüche in der Lieferkette gehemmt werden kann.[319] Schon um sich für den Fall abzusichern, dass sich der Rechtsstreit zwischen Verbraucher und Unternehmer über die Verjährungsfrist im Verhältnis Unternehmer-Lieferant hinaus zieht, sollte der Unternehmer dem Lieferanten den Streit im Klagefall verkünden.[320]

b) Die Fünfjahresfrist des § 479 Abs. 2 Satz 2 BGB

Gemäß § 479 Abs. 2 Satz 2 BGB endet die Ablaufhemmung spätestens fünf Jahre nach dem Zeitpunkt, zu dem der Lieferant dem Unternehmer die Sache abgeliefert hat. Diese Fünfjahresfrist gilt im jeweiligen Vertragsverhältnis, also ab Ablieferung beim jeweiligen Abnehmer, nicht erst ab Ablieferung beim Letztverkäufer.[321] Die Fünfjahresfrist bildet hinsichtlich der Zweijahresfrist des § 479

---

316 MünchKomm/Wenzel, § 362 Rz 29; Musielak/Becker, ZPO, § 815 Rz 4; MünchKomm-ZPO/Gruber, § 815 Rz 16; Stein/Jonas/Münzberg, § 815 Rz 18; Kerwer, S. 49.

317 Soergel/Wertenbruch, § 479 Rz 40; Musielak/Becker, ZPO, § 815 Rz 4; Kerwer, S. 50; Schünemann, JZ 1985, 49, 52.

318 Staud/Matusche-Beckmann, § 479 Rz 16; Soergel/Wertenbruch, § 479 Rz 66.

319 Staud/Matusche-Beckmann, § 479 Rz 21; Soergel/Wertenbruch, § 479 Rz 70; MünchKomm-ZPO/Schultes, § 72 Rz 20; Musielak/Weth, ZPO, § 72 Rz 9; Zöller/Vollkommer, § 72 Rz 10; Bereska, ZGS 2002, 59, 61.

320 Vgl. Staud/Matusche-Beckmann, § 479 Rz 16; Soergel/Wertenbruch, § 479 Rz 66; Palandt/Weidenkaff, § 479 Rz 6; Henssler/v. Westphalen/v. Westphalen, § 478 Rz 17; Jauernig/Berger, § 479 Rz 3; Höpker, Verkäuferregress, S. 207; Bereska, ZGS 2002, 59, 61.

321 Staud/Matusche-Beckmann, § 479 Rz 19; Soergel/Wertenbruch, § 479 Rz 47; MünchKomm/Lorenz, § 479 Rz 10; Palandt/Weidenkaff, § 479 Rz 8; Erman/Grunewald, § 479

Abs. 2 S. 1 BGB eine absolute Obergrenze. Sie kann also die Zweimonatsfrist des § 479 Abs. 2 S. 1 BGB im Einzelfall verkürzen, z.B. auf einen Monat, wenn der Käufer seine Gewährleistungsrechte erst vier Jahre und elf Monate nach Übergabe geltend macht. Eine Verlängerung der Zweimonatsfrist durch die Fünfjahresfrist, z.B. auf fünf Jahre und zwei Monate, ist hingegen nicht möglich.[322]

Dass der Lieferant unter Umständen bis zu fünf Jahre lang warten muss, bevor er sich sicher sein kann, dass keine Mängelansprüche mehr geltend gemacht werden, steht für manchen im Widerspruch zu den allgemein im Handelsrecht geltenden Prinzipien der Einfachheit und Schnelligkeit des Handelsverkehrs.[323] Der Gesetzgeber sieht das jedoch anders:[324] Er geht davon aus, dass sich die Schnelligkeit von selbst regelt, da er in der Praxis einen Trend bei den Händlern sieht, Lagerzeiten zu reduzieren. Zudem hält er die Frist von maximal fünf Jahren für den Lieferanten für keine unzumutbare Belastung, da dieser Lagerzeiten und Weiterverkauf selbst in der Hand habe.

In diesem Kontext ist zu beachten, dass laut § 478 Abs. 6 BGB die Rügeobliegenheit des § 377 HBG und damit insbesondere auch § 377 Abs. 3 HGB bei Regressfällen zur Anwendung kommt, der für Handelskäufe vorschreibt, dass ein Mangel direkt nach Entdeckung angezeigt werden muss. Entdeckt der Unternehmer den Mangel trotz ordnungsgemäßer, also stichprobenartiger[325], Untersuchung i.S.d. § 377 HGB nicht und macht der Abnehmer erst im Nachhinein den Mangel geltend, so hat der Unternehmer den Mangel gemäß § 377 Abs. 3 HGB unverzüglich (also ohne schuldhaftes Zögern, vgl. § 121 Abs. 1 BGB) anzuzeigen. Die Zweimonatsfrist des § 479 Abs. 2 S. 1 BGB steht ihm nicht zur Verfügung.[326] Ausreichend für die Unverzüglichkeit ist allerdings bereits die Mängelanzeige; die Geltendmachung des Gewährleistungsanspruchs muss wiederum erst innerhalb der Zweitmonatsfrist des § 479 Abs. 2 BGB stattfinden.

Die Rügeobliegenheit des § 377 HGB ist für Handelskäufe von großer Wichtigkeit, da sie allgemein die Einfachheit und Schnelligkeit im Handelsverkehr för-

---

Rz 6; Bamberger/Roth/Faust, § 479 Rz 9; Prütting/Wegen/Weinreich/Schmidt, § 479 Rz 8; Schumacher, Lieferantenregress, S. 204.

322 Soergel/Wertenbruch, § 479 Rz 47.

323 Staud/Matusche-Beckmann, Vorbem zu §§ 478 f Rz 30; Matusche-Beckmann, BB 2002, 2561, 2562; v. Sachsen Gessaphe, RIW 2001, 721, 732; Haas, BB 2001, 1313, 1320.

324 BT-Drucks 14/6040, S. 250.

325 RGZ 106, 359, 362; BGH NJW 1977, 1150, 1151; KompaktKomm/Tonner, § 478 Rz 38; Baumbach/Hopt, HGB, § 377 Rz 27; Röhricht/v. Westphalen/Wagner, § 377 Rz 37; v. Sachsen Gessaphe, RIW 2001, 721, 727; K. Schmidt, Handelsrecht, § 29 III 4 a (S. 824).

326 Soergel/Wertenbruch, § 479 Rz 27; MünchKomm-HGB/Grunewald, § 377 Rz 72; Prütting/Wegen/Weinreich/Schmidt, § 478 Rz 31.

dert.[327] Die Geltung des § 377 HGB in Regressfällen fördert die schnelle Abwicklung von Gewährleistungsfällen, da sich im Zweifelsfall die Prinzipien des Handelsrechts durchsetzen und der Regress scheitert.[328] Eine weitere Einschränkung der Fünfjahresfrist, etwa durch Einführung eines Zurechnungsfaktors für eigenes Verhalten,[329] ist nicht erforderlich. Verhält sich der Unternehmer nachlässig, wird ihm das bereits wegen der Rügeobliegenheit zum Verhängnis. Auch in zeitlicher Hinsicht steht der Unternehmer unter Druck; schließlich muss er die Sache innerhalb von zwei Jahren weiter veräußern, da ansonsten seine Gewährleistungsrechte verjährt sind, ausführlicher dazu siehe unten, Kapitel E) III. 1. Zudem hat der Lieferant nach geltendem Recht immerhin nach fünf Jahren die Sicherheit, dass er nicht mehr in Anspruch genommen wird.

Die Verjährungshemmung des § 479 Abs. 2 BGB steht zu den allgemeinen Hemmungsregeln der §§ 203 ff. BGB in keinem Exklusivverhältnis,[330] vielmehr entfalten die Hemmungsregeln gerade im Zusammenspiel ihre ganze Funktionalität. Die wohl praxisrelevanteste Kombination der allgemeinen Regeln mit § 479 Abs. 2 BGB wird in der Konstellation liegen, dass der Unternehmer die Hemmung des § 479 Abs. 2 BGB nutzt, um in der Zweimonatsfrist eine Hemmung durch Rechtsverfolgung i.S.d. § 204 BGB herbeizuführen.[331] In Betracht kommen insbesondere die Hemmung durch Klageerhebung nach § 204 Abs. 1 Nr. 1 BGB und durch Streitverkündung nach § 204 Abs. 1 Nr. 6 BGB. Wird die Verjährung aufgrund der §§ 203 ff. BGB gehemmt, kommt es auf die Zweimonatsfrist des § 479 Abs. 2 BGB nicht mehr an. Ebenso irrelevant ist die Fünfjahresfrist des § 479 Abs. 2 S. 2 BGB.[332] Vielmehr ist bei einer Hemmung nach § 204 Abs. 1 BGB auf § 204 Abs. 2 BGB abzustellen, nach dem die Hemmung sechs Monate nach der rechtskräftigen Entscheidung oder der Beendigung des eingeleiteten Verfahrens endet.

Die Beweislast für das Vorliegen der Ablaufhemmung i.S.d. § 479 Abs. 2 BGB wird nach den allgemeinen Regeln zugeteilt. Gemäß § 214 Abs. 1 BGB steht dem Schuldner nach Eintritt der Verjährung das Recht zu, die Leistung zu verweigern. Wird nun der Lieferant vom Unternehmer gewährleistungsrechtlich in Anspruch genommen, so hat der Lieferant zu beweisen, dass bereits Verjährung

327 BGH NJW 1975, 2011; BGH NJW 1977, 1150; BGHZ 66, 208, 213; BGHZ 110, 130, 138; BGH WM 1998, 936, 938; MünchKomm-HGB/Grunewald, § 377 Rz 3; Baumbach/Hopt, HGB, § 377 Rz 1; Röhricht/v. Westphalen/Wagner, HGB, § 377 Rz 4.

328 Soergel/Wertenbruch, § 479 Rz 17; Tröger, AcP 204 (2004), 115, 120.

329 So vorgeschlagen von v. Sachsen Gessaphe, RIW 2001, 721, 732.

330 Soergel/Wertenbruch, § 479 Rz 43; Palandt/Weidenkaff, § 479 Rz 5; Staud/Matusche-Beckmann, § 479 Rz 20; Höpker, Verkäuferregress, S. 207.

331 Soergel/Wertenbruch, § 479 Rz 43; MünchKomm/Lorenz, § 479 Rz 8; Bamberger/Roth/Faust, § 479 Rz 8; Jauernig/Berger, § 479 Rz 3.

332 Staud/Matusche-Beckmann, § 479 Rz 20; Soergel/Wertenbruch, § 479 Rz 45.

eingetreten ist und ihm damit ein Leistungsverweigerungsrecht gegeben ist. Die Verjährungshemmung des § 479 Abs. 2 BGB stellt wiederum einen Ausnahmetatbestand zur Verjährung dar. Auch Ausnahmetatbestände sind von der Partei zu beweisen, die sich auf sie beruft.[333] Das heißt, der regressnehmende Unternehmer muss als Gläubiger beweisen, dass die Voraussetzungen für die Ablaufhemmung vorliegen. Er muss darlegen, dass er die Ansprüche des Verbrauchers rechtzeitig und vollständig erfüllt hat. Gelingt ihm die Beweisführung bezüglich einer der Voraussetzungen nicht, gilt die Ablaufhemmung im Zweifel als nicht anwendbar und die Ansprüche sind verjährt. Auf eine derartige Beweisführung wird der Unternehmer jedoch in der Regel vorbereitet sein, da die Erfüllung der Gewährleistungsansprüche des Verbrauchers in seinem Handlungs- und Haftungsbereich liegt und er auch bei Streitfällen mit dem Verbraucher die Erfüllung gegenüber letzterem beweisen muss.[334] Gleiches gilt für die Fünfjahresfrist des § 479 Abs. 2 Satz 2 BGB. Hier muss der in Anspruch genommene Lieferant beweisen, dass mehr als fünf Jahre vergangen sind, seit er die Kaufsache an den anspruchstellenden Unternehmer abgeliefert hat.

4. Der Regelungsbereich des § 479 Abs. 3 BGB (Erstreckung auf die Lieferkette)

§ 479 Abs. 3 BGB weitet den Geltungsbereich der Absätze 1 und 2 auf Ansprüche des Lieferanten und der übrigen Käufer in der Lieferkette aus, wenn die Schuldner Unternehmer sind, vgl. § 478 Abs. 5 BGB. Damit soll gewährleistet werden, dass tatsächlich derjenige die Nachteile der Pflichtverletzung, also der Mangelhaftigkeit der Kaufsache, trägt, dessen Bereich ebendiese entsprang.[335] Die Fristen der Absätze 1 und 2 richten sich dabei nach der Ablieferung im jeweiligen Vertragsverhältnis.

Diese Erweiterung des Anwendungsbereichs gibt Anlass zur Diskussion darüber, ob die Privilegien des Händlerregresses auch dem Hersteller zugutekommen sollten, ob neben der Distributionskette also auch die Beschaffungskette in den Anwendungsbereich des § 479 BGB einbezogen werden sollte.[336] Schließlich kann der Mangelunwert der Kaufsache auf eine von einem Zulieferer gelieferte fehlerhafte Komponente zurückzuführen sein. Hat sich der Hersteller mit seinen

333 BGHZ 87, 393, 399 f.; BGH NJW-RR 2003, 1432, 1433 f.; MünchKomm-ZPO/Prütting, § 286 Rz 114; Rosenberg/Schwab/Gottwald, § 114 Rz 10; Staud/Matusche-Beckmann, § 479 Rz 22; Soergel/Wertenbruch, § 479 Rz 52; MünchKomm/Lorenz, § 479 Rz 16; Bamberger/Roth/Faust, § 479 Rz 14.

334 Soergel/Wertenbruch, § 479 Rz 52.

335 BT-Drucks 14/6040, S. 249.

336 So z.B. Heß, NJW 2002, 253, 259; Ball, ZGS 2002, 49, 52; v. Westphalen, Allgemeine Verkaufsbedingungen, S. 157; Tröger, AcP 204 (2004), 115, 133.

Zulieferern nicht explizit über die Verjährungsmodalitäten geeinigt, greift § 438 Abs. 1 Nr. 3 BGB ein, das heißt seine Gewährleistungsrechte verjähren regulär in zwei Jahren. Besonders bei langen Lieferketten kann es leicht passieren, dass der abnehmende Unternehmer sich seinerseits fristgerecht zu einem Zeitpunkt an den Hersteller wendet, zu welchem die Gewährleistungsansprüche von Letzterem gegenüber seinen Zulieferern verjährt sind. Der Hersteller ist damit der Gefahr der Regressfalle in gleichem Maße ausgesetzt wie alle anderen Verkäufer in der Lieferkette, auch er kann auf den Nachteilen des verstärkten Verbraucherschutzes sitzen bleiben.[337] Für die Anwendung auf Hersteller und Zulieferer bedarf es jedoch weiterer Anhaltspunkte als einer scheinbar ähnlichen Ausgangsposition.

Man könnte denken, dass Hersteller und Zulieferer auch vom Wortlaut der §§ 478 Abs. 5 und 479 Abs. 3 BGB erfasst seien, schließlich wird dort von „Lieferanten", „Käufern" und „Verkäufern" gesprochen. Das passt soweit auch auf den Hersteller und seinen Zulieferer. Auch in Erwägungsgrund 9 der Richtlinie ist allgemein von „Zwischenpersonen" die Rede. Ein derart weiter Anwendungsbereich der Regressregelungen scheint insbesondere sachgerecht, wenn der Hersteller seinerseits keine der Einzelkomponenten selbst hergestellt hat, sondern nur als Zusammenbauer der Einzelteile auftritt. Das Verständnis vom Hersteller als Käufer einer fehlerhaften Komponente spiegelt jedoch nicht die Rolle wider, welche er in der Regresskette tatsächlich innehat. Auch wenn der Hersteller in Bezug auf die Einzelteile nur zusammenbauend tätig wird, so stellt er doch die Kaufsache an sich her.[338] In den §§ 478, 479 BGB wird die Kaufsache stets mit der „neu hergestellten Sache", also dem Verbrauchsgut, gleichgestellt, nicht aber mit Einzelkomponenten.[339] Der Gesetzeswortlaut umfasst damit ausschließlich die neu hergestellte Sache. Für diese ist aber charakteristisch, dass eine Wesensänderung gegenüber dem Ausgangsstoff stattgefunden hat, welche sich wirtschaftlich und nach der Verkehrsanschauung bemisst, z.B. durch erhebliche Abweichung vom Ausgangsstoff und/oder Wechsel des Verkehrsnamens.[340] Auch die Gesetzesbegründung spricht stets von der Kaufsache, nicht aber von einem Teilprodukt, und sieht die Hauptfehlerquelle im Herstellungsprozess.[341] Nur das Gesamtprodukt stellt somit eine neu hergestellte Sache i.S.d. Kaufrechts dar und von einer Regelungslücke kann keine Rede sein. Nach

---

337 Staud/Matusche-Beckmann, § 478 Rz 159; Matusche-Beckmann, BB 2002, 2561, 2564; Ernst/Gsell, ZIP 2001, 1389, 1394.

338 Oetker/Maultzsch, S. 218; A.-M. Wagner/Neuenhahn, ZGS 2002, 395, 397.

339 V. Westphalen, Allgemeine Verkaufsbedingungen, S. 157; Matusche-Beckmann, BB 2002, 2561, 2565; Tröger, AcP 204 (2004), 115, 133; Jacobs, JZ 2004, 225, 228; Tiedtke/Schmitt, ZIP 2005, 681, 687.

340 OLG Köln, NJW 1991, 2570; OLG Köln, NJW 1997, 2187; Staud/Matusche-Beckmann, § 478 Rz 160; A.-M. Wagner/Neuenhahn, ZGS 2002, 395, 397.

341 BT-Drucks 14/6040, S. 247; Staud/Matusche-Beckmann, § 478 Rz 161; Brüggemeier, JZ 2000, 529, 532; A.-M. Wagner/Neuenhahn, ZGS 2002, 395, 397; Matthes, NJW 2002, 2505, 2506.

dem Wortlaut der §§ 478, 479 BGB wie auch nach dem Willen des Gesetzgebers stehen dem Hersteller gegenüber seinem Zulieferer mithin nicht die gleichen Privilegien zu wie dem Käufer des Endprodukts, der Rückgriff endet also bei dem Hersteller.

Daraus folgt weiterhin, dass die Distributionskette bei jedem Unternehmer endet, der die Kaufsache in nicht unerheblicher Weise verändert, indem er z.B. mehrere Sachen zusammenbaut, da ein solcher Unternehmer zugleich Hersteller der neuen bzw. veränderten Sache ist.[342] Auch der in § 434 Abs. 1 S. 3 BGB enthaltene Verweis auf das ProdHaftG, das in seinem § 4 Abs. 1 den Hersteller eines Teilprodukts dem Hersteller eines Endprodukts gleichstellt, reicht für eine andere Interpretation der §§ 478, 479 BGB nicht aus.[343] Schließlich wurde mit den §§ 478, 479 BGB ein dem BGB eingegliedertes Regresssystem geschaffen, das andere Ziele verfolgt als das ProdHaftG. Während Letzteres sich tatsächlich mit den Fehlern in der Produktion und mangelhaften Stoffen beschäftigt, geht es im Kaufrecht und damit auch beim Händlerregress um Fehler, die dem fertigen Gegenstand, mit dem der Käufer (genauer: der Verbraucher) in Kontakt kommt, anhaften.

Auch nach Sinn und Zweck dieser Vorschriften ist der Anwendungsbereich nicht auf den Hersteller und seine Zulieferer zu erstrecken. Schließlich sollen die Normen lediglich vermeiden, dass die vom Verbraucher wegen der Mangelhaftigkeit der Kaufsache geltend gemachten Ansprüche innerhalb der Distributionskette an einem Nichtverantwortlichen hängen bleiben. Es geht nicht darum, die Verantwortlichkeit für die Beschaffenheit von Einzelkomponenten aufzuklären, um für Verkäufer und Hersteller eine Entlastungsmöglichkeit zu schaffen. Der Regress ist nicht Selbstzweck, sondern Part des Gewährleistungssystems und endet damit beim Erstverkäufer der betreffenden Kaufsache. Eine Einbeziehung des Herstellers in den Anwendungsbereich der §§ 478, 479 BGB ist demnach auch nach der ratio der Normen nicht geboten.[344]

In Betracht käme noch eine analoge Anwendung der §§ 478, 479 BGB. Die dazu erforderliche Regelungslücke könnte man darin sehen, dass der Fall des mangelhaften Teilprodukts in der Gesetzesbegründung nicht einmal erwähnt wird.[345] Aus dieser Tatsache kann man allerdings ebenso gut den Schluss ziehen, dass der Gesetzgeber den Fall des mangelhaften Teilprodukts als derart anders gelagert erachtete, dass er eine Erwähnung in diesem Kontext für nicht erforderlich

342 Staud/Matusche-Beckmann, § 478 Rz 5; MünchKomm/Lorenz, § 478 Rz 15; Bamberger/Roth/Faust, § 478 Rz 9; Erman/Grunewald, § 478 Rz 11; Jacobs, JZ 2004, 225, 227; Oetker/Maultzsch, S. 218.

343 Siehe dazu Matusche-Beckmann, BB 2002, 2561, 2565.

344 Staud/Matusche-Beckmann, § 478 Rz 161; Matusche-Beckmann, BB 2002, 2561, 2565; A.-M. Wagner/Neuenhahn, ZGS 2002, 395, 398.

345 Siehe dazu Staud/Matusche-Beckmann, § 478 Rz 163; Matusche-Beckmann. BB 2002, 2561, 2565.

hielt. Eine Analogie wäre ohnehin ausgeschlossen, wenn das zwischen Zulieferer und Hersteller bestehende Verhältnis nicht mit den zwischen den anderen Verkäufern und Käufern in der Lieferkette bestehenden Verhältnissen vergleichbar ist, da für die analoge Anwendung der Vorschriften eine vergleichbare Interessenlage erforderlich ist. Hier ist vor allem zu bedenken, dass der Hersteller derjenige ist, in dessen Sphäre die Kaufsache erst entsteht. Im Gegensatz zu den anderen Käufern hat der Hersteller die Möglichkeit, Einfluss auf das Endprodukt zu nehmen. Schließlich hat nur er den Überblick darüber, welche Einzelteile verbaut werden und von welcher Qualität diese sind. Diese Einflussmöglichkeit versetzt den Hersteller in eine gegenüber den anderen Käufern ungleich stärkere Position, so dass keine vergleichbare Interessenlage besteht.[346] Die so entstehende Konstruktions- und Produktionshoheit des Herstellers bürdet ihm vielmehr eine Verantwortlichkeit für die Qualität des Produkts auf.[347] Der Hersteller ist derjenige, der für die Vertragsmäßigkeit, sprich Mangelfreiheit, der Kaufsache einzustehen hat. Seine übergeordnete Macht- und Verantwortungsposition macht ihn zum Anfangsglied der Regresskette. Damit ist jeder Unternehmer, der im dargestellten Sinne Hersteller ist, von dem Anwendungsbereich des Händlerregresses ausgeschlossen, auch wenn er selbst an den Verbraucher verkauft.[348]

Die Geltung der Regressregelungen im Verhältnis Hersteller-Zulieferer ließe sich höchstens durch vertragliche Vereinbarung erreichen. Zumindest im Rahmen von Individualabreden ist dies unproblematisch möglich.[349] Ob eine solche Vereinbarung auch im Rahmen von AGB getroffen werden kann, hängt von den Umständen des Einzelfalls ab. Die Rechtsprechung zu § 477 BGB a.F. sollte dabei nur mit Vorsicht herangezogen werden. Zwar war der entscheidende Aspekt der Rechtsprechung zur alten Rechtslage auch die Angemessenheit der Gesamtverjährungsfrist. Allerdings orientierte sich die in der Rechtsprechung gezogene Zulässigkeitsgrenze von zwei bis drei Jahren an dem Verhältnis zu der sechsmonatigen Verjährungsfrist des § 477 BGB a.F.[350] Bei der Frage nach der Angemessenheit ist nun auf die allgemeine gewährleistungsrechtliche Zweijahresfrist des § 438 BGB abzustellen. Die für die Fragestellung entscheidende Änderung gegenüber der alten Rechtslage ist aber nicht nur die Verlängerung der

---

346 Staud/Matusche-Beckmann, § 478 Rz 164; Matusche-Beckmann, FS Kollhosser, S. 462; Matusche-Beckmann, BB 2002, 2561, 2565; A.-M. Wagner/Neuenhahn, ZGS 2002, 395, 398 f; Jacobs, JZ 2004, 225, 228; Tiedtke/Schmitt, ZIP 2005, 681, 687.

347 Staud/Matusche-Beckmann, § 478 Rz 167; A.-M. Wagner/Neuenhahn, ZGS 2002, 395, 399; Matusche-Beckmann, BB 2002, 2561, 2565; Matusche-Beckmann, FS Kollhosser, S. 462; Jacobs, JZ 2004, 225, 228; Erman/Grunewald, § 478 Rz 11.

348 Staud/Matusche-Beckmann, § 478 Rz 164; Prütting/Wegen/Weinreich/Schmidt, § 478 Rz 10; A.-M. Wagner/Neuenhahn, ZGS 2002, 395, 399; Matusche-Beckmann, BB 2002, 2561, 2565; Erman/Grunewald, § 478 Rz 11.

349 Staud/Matusche-Beckmann, § 478 Rz 169; A.-M. Wagner/Neuenhahn, ZGS 2003, 64, 65.

350 Siehe dazu BGHZ 110, 88, 94; Schmid, DB 1990, 617, 618.

Verjährungsfrist, sondern auch die Stärkung der Vertragsfreiheit im Verjährungsrecht, vgl. § 202 Abs. 2 BGB. Das bedeutet, dass bei Vorliegen eines berechtigten Interesses durchaus eine entsprechende vertragliche Regelung in Betracht kommen kann.[351] An der vertraglichen Vereinbarung einer § 479 Abs. 2 BGB entsprechenden Ablaufhemmung kann der Hersteller durchaus ein berechtigtes Interesse haben, da er in die gleiche Regressfalle geraten kann wie die Unternehmer in der Distributionskette. Eine unangemessene Benachteiligung des für den Mangel letztlich verantwortlichen Zulieferers kann in einer solchen Vereinbarung hingegen grundsätzlich nicht gesehen werden, so dass die Aufnahme einer solchen Regelung in die AGB des Herstellers möglich sein sollte.[352]

5. Verjährung der Ansprüche des Unternehmers bei Arglist

Die Gewährleistungsansprüche des Unternehmers verjähren bei Arglist seitens des Lieferanten, unabhängig davon ob sie über § 478 Abs. 1 BGB modifiziert wurden oder nicht, gemäß §§ 438 Abs. 3, 195, 199 Abs. 1 BGB in drei Jahren seit Ende des Jahres der Entstehung des Anspruchs und der Kenntnis seitens des Gläubigers.[353] Für den Aufwendungsersatzanspruch des § 478 Abs. 2 BGB existiert hingegen keine § 438 Abs. 3 BGB entsprechende Sonderverjährung. Das heißt dieser Anspruch verjährt auch bei arglistigem Verhalten seitens des Regressschuldners gemäß § 479 Abs. 1 BGB in zwei Jahren.

Auf den ersten Blick mag es aussehen, als läge hier eine Regelungslücke vor. Daher wird von einem Teil der Literatur vertreten, dass in § 438 Abs. 3 BGB entsprechenden Fällen, also bei Arglist seitens des Lieferanten, abweichend von § 479 Abs. 1 BGB die längeren Verjährungsfristen analog gelten sollen.[354] Eine solche Analogie kommt jedoch nur in Betracht, wenn der Gläubiger keinen anderen wirtschaftlich entsprechenden Anspruch hat. Allerdings stehen dem Unternehmer gegenüber dem arglistigen Lieferanten durchaus Ansprüche zu, die nicht in zwei Jahren verjähren. Von einem Teil der Literatur wird ihm ein Scha-

---

351 Staud/Matusche-Beckmann, § 478 Rz 186; Grunewald, Kaufrecht, S. 289 Rz 2; Mansel/Budzikiewicz, S. 161; Matusche-Beckmann, BB 2002, 2561, 2566; A.-M. Wagner/Neuenhahn, ZGS 2002, 395, 398; R. Koch, WM 2002, 2217, 2227; Tiedtke/Schmitt, ZIP 2005, 681, 687.

352 Staud/Matusche-Beckmann, § 478 Rz 187; R. Koch, WM 2002, 2217, 2227.

353 Soergel/Wertenbruch, § 479 Rz 8; MünchKomm/Lorenz, § 479 Rz 5; Erman/Grunewald, 479 Rz 1; Bamberger/Roth/Faust, § 479 Rz 3; Tiedtke/Schmitt, ZIP 2005, 681, 685.

354 Staud/Matusche-Beckmann, § 479 Rz 2; Haas/Medicus/Rolland/Schäfer/Wendtland/Haas, Kap. 5 Rz 496; Oetker/Maultzsch, S. 224; Maultzsch, JuS 2002, 1171, 1173 Fn 24.

densersatzanspruch aus § 281 BGB in Verbindung mit §§ 478 Abs. 2, 437 Nr. 3, 280 Abs. 1 und 3 BGB zugesprochen, der der dreijährigen Verjährung des § 438 Abs. 3 BGB unterliegen würde.[355] Problematisch ist hier, dass für einen solchen Anspruch gemäß § 281 Abs. 1 BGB eine erfolglose Fristsetzung erforderlich ist, der Letztverkäufer seine Aufwendungen aus § 478 Abs. 2 BGB jedoch ohne Fristsetzung ersetzt bekommen kann. Der Anspruch auf Aufwendungsersatz ist damit kein Schadensersatz statt der Leistung im Sinne der §§ 280 Abs. 3, 281 BGB. Zwar hat der BGH sich mehrfach dafür ausgesprochen, dass in Arglistfällen eine Fristsetzung entbehrlich sein soll.[356] Sich in diesem Fall auf die Entbehrlichkeit der Fristsetzung zu stützen, ändert allerdings nichts an der grundsätzlichen Verschiedenheit der Ansprüche. Einer solchen Hilfskonstruktion bedarf es auch gar nicht, denn die Aufwendungen stellen einen Mangelfolgeschaden dar. Auch wenn es sich nur um einen Begleitschaden handelt, wurde dieser vorsätzlich durch das Verschweigen des Mangels und damit durch die schuldhafte Verletzung der Verpflichtung aus § 433 Abs. 1 S. 2 BGB zur Lieferung einer mangelfreien Sache verursacht. Der Schadensersatzanspruch gründet sich damit nicht auf § 281 BGB, sondern direkt auf § 280 Abs. 1 BGB und verjährt gemäß § 438 Abs. 3 BGB nach der Regelverjährung des § 195 BGB in drei Jahren.[357] Eine analoge Anwendung der längeren Verjährungsfristen (§ 438 Abs. 1 Nr. 2 und Abs. 3 BGB) scheidet damit schon aufgrund des Fehlens einer Regelungslücke aus.[358]

Beim Kauf von Baumaterialien ist die Sachlage in Arglistfällen etwas anders. Dort verjähren die Gewährleistungsansprüche des Unternehmers allgemein gemäß § 438 Abs. 1 Nr. 2 BGB in fünf Jahren, schließlich sind die §§ 437 ff. BGB nicht als Verbraucherrecht ausgestaltet, sondern gelten für jeden Kauf. Bezüglich der Gewährleistungsrechte stehen dem Unternehmer somit ohnehin die längeren Verjährungsfristen zur Verfügung. Der einzige Anspruch des Unternehmers, der im Falle einer verlängerten Verjährung seitens des Käufers der Regressfalle zum Opfer fallen könnte, ist der Aufwendungsersatzanspruch. Für diesen gilt jedoch, wie für die Ansprüche aus § 437 BGB, die Ablaufhemmung des § 479 Abs. 2 BGB. Durch die Anwendbarkeit der bis zu fünf Jahre andauernden Ablaufhemmung besteht ein hinreichender Schutz für den Regressschuldner, zumal der Aufwendungsersatzanspruch von der Richtlinie nicht aus-

355 MünchKomm/Lorenz, § 479 Rz 5; Bamberger/Roth/Faust, § 479 Rz 3.

356 BGH NJW 2007, 835, 837; BGH NJW 2008, 1371, 1373.

357 Siehe dazu Soergel/Wertenbruch, § 479 Rz 9.

358 Soergel/Wertenbruch, § 479 Rz 9; MünchKomm/Lorenz, § 479 Rz 5; Erman/Grunewald, § 479 Rz 1; Bamberger/Roth/Faust, § 479 Rz 3; Prütting/Wegen/Weinreich/Schmidt, § 479 Rz 5; Reinicke/Tiedtke, Rz 782; Tiedtke/Schmitt, ZIP 2005, 681, 685; Grunewald, Kaufrecht, S. 297 Rz 26.

drücklich gefordert wird.[359] Damit bedarf es für den Verkauf fehlerhafter Baumaterialien keiner § 438 Abs. 1 Nr. 2 BGB entsprechenden Sonderverjährung und folglich auch keiner analogen Anwendung derselben.

Handelte der Unternehmer selbst arglistig, ist fraglich, ob ihm die Privilegien der §§ 478, 479 BGB zustehen. Insbesondere muss überlegt werden, ob die Ablaufhemmung des § 479 Abs. 2 S. 1 BGB auch bei der Verjährung nach §§ 438 Abs. 3, 195 BGB zur Anwendung kommt. Ein Teil der Literatur bejaht dies; unabhängig von seiner eigenen Kenntnis stünden dem Unternehmer die Privilegien des Händlerregresses und damit insbesondere der Ablaufhemmung zu.[360] Komme es bei dem Verbraucher zu einem Folgeschaden, treffe den Unternehmer jedoch im Verhältnis zu seinem Lieferanten ein Mitverschulden.[361] Von anderer Seite wird gefordert, dass dem arglistig handelnden Unternehmer keines der Privilegien des Händlerregresses zugutekommen soll.[362] Hintergrund dieser Forderung ist, dass bei Entdeckung des Mangels noch keine Veräußerung an einen Verbraucher vorlag, eine solche aber als Voraussetzung für das Eingreifen der Händlerregressregelungen erforderlich sei.[363] Das klingt zunächst logisch. Der Unternehmer ist bei Entdeckung des Mangels vor Veräußerung an einen Verbraucher nicht der Regressfalle ausgesetzt, da er gewährleistungsrechtlich gegen den Lieferanten vorgehen kann, ohne bereits den Ansprüchen des Verbrauchers ausgesetzt zu sein. Der Unternehmer kann demnach in dieser Konstellation nicht in die Lage kommen, dass er von dem Mangel erst Kenntnis erlangt, wenn seine Gewährleistungsansprüche gegenüber dem Lieferanten bereits verjährt sind. In erster Linie soll durch die Privilegien des Händlerregresses jedoch der durch die Mangelhaftigkeit der Kaufsache verursachte Schaden an diejenige Person weitergereicht werden, deren Sphäre der Mangel entsprang. Die verantwortliche Person ist auch bei Arglist seitens des Unternehmers immer noch der Lieferant oder Hersteller, der den Mangel verursachte. Daraus folgt, dass grundsätzlich auch dem arglistig handelnden Unternehmen die Privilegien des Händlerregresses zustehen. Der arglistig handelnde Unternehmer muss also gemäß § 478 Abs. 1 BGB keine Nacherfüllungsfrist verstreichen lassen und hat einen Aufwendungsersatzanspruch aus § 478 Abs. 2 BGB. Ob der Unternehmer daraus tatsächlich einen ungerechtfertigten Vorteil ziehen kann, scheint fraglich. Denn welchen Nutzen hätte der Unternehmer davon, wenn er sich absichtlich den Gewährleistungsansprüchen des Verbrauchers aussetzen würde, nur um hinterher den entstandenen Schaden von dem Lieferanten erstattet zu bekommen? Selbst

359 Staud/Matusche-Beckmann, § 479 Rz 3; Soergel/Wertenbruch, § 479 Rz 3; MünchKomm/Lorenz, § 479 Rz 5; Bamberger/Roth/Faust, § 479 Rz 3; Grunewald, Kaufrecht, S. 297 Rz 26; Tiedtke/Schmitt, ZIP 2005, 681, 685.

360 Staud/Matusche-Beckmann, § 478 Rz 140; Grunewald, Kaufrecht, S. 289 Rz 3.

361 Staud/Matusche-Beckmann, § 478 Rz 140; Erman/Grunewald, § 478 Rz 10; Grunewald, Kaufrecht, S. 289 Rz 3.

362 Soergel/Wertenbruch, § 479 Rz 55; Sendmeyer, NJW 2008, 1914, 1918.

363 Soergel/Wertenbruch, § 479 Rz 55; Sendmeyer, NJW 2008, 1914, 1918.

wenn er aufgrund der fehlenden Begrenzung auf das Regressinteresse unter Umständen über diesen Umweg etwas für sich herausschlagen könnte, ist unwahrscheinlich, dass der gezogene Gewinn den mit dieser Konstruktion verbundenen Zeitaufwand und erst recht den Imageverlust wert ist.

Ob dem arglistig handelnden Unternehmer neben der Fristentbehrlichkeit des § 478 Abs. 1 BGB und dem Aufwendungsersatzanspruch des § 478 Abs. 2 BGB auch die Ablaufhemmung des § 479 Abs. 2 BGB zugutekommen soll, ist eine andere Frage. Aus der Zielsetzung des § 479 Abs. 2 BGB lässt sich erkennen, dass die Ablaufhemmung anders als die übrigen Privilegien des Händlerregresses gezielt den unwissenden Unternehmer schützen sollte.[364] Schließlich soll der Unternehmer, wie zuvor dargestellt, durch die Ablaufhemmung davor geschützt werden, dass er von dem Mangel erst zu einem Zeitpunkt erfährt, zu dem seine Ansprüche bereits verjährt sind. Der arglistige Unternehmer erlangt aber gerade vor Veräußerung an den Verbraucher Kenntnis von dem Mangel. Handelt der Unternehmer in Kenntnis des vorliegenden Mangels an der Kaufsache, trifft er folglich eigenverantwortliche ökonomische Entscheidungen. Ähnlich wie bei der Kulanz beruht die missliche Situation des Unternehmers, dem Verbraucher gegenüber Ansprüche erfüllen zu müssen, obwohl gegenüber dem Lieferanten bereits Verjährung eingetreten ist, ausschließlich auf seinem eigenen vorsätzlichen Verhalten.[365] Dieses Verhalten hat nichts mehr mit typischerweise in kaufrechtlichen Lieferketten auftretenden, durch den gesteigerten Verbraucherschutz verursachten Problemen zu tun, welchen durch die Regressregelungen Abhilfe verschafft werden sollte. Die Ansprüche des arglistig handelnden Unternehmers aus § 437 BGB verjähren demnach gemäß § 438 Abs. 1 BGB bzw. § 479 Abs. 1 BGB stets in zwei Jahren, ohne dass die Ablaufhemmung des § 479 Abs. 2 BGB anwendbar wäre.[366] Gleiches gilt, wenn vertraglich eine Verlängerung der Verjährungsfrist vereinbart wurde.[367] Der Unternehmer soll nicht mit Hilfe des § 479 Abs. 2 BGB die Folgen seiner eigenen Entscheidungen auf seinen Lieferanten abwälzen können.[368]

---

364 MünchKomm/Lorenz, § 479 Rz 14.

365 MünchKomm/Lorenz, § 479 Rz 14; Bamberger/Roth/Faust, § 479 Rz 12; Sendmeyer, NJW 2008, 1914, 1918.

366 Staud/Matusche-Beckmann, § 479 Rz 11; Soergel/Wertenbruch, § 479 Rz 55; MünchKomm/Lorenz, § 479 Rz 14; Bamberger/Roth/Faust, § 479 Rz 12; Sendmeyer, NJW 2008, 1914, 1918.

367 Staud/Matusche-Beckmann, § 479 Rz 11; Bamberger/Roth/Faust, § 479 Rz 12.

368 MünchKomm/Lorenz, § 479 Rz 14.

IV. Zusammenfassung

Während der Diskussion um die Schuldrechtsreform wurden einige kritische Stimmen gegenüber den Neuerungen laut. Viele Probleme der alten Rechtslage würden bestehen bleiben, hieß es.[369] Durch die Beibehaltung einer Sonderverjährung für Gewährleistungsrechte und durch die Gleichschaltung von Verschuldens- und Gewährleistungshaftung provoziere man Ausweichstrategien, sowie Abgrenzungs- und Konkurrenzprobleme, wie z.B. durch Rückgriff auf konkurrierende Ansprüche wegen Verletzung einer Beratungspflicht oder einer vorvertraglichen Aufklärungspflicht oder durch Manipulation des Sachmangelbegriffes.[370] Auch nach neuem Recht werde es ferner um die Frage gehen, ob sich die Pflichtverletzung auf einen Sachmangel bezieht. Schließlich sei nur dann § 438 BGB anwendbar, was wiederum zu Wertungswidersprüchen führen könnte.[371] Zwar existieren tatsächlich für Gewährleistungsansprüche nach wie vor verjährungsrechtliche Sonderregelungen. Jedoch wurde eine große Annäherung der beiden Fristen erreicht: Die Differenz zwischen den Verjährungsfristen beträgt nur noch ein Jahr statt der vorherigen 29 ½ Jahre. Zudem wurde versucht, durch gesetzliche Regelungen zu erreichen, dass Gleiches auch gleich behandelt wird. So unterfallen nun alle direkt aus dem Sachmangel resultierenden Ansprüche auch der kurzen gewährleistungsrechtlichen Verjährungsfrist. Darüber hinaus wurde durch die Gleichstellung von Rechts- und Sachmangel eine weitere Vereinfachung erreicht.

Mit der Verlängerung der gewährleistungsrechtlichen Verjährungsfrist auf zwei Jahre wurde wohl für das breite Spektrum an Kaufsachen insgesamt eine angemessenere Frist gefunden. Auch die Reduzierung der Regelverjährung von dreißig auf drei Jahre erscheint adäquat. Für diejenigen Rechte, bei denen eine dreijährige Verjährungsfrist zu kurz erscheint, wie z.B. familienrechtliche Ansprüche, gibt es noch immer Fristen von bis zu dreißig Jahren. Der Gesetzgeber ging davon aus, dass die Reform des Kaufrechts nicht zu einer Änderung der materiellen Ergebnisse führen würde, sondern nur zu einem einfach handhabbaren und übersichtlicheren Recht. Durch die angemessenen Fristen wurden tatsächlich die vielen rechtsbedenklichen Analogien hinfällig. Die neuen Regelungen führen zu einer höheren Stabilität und Sicherheit des Verjährungsrechts. Damit hat der Gesetzgeber einen guten Weg gefunden, um die Fristen einander anzunähern, ohne einen indifferenten Gleichlauf zu statuieren. Auf jeden Fall aber wird durch die Annäherung der Fristen bereits eine gewisse Entspannung der Rechtslage herbeigeführt.

---

369 Zimmermann/Leenen/Mansel/Ernst, JZ 2001, 684, 692; Mansel, NJW 2002, 89, 95.

370 Leenen, JZ 2001, 552, 555; Haug, S. 125; Mansel, NJW 2002, 89, 95.

371 Zimmermann/Leenen/Mansel/Ernst, JZ 2001, 684, 692; Leenen, DStR 2002, 34, 38.

Mit der Schaffung der §§ 478, 479 BGB ist der Gesetzgeber der im Vorfeld häufig aufgetretenen Forderung nach einem Verkäuferregress nachgekommen.[372] Auch wenn auf den ersten Blick einige Einzelfragen offen bleiben, hat der Gesetzgeber mit dem Händlerregress in der vorliegenden Form die Verbrauchgüterkauf-Richtlinie insgesamt handhabbar und dem deutschen Recht entsprechend umgesetzt. Ob mit den neuen Regelungen des Verjährungsrechts mehr Sachgerechtigkeit Einzug in das BGB gehalten hat oder man eher von „willkürlichen Neuerungen“[373] sprechen muss, lässt sich allerdings nur sagen, wenn man sich auf die ratio der Verjährung besinnt. Ob die heutige Regelung der Verjährung der allgemeinen Zielsetzung des Verjährungsrechts entspricht, lässt sich wiederum nur ermitteln, indem man sich mit der rechtsdogmatischen Begründung, also Sinn und Zweck, der Verjährung befasst.

372 BT-Drucks 14/6040, S. 247.

373 H. Honsell, FS Druey, S. 177, 182.

D) Zweck der Verjährung im Kaufrecht

So selbstverständlich die Existenz des Rechtsinstituts Verjährung für uns heute erscheinen mag, sollte man nicht aus dem Blick verlieren, dass es Verjährung nicht immer gab und in manchen Kulturen bis heute nicht gibt. Seit der Einführung der allgemeinen Verjährung im Jahre 424 n.Chr. wurde die grundsätzliche Existenzberechtigung des Rechtsinstituts im deutschen Rechtsraum zwar nicht mehr bestritten.[374] Zu ihrer Begründung wurden allerdings im Laufe der Zeit verschiedenste Aspekte geltend gemacht. Um auch in problematischen Fallkonstellationen zu einer möglichst widerspruchsfreien und sachgerechten Anwendung des Verjährungsrechts zu kommen, kommt man nicht umhin, sich vor Augen zu führen, warum es Verjährung gibt und welche ihre Aufgaben sind.

I. Sinn und Zweck der Verjährung allgemein

1. Öffentliche Interessen: Rechtssicherheit und Rechtfrieden, Entlastung der Gerichte

Vorderste Aufgabe der Verjährung ist es, Rechtssicherheit und Rechtsfrieden zu gewährleisten.[375] Grundsätzlich werden diese dadurch gewährleistet, dass der Inhaber eines Anspruchs die Möglichkeit hat, tatsächlich zu seinem Recht zu kommen. Schließlich hat er sich den Anspruch in irgendeiner Weise verdient und so ist es logisch, dass er auch die Möglichkeit haben muss, ihn durchzusetzen. Macht ein Anspruchsinhaber sein Recht jedoch über Jahre hinweg nicht geltend, gerät der Anspruch allgemein in Vergessenheit und der bestehende Zustand verfestigt sich. Die Sachlage wird irgendwann allgemein akzeptiert und über ihr tritt wiederum Rechtsfrieden ein. Über diesem neuen Rechtsfrieden schwebt jedoch der (noch) nicht geltend gemachte Anspruch wie ein Damoklesschwert. Denn wird der Anspruch nach einigen Jahren doch noch geltend gemacht, wird der bestehende Zustand dadurch verworfen, wodurch der neue

374 So z.B. BGHZ 17, 199, 206: "Der Gesetzgeber geht davon aus, daß in der Regel die Verjährung innerlich gerechtfertigt ist."; Peters/Zimmermann, S. 112.

375 BT-Drucks 14/6040, S. 100; BGHZ 59, 72, 74; BGHZ 60, 9, 11; BGHZ 128, 74, 82; BGH WM 1985, 1145, 1147; MünchKomm/Grothe, Vor § 194 Rz 7; Palandt/Ellenberger, Überbl v § 194 Rz 9; Haas/ Medicus/ Rolland/ Schäfer/ Wendtland/ Wendtland, Kap. 2 Rz 72; Schnaufer, S. 3; R. Zimmermann, JuS 1984, 409, 410; Büdenbender, JuS 1997, 481, 482.

Rechtsfriede wiederum gestört wird. In diesem Moment verliert der Anspruch in Hinblick auf den Rechtsfrieden seine Berechtigung zur Durchsetzung, da ein Wandel von einer als rechtmäßig empfundenen Durchsetzung zu einer als unrechtmäßig empfundenen Durchsetzung stattgefunden hat.

Sehr plastisch lässt sich dies am Beispiel des Vindikationsanspruchs aus § 985 BGB darstellen. Auf den ersten Blick mag es befremdlich erscheinen, dass z.B. ein Dieb sich nach 31 Jahren sicher sein kann, dass der gegen ihn bestehende Herausgabeanspruch des Eigentümers nicht mehr durchsetzbar ist. Besonders wenn hochwertige Gegenstände, wie z.B. wertvolle Kunstwerke, betroffen sind, stellt sich leicht Unbehagen ein.[376] Würde der Eigentümer jedoch beispielsweise 50 Jahre nach dem Zeitpunkt des Besitzwechsels hingehen und dem Besitzer die zur Rede stehende Sache wegnehmen, würde dies sicherlich nicht nur bei dem Besitzer, sondern auch bei den Menschen in dessen Umfeld für Verwunderung sorgen. Dem wäre erst recht so, wenn der Anspruch zu einem Zeitpunkt geltend gemacht wird, zu dem die ursprünglich an dem Rechtsgeschäft Beteiligten nicht mehr leben, sondern nur noch die Rechtsnachfolger agieren. In den in der Zwischenzeit verstrichenen Jahrzehnten hat sich die tatsächliche Sachlage so in der Gesellschaft (oder genauer: in den Köpfen der Menschen) gefestigt, dass jede Veränderung als Eingriff in den Rechtsfrieden empfunden würde, nicht aber als dessen Wiederherstellung. Wenn der Käufer eines hochwertigen Kunstwerks sein Leben lang damit rechnen muss, dass ein vermeintlicher Eigentümer der Sache auf ihn zukommt und Ansprüche geltend macht, so kann von Rechtssicherheit keine Rede sein. Vielmehr sollte auch und gerade der Käufer wertvoller Kunstwerke nach einer gewissen Zeit Sicherheit darüber haben, dass ihm sein Besitz nicht mehr streitig gemacht wird.[377] Daraus ergibt sich der Gedanke, dass es im Sinne eines umfassenden Rechtsfriedens ein Instrument geben muss, das den Umgang mit (noch) nicht geltend gemachten Ansprüchen regelt. Savigny äußert sich dazu wie folgt:

„Der allgemeinste und entscheidenste Grund, gleich anwendbar auf die Klageverjährung, wie auf die Ersitzung, liegt in dem Bedürfnis, die an sich ungewissen, des Streites und Zweifels empfänglichen, Verhältnisse des Rechts und des Vermögens dadurch festzustellen, daß die Ungewissheit in bestimmte Zeitgränzen eingeschloßen wird.“[378]

Die Verjährung soll der Sicherheit des Verkehrs und damit der Rechtssicherheit dienen.[379] Dass dadurch auch Rechtsfrieden herbeigeführt wird, ist allerdings nicht zwingend logisch. Im Gegenteil könnte man entgegnen, dass die Verjäh-

---

376 So bei Peters/Zimmermann, Gutachten, S. 186; Mansel, NJW 2002, 89, 90; v. Plehwe, KUR 2001, 49, 60; Siehr, ZRP 2001, 346, 347.

377 BT-Drucks 14/7052, S. 179.

378 Savigny, Bd. V, S. 268.

379 Motive I, S. 291; BGHZ 59, 72, 74; BGHZ 60, 9, 11; BGH NJW-RR 1993, 1059, 1060; Staud/Peters/Jacoby, Vorbem zu §§ 194 Rz 7; MünchKomm/Grothe, Vor § 194 Rz 7; Palandt/Ellenberger, Vor § 194 Rz 9.

rung für den Rechtsfrieden eher weniger förderlich sei, da es gar zu Verbitterung führen könne, wenn ein unstreitig bestehender Anspruch nur aufgrund Zeitablaufs abgewiesen wird.[380] Genau hier liegt jedoch die Aufgabe der Verjährung: Durch das Aufstellen einer Verjährungsfrist soll ein Zeitpunkt gesetzlich festgesetzt werden, zu dem die Rechtslage sich der tatsächlichen Lage anpasst.[381] Oder mit den Worten Dernburgs ausgedrückt:

„Was thatsächlich seit langem abgethan ist, ist auch rechtlich zum Untergange reif."[382]

Durch die gesetzliche Regelung soll jede weitere Streitigkeit vermieden werden, was letztlich zu Rechtsfrieden führt. Zudem soll rechtliche Einheitlichkeit zur Vermeidung von Wertungswidersprüchen erreicht werden. Die Ermittlung und Festlegung eines konkreten Zeitpunkts der Verjährung ist schon deshalb wichtig, damit der Gläubiger sich darauf einstellen und sein Recht rechtzeitig geltend machen kann. Rechtssicherheit kann allerdings nur entstehen, wenn es verständliche und feste Regelungen gibt; nur solche Verjährungsregelungen können ein brauchbares Instrument für Schuldner und Gläubiger, Anwälte und Gerichte darstellen, um verjährte von nicht verjährten Forderungen zu unterscheiden.[383]

Eine weitere Zielsetzung des Rechtsinstituts Verjährung ist die Entlastung der Gerichte. Eine Berufung auf die Verjährung vor Prozessbeginn wird den Gläubiger in der Regel davon abhalten, gerichtlich vorzugehen. Nach Prozessbeginn kann das Gericht die Klage unter Berufung auf die Verjährung abweisen. Durch die Verjährung werden demnach Gerichte und Streitparteien davor bewahrt, Ressourcen in einem Prozess zu verschwenden, dessen Verlauf und Ausgang allein schon aufgrund der inzwischen unsicheren Beweislage nicht absehbar ist.[384] Die Prozessökonomie war nicht federtreibender Gedanke des Verjährungsrechts, was sich schon daran erkennen lässt, dass die Verjährung als Einrede ausgestaltet und daher nicht von Amts wegen zu berücksichtigen ist.[385] Dennoch ist die Entlastung der Gerichte ein nicht zu unterschätzender angenehmer Nebeneffekt der Verjährung. Um der Prozessökonomie dienen zu können, muss die Verjährung wiederum klar und unstreitig geregelt sein. Stellen sich Anwendungsprobleme und Abgrenzungsschwierigkeiten bezüglich der konkreten Verjährungsfris-

---

380 Staud/Peters/Jacoby, Vorbem zu §§ 194 ff Rz 7.

381 BGH NJW-RR 1993, 1059, 1060; MünchKomm/Grothe, Vor § 194 Rz 7; Palandt/Ellenberger, Überbl v § 194 Rz 9; Schnaufer, S. 3; Dernburg, S. 336.

382 Dernburg, S. 336.

383 BT-Drucks 14/6040, S. 96; Peters/Zimmermann, Gutachten, S. 289; MünchKomm/Grothe, Vor § 194 Rz 4; R. Zimmermann, JuS 1984, 409, 410.

384 Palandt/Ellenberger, Überbl v § 194 Rz 11; Dauner-Lieb/Mansel, § 1 D Rz 19; Mansel/Budzikiewicz, S. 32; Savigny, Bd. V, S. 272; Spiro, Bd. I, S. 21; R. Zimmermann, JuS 1984, 409, 410; Büdenbender, JuS 1997, 481, 482.

385 MünchKomm/Grothe, Vor § 194 Rz 8; Staud/Peters/Jacoby, Vorbem zu §§ 194 ff Rz 7; Palandt/Ellenberger, Überbl v § 194 Rz 11; Schnaufer, S. 6; Spiro, Bd. I, S. 22.

ten, werden die Gerichte be- statt entlastet.[386] Völlig kontraproduktiv ist demnach eine komplizierte und uneinheitliche Regelung der Verjährung, die zu Unsicherheit darüber führt, ob ein Anspruch nun verjährt ist oder nicht.

Eine darüber hinausgehende Wahrnehmung eines allgemeinen öffentlichen Interesses kann der Verjährung nicht unterstellt werden. Die Wahrnehmung des öffentlichen Interesses erschöpft sich vielmehr in der Wahrung von Rechtssicherheit und Rechtsfrieden und in der Prozessökonomie.[387]

2. Schuldnerbezogene Aspekte

a) Schutz des Nichtschuldners vor Beweisschwierigkeiten

Ein weiterer zentraler Grundgedanke des Verjährungsrechts ist der Schutz des Nichtschuldners, also desjenigen, der zu Unrecht in Anspruch genommen wird. In den Motiven heißt es dazu:

„Der Schwerpunkt der Verjährung liegt nicht darin, daß dem Berechtigten sein gutes Recht entzogen, sondern darin, daß dem Verpflichteten ein Schutzmittel gegeben wird, gegen voraussichtlich unberechtigte Ansprüche ohne Eingehen auf die Sache sich zu verteidigen.“[388]

Geschützt werden soll der in Anspruch Genommene vor der „verdunkelnden Macht der Zeit“.[389] Der Gesetzgeber des Neuen Schuldrechts sieht hier sogar den Schwerpunkt der rechtsdogmatischen Begründung des Verjährungsrechts.[390] Unter der „verdunkelnden“ Wirkung versteht man dabei, dass die Verteidigung gegen Inanspruchnahme mit zunehmender Zeit zwischen vermeintlicher Anspruchsbegründung und gerichtlicher Durchsetzung immer schwieriger, wenn nicht gar unmöglich wird.[391] Schließlich werden Beweismittel oftmals nicht so lange aufbewahrt und Zeugen werden im Laufe der Zeit unsicher oder sind nicht mehr auffindbar.[392] Die Verjährung soll demnach in erster Linie denjenigen schützen, der zu Unrecht in Anspruch genommen wird und aufgrund des Ver-

---

386 Mansel/Budzikiewicz, S. 32; Schnaufer, S. 6; R. Zimmermann, JZ 2000, 853, 858.

387 Staud/Peters/Jacoby, Vorbem zu §§ 194 ff Rz 7; Palandt/Ellenberger, Überbl v § 194 Rz 9; Bruggner-Wolter, S. 34 f; Schnaufer, S. 7; Spiro, Bd. I, S. 23.

388 Motive I, S. 291.

389 Motive I, S. 291.

390 BT-Drucks 14/6040, S. 96.

391 Motive I, S. 291 BGHZ 60, 9, 11; BGHZ 110, 88, 92; BGH WM 1985, 1145, 1147; Palandt/Ellenberger, Überbl v § 194 Rz 8.

392 BT-Drucks 14/6040, S. 96.

streichens einer längeren Zeit nun Schwierigkeiten hat, das Nichtvorliegen des Anspruchs zu beweisen.[393]

Diese Schutzwirkung entwickelt die Verjährung allerdings nur dann zugunsten des Schuldners, wenn dieser das Nichtvorliegen des Anspruchs beweisen muss, also wenn das Vorliegen des Anspruchs vermutet wird und ihm die Last des Gegenbeweises obliegt. Da stets derjenige, der eine für ihn günstige Rechtsfolge in Anspruch nimmt, das Vorliegen der Voraussetzungen der betreffenden Norm zu beweisen hat, liegt bei Kaufverträgen die Beweislast für das Vorliegen der Anspruchsvoraussetzungen und damit insbesondere des Mangels bei Gefahrübergang zunächst beim Käufer, vgl. § 363 BGB. Auch der Käufer gerät also mit voranschreitender Zeit zunehmend in Beweisnot.

Etwas anderes gilt bei Verbrauchsgüterkäufen i.S.d. § 474 BGB. Liegt ein solcher vor, wird nach § 476 BGB bei einem Mangel, der sich innerhalb von sechs Monaten nach Gefahrübergang zeigt, vermutet, dass dieser schon bei Gefahrübergang vorgelegen hat. Das heißt, der Verkäufer muss beweisen, dass die Sache bei Gefahrübergang noch nicht mangelhaft war. Nach Meinung des BGH wirkt die Vermutung des § 476 BGB nur in zeitlicher Hinsicht, besagt also nur, dass der Mangel bereits bei Gefahrübergang vorlag. Dass überhaupt ein Sachmangel gegeben ist, soll wiederum vom Käufer zu beweisen sein.[394] Die Vermutung gilt nicht, wenn sie nicht mit der Art der Sache oder des Mangels vereinbar ist. Allgemein ist es unschädlich, wenn der Mangel bei eingehender Untersuchung schon bei Übergabe hätte entdeckt werden können, der Gläubiger muss den Mangel nur innerhalb der sechsmonatigen Frist entdecken. Mit der Art des Mangels könnte die Vermutung beispielsweise aber nicht vereinbar sein, wenn eine auch für Laien offensichtliche Beschädigung der Kaufsache vorliegt, da eine solche höchstwahrscheinlich schon bei der Übergabe von dem Käufer beanstandet worden wäre.[395]

Nach § 476 BGB muss der Schuldner nicht nur eine Gegenwahrscheinlichkeit darlegen, also Zweifel an der Vermutung erheben, sondern er muss den Vollbeweis i.S.d. § 292 ZPO führen, d.h. er muss genau darlegen, dass der Mangel zum Zeitpunkt des Gefahrübergangs nicht bestanden hat.[396] Die bloße Darstellung ei-

---

393 Motive I, S. 291; BT-Drucks 14/6040, S. 96; BGHZ 60, 9, 11; BGH BB 1993, 1395, 1396; BGHZ 122, 241, 244; Peters/Zimmermann, Gutachten, S. 189; Staud/Peters/Jacoby, Vorbem zu §§ 194 ff Rz 5; MünchKomm/Grothe, Vor § 194 Rz 6; Palandt/Ellenberger, Überbl v § 194 Rz 7; Dauner-Lieb/Mansel, § 1 D Rz 17; Savigny, Bd. V, S. 271 f.; Spiro, Bd. I, S. 10.

394 BGHZ 159, 215, 217; BGH NJW 2005, 3490, 3491 f.; BGH NJW 2006, 434, 436; BGH NJW 2006, 1195, 1196; BGH NJW 2006, 2250, 2253; BGH NJW 2007, 2621, 2622.

395 BGH NJW 2005, 3490, 3492; BGH NJW 2006, 1195, 1196; Witt, NJW 2005, 3468, 3469; Andreae, NJW 2007, 3457, 3462.

396 BGH NJW 2006, 2250, 2253; OLG Celle, NJW 2004, 3566, 3566; MünchKomm/Lorenz, § 476 Rz 25; Palandt/Weidenkaff, § 476 Rz 8a; v. Westphalen, ZGS

ner Gegenwahrscheinlichkeit führt höchstens zur Annahme der Unvereinbarkeit. Dass dem Verkäufer durch § 476 BGB die Beweislast auferlegt wird, ergibt sich zum einen aus dem Erfahrungssatz, dass ein Sachmangel, der sich innerhalb von sechs Monaten nach Gefahrübergang zeigt, schon bei Gefahrübergang vorgelegen hat,[397] und zum anderen aus der Überlegung, dass der Unternehmer grundsätzlich bessere Beweismöglichkeiten hat als der Verbraucher.[398]

Festzuhalten bleibt, dass dem Verkäufer zumindest bei Verbrauchsgüterkäufen in einer Vielzahl von Fällen die Beweislast obliegt und demnach die Zeit gegen ihn spielt. Wenn man zudem davon ausgeht, dass der Inhaber eines berechtigten Anspruchs seine Interessen auch verfolgt und sich um die Erfüllung seines Anspruchs bemüht, spricht einige Wahrscheinlichkeit dafür, dass der Anspruch, der nicht weiter verfolgt wird, entweder tatsächlich gar nicht besteht oder sich zwischenzeitlich irgendwie erledigt hat und damit des staatlichen Schutzes nicht mehr würdig ist.[399]

Ansprüche verjähren demnach, weil sie entweder (inzwischen) unbegründet sind oder dies sein könnten.[400] Zudem hat der Gläubiger die Möglichkeit, durch rechtzeitige Geltendmachung seines Anspruchs den Beweisschwierigkeiten zu entgehen – eine Möglichkeit, die dem Schuldner nicht offen steht.[401] Mithin ist die Verjährung ein wirksames Instrument zur Eindämmung von Beweisschwierigen und erfüllt gerade in Hinblick auf den zu Unrecht in Anspruch Genommenen eine essentielle Aufgabe. Dass von diesem Schutz nicht gezielt der Nichtschuldner, sondern im gleichen Maße auch der Schuldner profitiert, ist zum einen für einen effektiven Nichtschuldnerschutz unumgänglich, lässt sich aber auch für sich genommen rechtfertigen.

b) Dispositionsfreiheit des Schuldners

Durch die Verjährung soll tatsächlich neben dem zu Unrecht in Anspruch Genommenen auch der Schuldner berechtigter Ansprüche geschützt werden. Das

---

2005, 210, 213; Witt, NJW 2005, 3468, 3470; Maultzsch, NJW 2006, 3091, 3092; Andreae, NJW 2007, 3457, 3462.

397 BT-Drucks 14/6040, S. 228; BGHZ 164, 196, 203; BGH NJW 2005, 3490, 3492; Witt, NJW 2005, 3468, 3469.

398 Siehe dazu BT-Drucks 14/6040, S. 245; MünchKomm/Lorenz, § 476 Rz 4; Witt, NJW 2005, 3468, 3470; v. Westphalen, ZGS 2005, 210, 214.

399 Motive I, S. 291; BGHZ 59, 72, 74; MünchKomm/Grothe, Vor § 194 Rz 6; Staud/Peters/Jacoby, Vorbem zu §§ 194 ff Rz 9; Engelmann, FS Binding, 203, 207; Savigny, Bd. V, S. 268.

400 BGHZ 59, 72, 74; BGHZ 122, 241, 244; Staud/Peters/Jacoby, Vorbem zu §§ 194 ff Rz 5; MünchKomm/Grothe, Vor § 194 Rz 6.

401 BGHZ 122, 241, 244; MünchKomm/Grothe, Vor § 194 Rz 6.

klingt zunächst widersprüchlich. Jedoch kann es beispielsweise passieren, dass dem Schuldner auch ohne Fahrlässigkeit gegen ihn bestehende Ansprüche unbekannt bleiben. Dass ein solcher Schuldner rechtlichen Schutz verdient hat, bedarf wohl keiner weitergehenden Erklärung. Aber auch der wissende Schuldner ist schutzwürdig, der durch das Anstehenlassen seitens des Gläubigers im Vertrauen darauf bestärkt wurde, dass die Forderung nicht mehr durchgesetzt wird und davon ausgeht, dass die Transaktion abgeschlossen ist. Schon der Gesetzgeber von 1888 machte seinen Standpunkt gegen das Erfordernis des guten Glaubens unzweideutig klar, als er verlauten ließ:

„Besteht der Grundgedanke der Anspruchsverjährung darin, daß veraltete Ansprüche deshalb, weil sie veraltet sind, aus Gründen des öffentlichen Interesses als erloschen behandelt werden sollen, so ergiebt sich von selbst, daß zu den Voraussetzungen der Anspruchsverjährung guter Glaube auf Seiten desjenigen, zu dessen Gunsten sie gereicht, oder nach der Ausdrucksweise des Entwurfes, der Umstand nicht gehören kann, daß der Verpflichtete das Vorhandensein eines wirksamen Anspruchs nicht kannte, seine Unkenntnis auch nicht auf grober Fahrlässigkeit beruhte.“[402]

Auch wenn das zunächst nach einer ungerechtfertigten Privilegierung des um den gegen ihn bestehenden Anspruchs wissenden Schuldners klingt, sollte man nicht vergessen, dass das Recht des Schuldners, sich auf die Verjährung zu berufen, nicht aus seinem eigenen Verhalten, sondern aus einem Verhalten des Gläubigers erwächst. Dieser hätte schlicht durch rechtzeitiges Tätigwerden die Verjährung verhindern können, während selbst der wissende Schuldner nicht aktiv zum Eintritt der Verjährung beitragen kann. Vielmehr kann er nur passiv abwarten, ob der Gläubiger seinen Anspruch noch durchsetzt oder nicht. Bei langer Untätigkeit des Gläubigers sollte man irgendwann davon ausgehen können, dass er kein rechtlich erhebliches Interesse mehr an der Leistung hat. Schließlich hat beispielsweise der Gläubiger im Kaufrecht ganze zwei Jahre zur Geltendmachung seiner Rechte Zeit.

Das einschlägige Schutzgut ist die Dispositionsfreiheit des Schuldners: Der Schuldner soll davor geschützt werden, auf unüberschaubare Zeit noch Ansprüchen des Gläubigers ausgesetzt zu sein und entsprechende Rückstellungen machen zu müssen.[403] Wenn der Gläubiger mit der Geltendmachung seines Anspruchs nicht nachkommt, soll der Schuldner ab einem gewissen Zeitpunkt darauf vertrauen dürfen, dass der Anspruch überhaupt nicht mehr geltend gemacht

402 Motive I, S. 296 f.

403 BT-Drucks 14/6040, S. 96; Peters/Zimmermann, Gutachten, S. 189; BGHZ 60, 9, 11; BGHZ 77, 215, 223; BGHZ 110, 88, 92; BGHZ 128, 74, 82 f.; Staud/Peters/Jacoby, Vorbem zu §§ 194 ff Rz 5; Palandt/Ellenberger, Überbl v § 194 Rz 8; Dauner-Lieb/Mansel, § 1 D Rz 18; Schnaufer, S. 4; Spiro, Bd. I, S. 14; Ernst, ZRP 2001, 1, 7; Mansel, NJW 2002, 89, 95; Mansel., ZuR, 333, 347.

wird. Die Verjährung ist demnach auch Ausdruck des Vertrauensschutzes und hängt mit dem Grundsatz von Treu und Glauben i.S.d. § 242 BGB zusammen.[404]

3. Gläubigerbezogene Aspekte

Darüber hinaus wird bei der Begründung der Verjährung teilweise auch der Gläubigerbezug in den Vordergrund gestellt. So finden sich in der Literatur Stimmen, welche der Verjährung eine Art erzieherischen Gedanken unterstellen.[405] Durch die Verjährung sei der Gläubiger angehalten, seinen Anspruch möglichst zügig geltend zu machen, was deshalb in seinem Interesse liege, weil dadurch im Streitfall sein Verhalten besser nachvollziehbar sei und Beweisschwierigkeiten sowie Risiken reduziert würden.[406] Es ist allerdings gerade im Hinblick auf das dem BGB zugrunde liegenden Prinzips der Privatautonomie zu bedenken, dass Erziehung nicht zu den Aufgaben des Privatrechts gehört.[407] Dann kann aber auch der Verjährung kein Erziehungsgedanke unterstellt werden.

In den Motiven heißt es zwar, dass die Verjährung nicht darauf abziele, dem Berechtigten sein Recht zu entziehen, sondern nur darauf, dem Schuldner ein Schutzmittel zu verschaffen.[408] Tatsache ist aber, dass in gleichem Maße wie der Schuldner geschützt, der Gläubiger auch schlechter gestellt wird. Wenn auch nicht rechtlich, führt die Verjährung trotzdem faktisch (was für den Betroffenen rein tatsächlich keinen Unterschied macht) zu einem Forderungsverlust.[409] Unbillige Ergebnisse können höchstens noch unter dem Gesichtspunkt der unzulässigen Rechtsausübung i.S.d. § 242 BGB korrigiert werden.[410] Dass die Verjährung dazu führt, dass ein Gläubiger in der Regel darauf achten wird sein Recht möglichst schnell geltend zu machen, ist für den Rechtsverkehr eine positive Nebenfolge. In dieser Konsequenz der Dinge einen Aspekt des Gläubigerschutzes zu sehen, scheint jedoch gekünstelt.

Von Teilen der Literatur wird auch von einer Straffunktion der Verjährung gesprochen, da das Gesetz die Vergesslichkeit oder Gleichgültigkeit des Gläubigers quasi mit faktischem Rechtsverlust abstraft.[411] Im römischen Recht sah man

---

404 MünchKomm/Grothe, Vor § 194 Rz 6; Büdenbender, JuS 1997, 481, 482; R. Zimmermann, JuS 1984, 409, 410; Mansel/Budzikiewicz, S. 31; Mansel, ZuR, 333, 352.

405 Spiro, Bd. I, S. 20; Schnaufer, S. 4.

406 Spiro, Bd. I, S. 20; Schnaufer, S. 4.

407 Staud/Peters/Jacoby, Vorbem zu §§ 194 ff Rz 6; Spiro, Bd. I, S. 20.

408 Motive I, S. 291.

409 Siehe dazu ausführlicher oben, C) I. 3.

410 Siehe dazu ausführlicher oben, C) I. 3.

411 Peters/Zimmermann, Gutachten S. 112; Schnaufer, S. 5; Spiro, Bd. I, S. 28 f.; Patti, ZEuP 2010, 58, 59.

einen Grund für die Verjährung in der Strafe für die Nachlässigkeit des Gläubigers („poena negligentiae“).[412] Die Nachlässigkeit des Gläubigers bezüglich der Verfolgung seines bestehenden Anspruchs führt tatsächlich zur Undurchsetzbarkeit des Anspruchs und damit auch in tatsächlicher Hinsicht zu dessen Verlust. Sitzt der Gläubiger wissentlich auf seinem Anspruch, ohne ihn geltend zu machen, verstößt dieses Verhalten gegen das Prinzip von Treu und Glauben, die Verjährung zeigt hier deutliche Parallelen zur Verwirkung.[413] Den Rechtsverlust hat sich der Gläubiger demnach selbst zuzuschreiben, was man im Ergebnis als „Strafe“ bezeichnen könnte. Die bloße Nachlässigkeit, die niemand anderem schadet, unterliegt in unserem Rechtssystem jedoch keiner tatsächlichen Strafe.[414] Die Verjährung soll nur den Anderen vor den Folgen des Fehlers bewahren, den der Betroffene begeht. Das heißt die Rechtsfolge der Verjährung ist nicht als direkte Reaktion auf ein missbilligtes Verhalten seitens des Gläubigers zu verstehen, sondern sie soll nur den Schuldner vor unzumutbarer Inanspruchnahme schützen. Durch die Verjährung soll also vor allem verhindert werden, dass der Kläger seine einseitige Macht missbraucht.[415] Im Kern geht es demnach darum, dass der Schuldner geschützt werden soll, und nicht, dass der Gläubiger Bestrafung verdient hat. Vielmehr liegt es ja gerade in der Hand des Gläubigers durch Aufmerksamkeit den Nachteilen der Verjährung zu entgehen. Damit entspricht die Verjährung weder im Grundgedanken noch in der Zielsetzung einer Strafe.

II. Sinn und Zweck der kurzen Verjährungsfrist im Gewährleistungsrecht

Wie zuvor erwähnt, beträgt die Verjährungsfrist von Gewährleistungsansprüchen nicht wie die Regelverjährung drei, sondern nur zwei Jahre. Damit liegt im Vergleich zur Regelverjährung eine Verkürzung der Verjährungsfrist auf zwei Drittel vor. Vergleicht man die kenntnisunabhängigen Verjährungsfristen der §§ 438 Abs. 1 Nr. 3, 479 Abs. 1 BGB mit § 199 Abs. 3 Nr. 1 BGB, kommt man sogar zu einer Verkürzung auf ein Fünftel. Die kurze Verjährungsfrist für Gewährleistungsansprüche geht damit entgegen der Zielsetzung der Verbrauchsgüterkauf-Richtlinie, der Erreichung eines höheren Verbraucherschutzniveaus, in doppelter Hinsicht zu Lasten des Käufers. Zum einen ist die dortige Verjährungsfrist kürzer als die Regelverjährung, zum anderen ist der Beginn der Verjährung völlig unabhängig von der Kenntnis des Käufers. Es stellt sich die Fra-

412 Siehe dazu Savigny, Bd. V, S. 269 f.

413 Siehe dazu z.B. Staud/Peters/Jacoby, Vorbem zu §§ 194 ff Rz 19; R. Zimmermann, JuS 1984, 409, 410; R. Zimmermann, JZ 2000, 853, 857.

414 So schon Savigny, Bd. V, S. 270.

415 Motive I, S. 291; Savigny, Bd. V, S. 272; Schnaufer, S. 5; Spiro, Bd. I, S. 29.

ge, wie es gerechtfertigt sein kann, die Gewährleistungsansprüche nicht nur überhaupt verjährbar zu machen, sondern sie zudem einer gesonderten, kurzen Verjährungsfrist zu unterwerfen.

1. Allgemeine Zwecke und Marktsteuerung

Zunächst ist festzuhalten, dass die vorgenannten Aspekte auch für die Verjährung der Gewährleistungsrechte Geltung haben. Gerade im Bereich des Kaufrechts ist das Bedürfnis nach möglichst baldiger Wiederherstellung des Rechtsfriedens gegeben.[416] Schließlich werden täglich zahlreiche Kaufverträge geschlossen, die zumeist sehr kurzfristig abgewickelt werden.[417] Um das Vertragschaos im Handel möglichst gering zu halten, ist es unumgänglich, Verjährungsfristen einzusetzen und diese nach Möglichkeit kurz auszugestalten.

Auch ein Blick auf die typischerweise den Verträgen zugrunde liegenden Gegenstände spricht für das Erfordernis einer kurzen Verjährungsfrist. Das liegt insbesondere an dem Veränderungsrisiko,[418] bzw. dem Risiko der Verschlechterung der Kaufsache beim Käufer. Zwar unterliegen nicht alle Kaufgegenstände diesem Veränderungsrisiko, sondern nur solche bei denen die physischen Eigenschaften auch tatsächlich Änderungen unterworfen sind.[419] Aber für das heutige typische Verbrauchsgut und damit für die Mehrzahl der Kaufverträge trifft dieser Gedanke zu, zum Beispiel bei elektronischen Haushaltsgeräten, die häufig genutzt werden oder bei Kleidung, die durch häufiges Tragen der schnellen Abnutzung ausgesetzt ist.

Zudem kann es gerade im Bereich des Kaufrechts zu Beweisschwierigkeiten kommen, da insbesondere beim Kauf von Verbrauchsgütern oftmals keine schriftlichen Belege existieren oder zumindest nicht lang aufbewahrt werden.[420] Die Beweisschwierigkeiten können damit vor allem bei schnellem und wiederholtem Warenumsatz, wie bei Massengütern oder kurzlebigen Waren, eine starke Wirkung entfalten. Es wäre für den Markt unerträglich, wenn der Verkäufer sich auf etliche Jahre hin absichern und entsprechende Rückstellungen machen müsste. Insbesondere bei häufigem und schnellem Umsatz hat der Verkäufer ein Interesse daran, möglichst bald wieder frei über sein Kapital disponieren zu

416 RGZ 56, 166, 169; BGHZ 60, 9, 11; BGH NJW 1973, 276, 276; BGHZ 77, 215, 219; BGH NJW-RR 1990, 1301, 1302; BGHZ 122, 241, 244; Ernst, ZRP 2001, 1, 6.

417 Motive I, S. 297; BGHZ 57, 191, 198; BGHZ 77, 215, 220; AnwKomm/Büdenbender (2005), § 438 Rz 8; R. Zimmermann, JuS 1984, 409, 412.

418 Staud/Honsell (1995), § 477 Rz 2; Fabricius, JuS 1964, 1, 9; H. Honsell, JZ 2001, 18, 21; H. Honsell, FS Druey, S. 177, 186.

419 Siehe dazu Fabricius, JuS 1964, 1 ,9.

420 Motive I, S. 297; RGZ 53, 200, 203; BGHZ 60, 9, 11; BGHZ 77, 215, 219; BGH NJW-RR 1990, 1301, 1302; BGHZ 122, 241, 244; Bruggner-Wolter, S. 100.

können und sich neuen Geschäften zuwenden zu können.[421] Es würde für ihn zu unzumutbaren Unsicherheiten führen, wenn er Ressourcen für die eventuelle Geltendmachung von Gewährleistungsansprüchen auf quasi unbestimmte Zeit zurückstellen müsste, was wiederum zu einer Hemmung des Rechtsverkehres an sich führen würde. Der moderne Handelsverkehr erfordert also nach allgemeiner Lebensanschauung eine kurze Verjährung für den Bereich der Gewährleistungsansprüche.[422] Das erkannte schon der Gesetzgeber 1900 und äußerte sich im Kontext von Wandelung und Minderung wie folgt:

„Das Recht auf Wandelung und Minderung ist im geltenden Rechte überall einer kurzen Verjährung unterworfen, weil die Ermittelung und Feststellung von Qualitätsmängeln nach Verlauf längerer Zeit kaum ausführbar und für den Verkehr die Zulassung des Zurückgreifens auf solche Mängel nach längerer Zeit im höchsten Grade lästig und hemmend ist.“[423]

Der kurzen Verjährung kann aber noch ein weiterer Aspekt zugutegehalten werden, nämlich jener der Marktsteuerung.[424] Das Gewährleistungsrecht wirkt sich allgemein marktsteuernd aus, indem es durch die Sanktionierung schlechter Qualität den Verkäufer bzw. Hersteller zum Vertrieb qualitativ hochwertiger Waren anhält. Auch die Verjährung stellt ein Element der Marktsteuerung dar, weil sie das Verkäuferverhalten wie auch das Käuferverhalten beeinflusst.[425] Eine kurze Verjährung führt in erster Linie zu einer Steigerung des Absatzes und kurbelt damit die Wirtschaft an.[426] Die kurze Verjährungsfrist führt zudem dazu, dass der Betriebsfonds des einzelnen Wirtschaftsunternehmens rechtzeitig wieder vervollständigt wird, wodurch sich auch Zinsverluste erledigen und den Kunden längere Warte- bzw. Nachsichtfristen erspart werden.[427] Zudem wird der Gläubiger durch die kurze Verjährung zu einer schnellen Abwicklung seiner Geschäfte veranlasst, so dass es zu einer Beschleunigung und damit Entlastung des Geschäftsverkehrs kommt, auch wenn dies nicht unmittelbar Ziel der Gewährleistungsverjährung ist.

---

421 Vgl BGHZ 77, 215, 220; BGHZ 110, 88, 92; Peters/Zimmermann, Gutachten, S. 227; Bruggner-Wolter, S. 99; Canaris, Karlsruher Forum, S. 93; Fikentscher/Heinemann, § 71 Rz 886; Eidenmüller, JZ 2001, 283, 285; Ernst ZRP 2001, 1, 7; H. Honsell, JZ 2001, 18, 21; Saenger, NJW 1997, 1945, 1946.

422 RGZ 53, 200, 203; RGZ 117, 315, 316; RGZ 129, 280, 282; BGHZ 60, 9, 11; BGHZ 66, 315, 316; BGHZ 88, 130, 139; BGHZ 107, 249, 252; BGH NJW-RR 1990, 1301, 1302; MünchKomm/Westermann, § 438 Rz 2; AnwKomm/Büdenbender, § 438 Rz 8; HK/Saenger, § 438 Rz 1; Bruggner-Wolter, S. 100.

423 Motive II, S. 238.

424 MünchKomm/Grothe, Vor § 194 Rz 8; Mansel/Budzikiewicz, S. 33; Schäfer/Ott, S. 493 f; Mansel, ZuR, 333, 346.

425 MünchKomm/Grothe, Vor § 194 Rz 8; Mansel/Budzikiewicz, S. 33; Schäfer/Ott, S. 493 f; Mansel, ZuR, 333, 346.

426 Mansel/Budzikiewicz, S. 33; Mansel, ZuR, 333, 346; Büdenbender, JuS 1997, 481, 482.

427 Motive I, S. 298.

2. Kompensation und Risikoverteilung

Das Gewährleistungsrecht basiert auf der EU-Richtlinie zum Verbrauchsgüterkauf und zielte auf die Verbesserung des Verbraucherschutzniveaus ab. So ist die Ausgestaltung des Gewährleistungsrechts insgesamt auch recht verbraucherfreundlich, was sich auf der anderen Seite entsprechend belastend auf den verkaufenden Unternehmer auswirkt. Hierin wird von manchem eine einseitige Benachteiligung des Unternehmers gesehen, die der Kompensation bedürfe.[428] Die kurze Verjährung der Gewährleistungsrechte wird dementsprechend als Kompensationselement angesehen, z.B. als Ausgleich dafür, dass der Verkäufer auch für schwer erkennbare Mängel haftet.[429]

Allerdings ist fraglich, ob überhaupt eine übermäßige Belastung des Verkäufers gegeben ist. Zwar stellen die verlängerten Gewährleistungsfristen eine größere Belastung des Verkäufers dar, jedoch wird dieser auf der anderen Seite z.B. durch das Recht auf zweite Andienung begünstigt, so dass man von einer generellen Unausgewogenheit des Gewährleistungsrechts nicht unbedingt sprechen kann.[430] Es mutet zudem paradox an, einen Missstand an der einen Stelle im Namen der Gerechtigkeit durch eine gezielte Unausgewogenheit an einer anderen Stelle kompensieren zu wollen. Dieses Konzept geht umso weniger auf, wenn man nicht sicherstellen kann, dass derjenige, der an der einen Stelle benachteiligt wurde, auch tatsächlich in den Genuss der Kompensation kommt, indem er an der anderen Stelle von der Kompensationsnorm profitiert.[431]

Ob die Kompensation tatsächlich „eine verjährungsfremde Überlegung" darstellt,[432] kann an dieser Stelle offen gelassen werden. Jedenfalls wirkt sich eine kurze Verjährung zugunsten des Verkäufers, beim Verbrauchsgüterkauf also zugunsten des Unternehmers, aus, während eine lange Verjährung den Käufer, beim Verbrauchsgüterkauf also den Verbraucher, begünstigt. Der Gedanke, welcher der Kompensationsfunktion zugrunde liegt, ist, dass die Interessen der beiden betroffenen Parteien gegeneinander abgewogen werden sollen und die Lasten gerecht verteilt werden sollen.

In der Mangelhaftigkeit der gelieferten Sache ist eine Störung des Äquivalenzverhältnisses zu sehen, die durch die Gewährleistung ausgeglichen werden soll. Das Äquivalent für den Kaufpreis ist nicht nur die Lieferung einer mangelfreien

---

428 Fikentscher/Heinemann, § 71 Rz 886; Schmidt-Räntsch, ZIP 2000, 1639, 1639; Schmidt-Räntsch, ZEuP 1999, 294, 300.

429 Fikentscher/Heinemann, § 71 Rz 886; Schmidt-Räntsch, ZIP 2000, 1639, 1639; Schmidt-Räntsch, ZEuP 1999, 294, 300.

430 Ernst/Gsell, ZIP 2000, 1812, 1814.

431 Mansel/Budzikiewicz, S. 34; Ernst/Gsell, ZIP 2000, 1410, 1427.

432 So Mansel/Budzikiewicz, S. 34; Ernt/Gsell, ZIP 2000, 1410, 1427; Mansel, ZuR, 333, 350.

Sache, sondern umfasst alle mit dem Vertrag verbundenen Regelungen zugunsten des Käufers. Die Verjährungsregelung ist dabei ein Spiegelbild der vertraglichen Äquivalenzvereinbarungen.[433] Durch die Verjährung sollen die Vor- und Nachteile des Vertrages, insbesondere das Mangelrisiko, nach Zeitabschnitten aufgeteilt werden.[434] Vor Ablauf der Frist trägt der Verkäufer das Mängelrisiko, nach Ablauf liegt das Risiko auf Seiten des Käufers. Doch wie lässt sich die Verkürzung der Verjährungsfrist im Gewährleistungsrecht erklären?

Bei der Bemessung der Verjährungsfristen ist zu beachten, dass versucht werden muss, anhand theoretischer Überlegungen zu einer gerechten Lösung zu gelangen. So hat der Gesetzgeber berücksichtigt, dass nach der Alltagserfahrung die Wahrscheinlichkeit, dass Mängel auftreten, in der Anfangsphase am größten ist und kontinuierlich abnimmt:[435] Kauft man beispielsweise einen PC, wird dieser in der Regel entweder in den ersten Tagen direkt Mängel aufweisen oder er wird seine Gewährleistungsfrist „überleben". Die Gewährleistungsfrist wurde so gewählt, dass die in Betracht kommenden Mängel grundsätzlich im Laufe dieser Frist auftreten bzw. sichtbar werden, so dass der Käufer seine Gewährleistungsrechte auch durchsetzen kann. Zudem ist die Wertdifferenz zwischen mangelhafter und mangelfreier Sache höher, wenn sich der Mangel bereits kurze Zeit nach dem Erwerb zeigt.[436] Mit zunehmender Zeit und damit zunehmender Sachnutzung nimmt die Wertdifferenz hingegen kontinuierlich ab. Das hängt damit zusammen, dass nach einiger Nutzungszeit die Gebrauchserwartungen „eingelöst" sind und die Sache nur noch einen geringen Restwert hat.[437] Es erscheint folglich nur gerecht, dass, wenn der Verkäufer schon das hohe Anfangsrisiko trägt, dem Käufer das geringere Restrisiko auferlegt wird. Diese Erklärung gilt auch für nicht erkennbare Mängel. Dass auch das Risiko für die Tragung solcher Mängel irgendwie verteilt werden muss, liegt auf der Hand. Somit macht es Sinn, auch die diesbezüglichen Gewährleistungsansprüche der Verjährung zu unterwerfen.[438]

---

433 Canaris, Karlsruher Forum, S. 93; Esser/Schmidt, SchuldR, § 22 VIII, S. 22; Haas/Medicus/Rolland/Schäfer/Wendtland/Wendtland, Kap. 2 Rz 55; Leenen, § 477, S. 18; Schulze/Schulte-Nölke/Eidenmüller, S. 405, 406; Leenen, JZ 2001, 552, 559.

434 Haas/Medicus/Rolland/Schäfer/Wendtland/Wendtland, Kap. 2 Rz 55; Leenen, § 477, S. 15 ff; Leenen JZ 2001, 552, 554; Kötz, FS Medicus, S. 283, 286; Mansel/Budzikiewicz, S. 118; Saenger, NJW 1997, 1945, 1946.

435 Leenen, § 477, S. 19.

436 Siehe dazu Leenen, § 477, S. 19.

437 Siehe dazu Leenen, § 477, S. 19.

438 Siehe dazu Leenen, § 477, S. 21.

III. Zusammenfassung

Die Verjährung wirkt sich allgemein zugunsten des Schuldners und zuungunsten des Gläubigers aus. Dient die Verjährung der Rechtssicherheit und dem Rechtsfrieden, steht dies letztlich jedoch sowohl im Interesse des Schuldners wie auch des Gläubigers. Dabei ist zu beachten, dass nicht ein relativer (zwischen den Vertragsparteien bestehender), sondern der allgemeine Rechtsfrieden gemeint ist. Das bedeutet, es geht eher um allgemeine Gerechtigkeitserwägungen als um das Recht des Einzelnen.[439] Dabei wird in Kauf genommen, dass im Einzelfall auch unbillige Ergebnisse auftreten können. In den Motiven findet man dazu folgende Äußerung:

„Geschieht im einzelnen Falle der materiellen Gerechtigkeit Eintrag, geht der Berechtigte seines wohlbegründeten Anspruchs durch die Verjährung verlustig, so ist dies ein Opfer, das der Betroffene dem Gemeinwohle bringen muß. Gegenüber der beharrlichen Nichtbethätigung des Anspruchs, ohne welche die Verjährung nicht möglich, und dem daraus abzuleitenden geringen Interesse des Berechtigten an dem Inhalte des Anspruches wird dieses Opfer kaum als ein solches angesehen werden können, welches besonders hart empfunden werden dürfte." 440

Einzelfallgerechtigkeit würde eher durch kasuistische und differenzierende Regeln erreicht, die allerdings wiederum andere Schwierigkeiten mit sich bringen würden.[441] Ausgehend davon, dass die Verjährung in der Regel innerlich gerechtfertigt ist, hat der Gesetzgeber die Aufgabe, durch die Schaffung entsprechender Normen Rechtssicherheit und Rechtsfrieden zu schaffen. Um unnötige Streitigkeiten zu vermeiden und Unsicherheiten auszuräumen, ist es erforderlich, dass Maßstäbe aufgestellt werden, an denen nicht nur der einzelne sein Verhalten ausrichten kann, sondern an denen sich der gesamte Rechtsverkehr orientieren kann. Durch eine klare gesetzliche Regelung wird es den beteiligten Parteien möglich, sich auf die Fristen einzustellen und entsprechende Kalkulationen anzustellen. Dabei können sie beim Abschluss von Verträgen entsprechende Vereinbarungen und gegebenenfalls Ausgleichsregelungen treffen, so dass dem Interessenausgleich in noch weiterem Maße Genüge getan werden kann. Man sollte zudem bedenken, dass der Schuldner sich das Recht, sich auf die Verjährung zu berufen, nicht irgendwie verdient, sondern dieses nur eine Konsequenz der Untätigkeit des Gläubigers ist. Es wäre schlichtweg unzumutbar, wenn der Schuldner etliche Jahre warten müsste, um zu sehen, ob der Anspruch irgendwann noch geltend gemacht wird.

---

439 BT-Drucks 14/6040, S. 96; BGHZ 17, 199, 206; Peters/Zimmermann, Gutachten, S. 289; Mansel/Budzikiewicz, S. 33.

440 Motive I, S. 291.

441 BT-Drucks 14/6040, S. 96.

Dass die Verjährung im Allgemeinen zu Lasten des Käufers/Gläubigers geht, ist nicht weiter problematisch bei einem Gläubiger, der wissentlich auf seinem Anspruch sitzt, und ihn erst nach geraumer Zeit, für den Schuldner völlig überraschend, geltend macht. Anders sieht es jedoch aus, wenn der Gläubiger nicht von seinem Anspruch wusste oder aus sonstigen Gründen überhaupt keine Gelegenheit hatte, seinen Anspruch geltend zu machen. Voraussetzung für einen tatsächlichen Interessenausgleich ist in solchen Fällen, dass der Gläubiger eine realistische Chance erhält, seinen Anspruch geltend zu machen, er muss also grundsätzlich Gelegenheit gehabt haben, das Bestehen der Forderung zu erkennen, die Berechtigung derselben zu prüfen, Beweismittel zusammenzutragen und gegebenenfalls die gerichtliche Durchsetzung zu initiieren.[442] Sofern dem Gläubiger eine realistische Chance eingeräumt wurde, die Verjährung zu verhindern, geschieht ihm demnach kein Unrecht, wenn sein Anspruch nach einer gewissen Zeit dem übergeordneten öffentlichen Interesse an Rechtsfrieden und Rechtssicherheit weichen muss. Oder mit den Worten Savignys ausgedrückt:

„Es wird also jedem Klageberechtigten zugemuthet, dem gemeinen Wohl nicht sein Recht zum Opfer zu bringen, sondern nur seine Unthätigkeit."[443]

Man sollte folglich nicht unter dem Aspekt des Gläubigerschutzes die Rechtfertigung der Verjährung an sich in Frage stellen, sondern die Verjährung hinsichtlich der Länge, des Beginns und der Hemmung der Frist, sowie die Möglichkeiten abweichender Vereinbarungen derart ausgestalten, dass dem Gläubiger auch tatsächlich die Möglichkeit gegeben wird, sein „gutes Recht" geltend zu machen.

---

442 BT-Drucks 14/6040, S. 95; Peters/Zimmermann, Gutachten, S. 288; Staud/Peters/Jacoby, Vorbem zu §§ 194 ff Rz 9; MünchKomm/Grothe, Vor § 194 Rz 9; Palandt/Ellenberger, Überbl v § 194 Rz 10; Bruggner-Wolter, S. 74; Haas/Medicus/Rolland/Schäfer/Wendtland/Wendtland, Kap. 2 Rz 72; Mansel/Budzikiewicz, S. 35.

443 Savigny, Bd. V, S. 270.

E) Einzelprobleme der Verjährung

I. Die Grenzen des § 438 BGB

Kommt man mit den neuen Verjährungsregelungen nun zu einer gerechten und widerspruchsfreien Lösung für problematische Fälle oder ist im Vergleich zur alten Rechtslage gar mehr „Willkür" zu befürchten? Im Gegensatz zur alten Rechtslage gibt es nun statt vieler verschiedener Verjährungsregelungen im Kaufrecht mit § 438 BGB eine zentrale Norm, in welcher alle kaufrechtlichen Verjährungsfristen geregelt sind. Es lässt sich feststellen, dass sich durch die neuen gesetzlichen Regelungen einige Probleme der alten Rechtslage erledigt haben. Insbesondere ist die Rechtsprechung zur analogen Anwendung der kurzen Verjährungsfrist des § 477 BGB a.F. auf Schadensersatzansprüche mit Mangelbezug grundsätzlich obsolet geworden. Für den Großteil der Kaufsachen ist die zweijährige Verjährungsfrist des § 438 Abs. 1 Nr. 3 BGB, vor allem im Gegensatz zu der sechsmonatigen Frist des § 477 Abs. 1 S. 1 BGB a.F., angemessen. Bezüglich des Kaufs von Bauwerken und Bauteilen bringt § 438 Abs. 1 Nr. 2 BGB die ersehnte Entspannung der Rechtslage, nach dem die Ansprüche aus solchen Kaufverträgen in fünf Jahren und damit in der gleichen Frist wie entsprechende Ansprüche aus Werkverträgen verjähren.

Auch die Ansprüche aus culpa in contrahendo lassen sich den gesetzlichen Verjährungsfristen nun leichter zuordnen. Durch die Kodifizierung von vorvertraglichen Schuldverhältnissen in § 311 Abs. 2 Nr. 1 BGB unterfallen Ansprüche aus solchen nun grundsätzlich der Regelung des § 195 BGB und verjähren damit in drei Jahren. Das gilt zumindest für alle Fälle, in denen kein Kaufvertrag zustande gekommen ist. Kommt hingegen im Nachhinein ein Kaufvertrag zustande, kann der Gläubiger nicht über §§ 280 Abs. 1, 311 Abs. 2, 241 Abs. 2 BGB von dem Vertrag loskommen und so das Gewährleistungsrecht aushebeln; letzteres ist in solchen Fällen vorrangig. Verletzt der Verkäufer beispielsweise fahrlässig seine Pflicht, den Käufer vor Vertragsschluss über das Vorliegen eines bestimmten Mangels aufzuklären, greifen nach Vertragsschluss ausschließlich die Gewährleistungsrechte ein, die in Bezug auf den Mangel bestehen, und damit die Verjährung des § 438 BGB.[444] Verschweigt der Verkäufer den Mangel hingegen arglistig, ordnet § 438 Abs. 3 BGB die Geltung der regelmäßigen Verjährungsfrist an.

444 Palandt/Weidenkaff, § 438 Rz 3; Canaris, Karlsruher Forum, S. 99; Gsell, JZ 2002, 1089, 1091 f.; so i.E. auch Erman/Grunewald, § 438 Rz 3.

Des Weiteren sind die Ansprüche aus Mangelfolgeschäden nun gesetzlich geregelt. Für sie gilt wegen § 437 Nr. 3 BGB die Verjährungsfrist des § 438 Abs. 1 Nr. 3 BGB. Die Einbeziehung der Mangelfolgeschäden in die gewährleistungsrechtliche Verjährungsfrist war jedoch schon vor der Schuldrechtsreform umstritten und ist bis heute der Kritik ausgesetzt.[445]

1. Die Einbeziehung deliktisch geschützter Rechtsgüter in den Anwendungsbereich des Gewährleistungsrechts

Der Mangelfolgeschaden war nach der alten Rechtslage ein Fall der positiven Vertragsverletzung. Die daraus resultierenden Ansprüche unterlagen grundsätzlich der allgemeinen Regelverjährung, auf sie wurde jedoch in bestimmten Fallkonstellationen die kurze Verjährung des § 477 BGB a.F. analog angewandt, ausführlicher dazu siehe oben, Kapitel B) II. 2. b). Rührte ein Schaden aus Verletzung der vertraglichen Pflicht her, war nach der alten Rechtslage danach zu differenzieren, ob es sich um einen Mangelschaden oder einen Mangelfolgeschaden handelte. Ein Mangelschaden war dabei der Schaden, welcher der mangelhaften Sache direkt anhaftet. Unter Mangelfolgeschäden verstand man hingegen allgemein jene Schäden, die adäquat verursacht durch die Mangelhaftigkeit der Kaufsache an von letzterer verschiedenen Rechtsgütern des Käufers eintraten. Was konkret unter einem Mangelfolgeschaden zu verstehen war, war nicht unstreitig; die analoge Anwendung von § 477 BGB a.F. geschah unter zum Teil schwer abgrenzbaren Voraussetzungen. Durch die Schuldrechtsreform sollte hier für eine Vereinfachung der Rechtslage und mehr Rechtssicherheit gesorgt werden.[446] Dementsprechend wurde der Anspruch auf Ersatz von Mangelfolgeschäden aus den §§ 280 ff. BGB gemäß § 437 Nr. 3 BGB in die gewährleistungsrechtliche Verjährung einbezogen. Alles andere hielt der Gesetzgeber für „nicht sinnvoll".[447] Damit erübrigt sich die im Einzelfall leidige, kaum nachvollziehbare Abgrenzung zwischen Mangelschaden und Mangelfolgeschaden.

Doch auch mit dieser soweit klaren gesetzlichen Regelung kann es im Einzelfall zu Abgrenzungsschwierigkeiten kommen. Explodiert beispielsweise eine Maschine aufgrund eines von einem Angestellten des Verkäufers verschuldeten Fabrikationsfehlers zweieinhalb Jahre nach ihrem Kauf und wird dabei der Käufer verletzt und seine Fabrikhalle zerstört, erscheint es weder zwingend logisch

445 Canaris, Karlsruher Forum, S. 98; Canaris, Schuldrechtsmodernisierung, S. XXVIII; Canaris, ZRP 2001, 329, 335; Leenen, JZ 2001, 552, 555f; Zimmermann/ Leenen/Mansel/Ernst, JZ 2001, 684. 689; Leenen, DStR 2002, 34. 38; Ehmann/Sutschet, JZ 2004, 62, 69.

446 BT-Drucks 14/6040, S. 133.

447 BT-Drucks 14/6040, S. 229.

noch gerecht, dass der auf einer Schutzpflichtverletzung beruhende Schadensersatzanspruch aus §§ 437, 280 Abs. 1, 278 BGB nach § 438 Abs. 1 Nr. 3 BGB verjährt sein soll.[448] Auf den ersten Blick scheint es nahe liegend, solche Fälle aus dem Anwendungsbereich des § 438 BGB herauszunehmen. Auf den zweiten Blick fällt aber auf, dass es nicht nur diese „entfernten", also an einem anderen Rechtsgut eingetretenen und damit offensichtlich ausschließlich das Integritätsinteresse betreffenden Mangelfolgeschäden gibt, sondern auch „nahe" Schäden, die in engem Zusammenhang mit dem Äquivalenzinteresse stehen.[449] Darunter fallen z.B. die Kosten für die Entsorgung der mangelhaften Kaufsache, die nutzlos aufgewandten Transport- und Materialkosten oder der Betriebsunterbrechungsschaden.[450] Der BGH hat in manchen solcher Fälle sogar reine Mangelschäden angenommen.[451] Es ist klar, dass solche Schäden nicht direkt der mangelhaften Kaufsache anhaften, sondern genau genommen nur eine Folge der Mangelhaftigkeit sind, so dass es sich um Mangelfolgeschäden handelt. Schließlich wird z.B. durch die Reparaturkosten das Eigentum des Käufers beeinträchtigt, nicht die Kaufsache selbst. Gleiches gilt für Nutzungsausfall und entgangenen Gewinn. Da es sich bei den Schäden um der mangelhaften Sache nahe stehende Schäden handelt, könnte man von einer Art „naher Mangelfolgeschäden" sprechen. Um unnötige Abgrenzungsschwierigkeiten zu vermeiden, wurden jedoch grundsätzlich alle Mangelfolgeschäden in die Sonderverjährung des § 438 BGB einbezogen.[452]

Bezüglich der ehemaligen Fälle der positiven Vertragsverletzung ist nach neuem Recht dementsprechend nicht mehr danach zu differenzieren, ob ein Mangel- oder Mangelfolgeschaden vorliegt, sondern stattdessen danach, ob der eingetretene Schaden einen Mangelbezug aufweist oder nicht, ob es sich also um einen Mangelfolgeschaden handelt oder einen sonstigen Schaden ohne Mangelbezug. Rührt der Schaden aus einer von der Schlechterfüllung verschiedenen Pflichtverletzung her, handelt es sich also um eine Nebenpflichtverletzung ohne Mangelbezug, entsteht dem Käufer ein Anspruch aus §§ 280 Abs. 1, 241 Abs. 2 BGB, welcher der Regelverjährung unterliegt.[453] Beschädigt der Verkäufer beispielsweise im Vollzug einer Bringschuld bei der Übergabe des verkauften Pkw

448 Beispiel von Canaris, Karlsruher Forum, S. 95.

449 Canaris, Karlsruher Forum, S. 95.

450 Canaris, Karlsruher Forum, S. 95.

451 BGHZ 77, 215, 218.

452 Vgl. Canaris, Karlsruher Forum, S. 95; Gsell, JZ 2002, 1089, 1090; zweifelnd Zimmermann/Leenen/Mansel/Ernst, JZ 2001, 684, 689 f. (liege ein Verschulden des Verkäufers vor, solle er nicht besser dastehen als ein anderer Schuldner; demnach sei die Regelverjährung anzuwenden).

453 OLG Saarbrücken, NJW 2007, 3503, 3505; Staud/Matusche-Beckmann, § 438 Rz 24; MünchKomm/Westermann, § 438 Rz 9; Palandt/Weidenkaff, § 438 Rz 3; Bamberger/Roth/Faust, § 438 Rz 8; AnwKomm/Büdenbender (2005), § 438 Rz 11; so i.E. auch MünchKomm/Ernst, § 280 Rz 73.

Eigentum des Käufers, wie z.B. die Garage, unterliegt der daraus entstehende Schadensersatzanspruch nicht der gewährleistungsrechtlichen Verjährung. Auch wenn in diesem Fall der Pkw mangelhaft ist, wurde zwar bei Gelegenheit der mangelhaften Erfüllung des Kaufvertrags der Schaden angerichtet, er weist aber keinen unmittelbaren Mangelbezug auf und stellt damit keinen Mangelfolgeschaden dar. Das gilt nicht nur für Pflichtverletzungen, die bei Gelegenheit der Erfüllung begangen wurden, sondern erst recht für solche, die bei Gelegenheit der Nacherfüllung begangen wurden. Letztere können aufgrund ihrer Vornahme nach Gefahrübergang schließlich gar keine gewährleistungsrechtlichen Ansprüche begründen. Ein Anspruch aus §§ 280 Abs. 1, 241 Abs. 2 BGB besteht demnach auch, wenn der Verkäufer in obigem Beispiel die Garage nicht bei Ablieferung des gekauften Pkw beschädigt, sondern bei der Reparatur desselben. Selbst wenn bei Gelegenheit der Nacherfüllung ein Schaden an der Kaufsache selbst entsteht, muss nicht unbedingt ein Mangelbezug gegeben sein. Vielmehr kann auch ein Schaden vorliegen, der zwar zufällig an der Kaufsache selbst entsteht, mit dem eigentlichen Mangel aber nichts zu tun hat.[454] In obigem Beispiel würde demnach z.B. auch ein eigenständiger Anspruch aus § 280 Abs. 1 BGB begründet, wenn der Verkäufer bei der Reparatur des Pkw, etwa bei der Behebung eines Motorfehlers, einen neuen, anderen Schaden hervorrufen würde, z.B. am Lack des Fahrzeugs.

Die Einbeziehung der Mangelfolgeschäden in den Anwendungsbereich des § 438 BGB ist nicht unumstritten. Während sie von einer Auffassung noch als gesetzgeberische Entscheidung respektiert wird,[455] wird sie von anderer Seite angezweifelt.[456] Da die Haftungsbegrenzung bei der Verschuldenshaftung aus den §§ 280 ff. BGB über die Sorgfaltsanforderung, bei den verschuldensunabhängigen Rechtsbehelfen der Gewährleistung hingegen über die Dauer der Gewährleistungsfrist erfolgt,[457] wird die Einbeziehung der verschuldensabhängigen Schadensersatzansprüche in die gewährleistungsrechtliche Verjährung von Teilen der Literatur als übertrieben verkäuferfreundlich empfunden.[458] Alternativ wird vorgeschlagen, nach der Art des Schadens zu differenzieren.[459] Führe die Mangelhaftigkeit der Kaufsache zu einer Verletzung des Integritätsinteresses des Käufers oder trete ein vom primären Vermögensschaden unabhängiger Folgeschaden an den übrigen Rechtsgütern des Käufers ein, bestünden keine Abgren-

454 BGH NJW 1998, 2282, 2283; OLG Saarbrücken, NJW 2007, 3503, 3505.

455 Staud/Matusche-Beckmann, § 438 Rz 27.

456 Bamberger/Roth/Faust, § 438 Rz 9; Dauner-Lieb/Konzen/Schmidt/Leenen, S. 113; Mansel, NJW 2002, 89, 95.

457 Schulze/Schulte-Nölke/Eidenmüller, S. 409 f.; Eidenmüller, JZ 2001, 283, 285; Dauner-Lieb/Konzen/Schmidt/Leenen, S. 113.

458 Leenen, § 477, S. 28; Leenen, JZ 2001, 552, 556; Mansel, NJW 2002, 89, 95.

459 Canaris, Karlsruher Forum, S. 98; Canaris, ZRP 2001, 329, 335 f; Leenen, JZ 2001, 552, 560; Zimmermann/Leenen/Mansel/Ernst, JZ 2001, 684, 689; G. Wagner, JZ 2002, S. 475, 479.

zungsprobleme und es sei auf die Regelverjährung der §§ 195, 199 BGB zurückzugreifen.[460] Damit würden quasi die Schadensersatzansprüche nach §§ 280 ff. BGB aus dem Anwendungsbereich des § 438 BGB herausgenommen. Erhebliche Abgrenzungsprobleme würden sich aber auch hier spätestens auftun, wenn der erworbene Kaufgegenstand gerade zum Schutz anderer Rechtsgüter erworben wird und aufgrund seiner Mangelhaftigkeit diesen Zweck verfehlt. Bezieht sich die Gebrauchserwartung auf den Schutz von Integritätsinteressen, kann im Einzelfall sogar die ausschließliche Verletzung des Äquivalenzinteresses deliktischen Schutz verdienen, da es im Ergebnis um den Ausfall der vereinbarten bzw. „bestimmungsgemäßen Schutzfunktion" geht.[461] Einer Auffassung nach ist eine Abgrenzung der vertraglichen gegenüber der deliktischen Haftung wegen der prinzipiellen Koexistenz beider Haftungsregime ohnehin unumgänglich, so dass man sie bereits auf vertraglicher Ebene vornehmen könne.[462] Wer innerhalb der vertraglichen Haftung danach differenzieren möchte, ob das Äquivalenz- oder das Integritätsinteresse betroffen ist, lässt dem Deliktsrecht jedoch eine Ausstrahlungswirkung in das Vertragsrecht hinein zukommen, die einen Systembruch darstellen würde.[463] Da die Ansprüche aus Mangelfolgeschäden in § 437 Nr. 3 BGB im Kaufrecht kodifiziert sind und gemäß § 438 Abs. 1 BGB der gewährleistungsrechtlichen Verjährung explizit unterworfen werden, würde eine solche Herangehensweise zudem eindeutig dem Gesetzeswortlaut widersprechen.

Zuzugestehen ist, dass die verjährungsrechtliche Gleichbehandlung der verschuldensabhängigen und der verschuldensunabhängigen Schadensersatzansprüche nicht ganz frei von Wertungswidersprüchen ist. Tatsächlich wird so der Verkäufer ohne tatsächlichen Grund gegenüber anderen Schuldnern privilegiert. Abgesehen davon, dass die Verjährungsfristen durch die Schuldrechtsreform erheblich angenähert wurden und damit das Problem ohnehin an Brisanz verloren hat, ist zu bedenken, dass die Grenzen der jeweiligen Verjährung letztlich irgendwo gesteckt werden müssen. Auch wenn man die Einteilung nicht nach dem Ursprung des Anspruchs, also über § 437 Nr. 3 BGB oder direkt aus §§ 280 ff. BGB, vornimmt, sondern nach der Art des Schadens differenziert, kommt man, objektiv betrachtet, zu nicht weniger willkürlichen Ergebnissen. Schließlich würde so im Rahmen von Kaufverträgen der Schädiger deliktisch geschützter Rechtsgüter gegenüber dem Schädiger sonstiger Rechtsgüter benachteiligt, ohne dass der jeweilige Schädiger einen Einfluss darauf hätte, welches Rechtsgut er konkret durch die Mangelhaftigkeit der von ihm verkauften Sache verletzt. Die Grenze so zu ziehen, dass grundsätzlich alle Mangelfolgeschäden im Anwendungsbereich des § 438 BGB liegen, ist demnach ein durchaus gangbarer

460 Canaris, Karlsruher Forum, S. 98; Canaris, ZRP 2001, 329, 335 f; Leenen, JZ 2001, 552, 560; Zimmermann/Leenen/Mansel/Ernst, JZ 2001, 684, 689; G. Wagner, JZ 2002, S. 475, 479.

461 BGHZ 80, 186, 189; BGH NJW 1985, 194.

462 G. Wagner, JZ 2002, 1092, 1093 f.

463 Gsell, JZ 2002, 1089, 1091.

Weg, mit dem der Gesetzgeber sich in dem ihm zustehenden Wertungsspielraum bewegt.[464]

Durch § 438 BGB sind demnach alle in § 437 Nr. 3 BGB genannten Schadensersatzansprüche der kurzen gewährleistungsrechtlichen Verjährung unterworfen, unabhängig davon, ob es sich um einen Mangel- oder einen Mangelfolgeschaden handelt, da letztlich beide Schadensarten aus der Verletzung der Pflicht zu mangelfreier Leistung resultieren.[465] Bei Mangelfolgeschäden haftet der Verkäufer wegen der Verweisung des § 437 Nr. 3 BGB demnach nur zwei Jahre, nicht wie andere Schuldner von Schadensersatzansprüchen bei direkter Anwendung der §§ 280 ff. BGB drei Jahre. Einer systemwidrigen Beeinflussung des Vertragsrechts durch das Deliktsrecht bedarf es jedoch schon deshalb nicht, weil die Lieferung einer mangelhaften Sache auch zur Entstehung deliktischer Ansprüche führen kann, die neben die vertraglichen Ansprüchen treten können. Ob diese deliktischen Ansprüche noch durchgesetzt werden können, wenn bereits Verjährung bezüglich der vertraglichen Ansprüche eingetreten ist, ist aber kein Problem der Verjährung von Ansprüchen aus Mangelfolgeschäden, sondern ein Problem der Anspruchskonkurrenz zwischen vertraglichen und deliktischen Ansprüchen.

Der Gesetzgeber meinte, dass aus dem Kaufvertrag resultierende Schadensersatzansprüche ebenso wie der Anspruch auf Ersatz vergeblicher Aufwendungen von der zweijährigen Frist des § 438 BGB erfasst werden sollten. „Für andere Ansprüche" sollte hingegen die Regelverjährung gelten, worunter er auch die im Kontext eines Kaufvertrages entstandenen deliktischen Ansprüche verstand, wie die Erwähnung des weiterfressenden Schadens zeigt.[466] Zwar wurden die Verjährungsfristen einander im Vergleich zur alten Rechtslage erheblich angeglichen. Dennoch besteht zwischen den Verjährungsfristen eine Diskrepanz, die sich zum einen aus dem einen Jahr Differenz ergibt, das zwischen der zweijährigen gewährleistungsrechtlichen Verjährungsfrist des § 438 Abs. 1 Nr. 3 BGB und der allgemeinen dreijährigen Regelverjährung des § 195 BGB besteht und zum anderen aus dem unterschiedlichen Anknüpfungspunkt für den Verjährungsbeginn. Erlangt der Gläubiger beispielsweise erst nach zwei Jahren Kenntnis über die den Anspruch begründenden Umstände und konnte er auch vorher keine Kenntnis darüber erlangen, beginnt die Verjährungsfrist des § 195 BGB erst nach diesen zwei Jahren zu laufen (vgl. § 199 Abs. 1 BGB), während der

---

464 Staud/Matusche-Beckmann, § 438 Rz 27; MünchKomm/Westermann, § 438 Rz 10; Mansel, NJW 2002, 89, 95; Mansel/Budzikiewicz, S. 145.

465 Staud/Matusche-Beckmann, § 438 Rz 27; Erman/Grunewald, § 438 Rz 1; AnwKomm/Büdenbender (2005), § 438 Rz 11; Fikentscher/Heinemann, § 71 Rz 887; Grunewald, KaufR, § 10 Rz 45, S. 248; Stöber, S. 52; H. P. Westermann, NJW 2002, 250, 250; Gsell, JZ 2002, 1089, 1091; Leenen, DStR 2002, 34, 37; Schulze/Ebers, JuS 2004, 462, 464; S. Lorenz, NJW 2005, 1889.

466 BT-Drucks 14/6040, S. 229.

gewährleistungsrechtliche Anspruch gemäß § 438 Abs. 1 Nr. 3 BGB bereits verjährt ist. Zudem gelten für deliktische Ansprüche die 30jährige Sonderfrist des § 199 Abs. 2 BGB für Personenschäden und die kenntnisunabhängigen Maximalfristen des § 199 Abs. 3 BGB, so dass die Verjährung im Einzelfall erst nach bis zu 30 Jahren eintritt. Diese Diskrepanz bietet Anlass genug, sich mit der Frage zu beschäftigen, wie sich vertragliche und deliktische Schadensersatzansprüche, die im Zusammenhang mit einem Kaufvertrag entstehen, zueinander verhalten.

Zunächst ist zu beachten, dass, wo verschiedene Ansprüche einem Sachverhalt entspringen, diese nicht zwangsläufig einer Nivellierung bedürfen. Wird eine Differenzierung der in Frage kommenden Anspruchsgrundlagen und Verjährungsfristen aus gutem Grund vorgenommen und führt sie nicht zu Wertungswidersprüchen, ist auch im Verjährungsrecht dem Drang zu widerstehen, alle Fristen gleichsetzen zu wollen. Das von manchem erhoffte große Ziel, alle Verjährungsfristen anzugleichen, hat der Gesetzgeber ohnehin nicht vollständig umgesetzt, so dass die Unterwerfung deliktischer Ansprüche unter das gewährleistungsrechtliche Verjährungsregime nicht unbedingt geboten ist.[467] Auch ein Blick auf den Werdegang des Gesetzes legt dieses Ergebnis nahe. So hieß es in § 202 Abs. 2 BGB der Konsolidierten Fassung des Diskussionsentwurfs noch, dass Ansprüche „gleich welcher Art wegen eines Mangels" einer objektiv beginnenden Verjährungsfrist unterliegen sollten. In der wenige Tage später veröffentlichten Weiterentwicklung des Entwurfs war die objektive Frist gemäß § 201 Abs. 1 Nr. 1 BGB jedoch bereits auf die in § 437 BGB bezeichneten Gewährleistungsrechte beschränkt.

Auch nach allgemeinen zivilrechtlichen Regeln ist von der Eigenständigkeit aller Anspruchsgrundlagen auszugehen. Nur wenn eine Trennung der Anspruchsgrundlagen darauf hinausliefe, dass Sonderregelungen und damit Wertungen eines betroffenen Rechtsgebiets ausgehebelt würden, ist ausnahmsweise die Eigenständigkeitsregel aufzugeben.[468] Sowohl das RG als auch der BGH sind in ständiger Rechtsprechung davon ausgegangen, dass grundsätzlich deliktische Ansprüche neben vertraglichen Ansprüchen bestehen können und jeder Anspruch seinen eigenen Regeln folgt, auch im Hinblick auf die Verjährung.[469] Das Kumulationsprinzip wurde von der Schuldrechtsreform nicht angetastet, so dass auch nach neuem Recht grundsätzlich echte Anspruchskonkurrenz zwischen

467 G. Wagner, JZ 2002, 475, 478; Masch/Herwig, ZGS 2005, 24, 29.

468 MünchKomm/Kramer, § 241 Rz 27; Palandt/Ellenberger, § 195 Rz 18.

469 RGZ 66, 86, 88; RGZ 74, 434, 436; RGZ 88, 433; RGZ 118, 141, 144; BGHZ 9, 301, 302; BGHZ 17, 214, 217; BGHZ 55, 392, 395; BGHZ 66, 315, 319; BGHZ 67, 359, 362 f.; BGHZ 86, 256, 260; BGHZ 100, 190, 201; BGHZ 101, 337, 344; BGHZ 116, 297, 300; BGH NJW 1971, 1131, 1132; BGH NJW 1978, 2241, 2242; BGH NJW 1998, 2282, 2283.

Ansprüchen vertraglicher und deliktischer Art bestehen kann.[470] Die Frage ist demnach, ob durch eine parallele Anwendung der deliktsrechtlichen Vorschriften die Wertungen des Kaufrechts unterminiert werden.

Von einer Auffassung wird das bejaht und vor allem bemängelt, dass die Anspruchskonkurrenz zu Rechtsunsicherheit führe.[471] Die Gefahr der Unterminierung der kaufrechtlichen Wertungen besteht jedoch allgemein nicht, da das Deliktsrecht grundsätzlich andere Rechtspositionen und Interessen schützt als das Gewährleistungsrecht. Das Deliktsrecht schützt den Käufer davor, an seinen sonstigen, von der Kaufsache verschiedenen, Rechtsgütern verletzt zu werden, zielt also auf die Erhaltung absoluter Rechte und Rechtsgüter (das Integritätsinteresse) ab, während das Vertragsrecht sich den vom Kaufvertrag tangierten Vermögensinteressen (dem Nutzungs- und Äquivalenzinteresse) widmet.[472] Zudem unterliegen Deliktsrecht und Vertragsrecht unterschiedlichen Haftungsregimes. Während das Deliktsrecht auf eine vorsätzliche oder zumindest fahrlässige Handlung des Schädigers abstellt, haftet der Schuldner nach Vertragsrecht, sobald ihm eine Pflichtverletzung (im Kaufrecht in Form der mangelhaften Leistung) zur Last gelegt werden kann. Wenn auch die Wertungen des Kaufrechts nicht unterminiert werden sollen, ist auf der anderen Seite darauf zu achten, dass die für das Deliktsrecht geltenden Wertungen, wozu auch die verschuldensabhängigen Haftungssanktionen gehören, nicht ihrerseits ausgerechnet durch die gewährleistungsrechtlichen Verjährungsregelungen eingeschränkt werden.[473] Von einer Meinung in der Literatur wird die vermeintliche Verkäuferfreundlichkeit des Gewährleistungsrechts in den Fokus gerückt, die sich in der doppelten verjährungsrechtlichen Begünstigung durch die kürzere Verjährungsfrist einerseits und den objektiven Bezugspunkt derselben andererseits niederschlagen soll.[474] Tatsächlich wird der Verkäufer durch die Verjährungsregelung des § 438 BGB begünstigt und tatsächlich spielt die Rechtssicherheit gerade im Kaufrecht eine besondere Rolle. Nur durch baldige Gewissheit des Verkäufers über die Abwicklung seiner Transaktionen wird eine zügige Abwicklung des Handels-

470 BGHZ 162, 86, 93; BGH NJW 2004, 1032, 1033; BGH NJW 2005, 1423, 1425; BGH NWJ 2011, 594, 596; OLG Frankfurt, Urt.v. 28.09.2007 (25 U 124/04) II A 6; OLG Düsseldorf, Urt.v. 29.07.2009 (22 U 157/08) II 3 a); LG Bonn, Urt.v. 02.06.2004 (13 O 5/03) A II; MünchKomm/Ernst, § 280 Rz 78; Palandt/Sprau, Einf v § 823 Rz 5; AnwKomm/Büdenbender (2005), § 438 Rz 12; Dauner-Lieb/Konzen/Schmidt/Wagner, S. 203, 206; Gsell, JZ 2002, 1089, 1091; Medicus, JuS 2003, 521, 528; Masch/Herwig, ZGS 2005, 24, 28.

471 BGHZ 93, 64, 69 f.; Oetker/Maultzsch, S. 128; Mansel, NJW 2002, 89, 95.

472 BGHZ 80, 186, 189; BGHZ 86, 256, 259; BGH NJW 1983, 812, 813; BGH NJW 1992, 1678; BGHZ 105, 346, 355; BGHZ 138, 230, 234; BGHZ 146, 144, 148; BGH NJW 2005, 1423, 1425; BGH 2011, 594, 596; Palandt/Ellenberger, § 195 Rz 10; Dauner-Lieb/Konzen/Schmidt/Wagner, S. 203, 205; Heinrichs, BB 2001, 1416, 1420; Masch/Herwig, ZGS 2005, 24, 28.

473 Schulze/Schulte-Nölke/Eidenmüller, S. 405, 411.

474 Mansel, NJW 2002, 89, 95; Mankowski, JuS 2006, 481, 486.

verkehrs und damit Wirtschaftswachstum begünstigt, ausführlicher dazu siehe oben Kapitel D) II. 1. Genau deswegen wurde für die Ansprüche aus einem Kaufvertrag eine kürzere, objektiv angeknüpfte Verjährungsfrist gewählt. Jedoch sollte der Verkäufer nur vor einer übermäßigen Belastung geschützt werden – schließlich muss er im Rahmen der Nacherfüllung verschuldensunabhängig für alle der von ihm verkauften Sache anhaftenden Mängel haften. Dass er aber tatsächlich *besser* gestellt werden sollte als ein anderer Schuldner, lässt sich weder dem Gesetz noch dessen ratio entnehmen.[475] Vielmehr soll der Verkäufer bezüglich der vertraglichen Ansprüche in den Genuss der Privilegien des § 438 BGB kommen, dem allerdings durch eine enge Auslegung Grenzen zu setzen sind.[476] Auch die Argumentation mit den vermeintlichen Beweisschwierigkeiten des Verkäufers vermag nicht zu überzeugen, da die Beweislast für einen Anspruch aus § 823 Abs. 1 BGB in der Regel bei dem Käufer liegt, so dass von einer Beeinträchtigung der Verkäuferinteressen nicht die Rede sein kann.

Gewährt man dem Gläubiger neben den gewährleistungsrechtlichen Ansprüchen auch deliktische Ansprüche, werden wegen § 241 Abs. 2 BGB, der jeden Vertragspartner zur Rücksichtnahme auf die „Rechte, Rechtsgüter und Interessen" des anderen Vertragspartners verpflichtet, die Rechtsgüter des Käufers quasi doppelt geschützt, was im Vergleich zu anderen europäischen Rechten eine Ausnahme darstellt. Jedoch ist dieses Ergebnis zum Schutze des geschädigten Vertragspartners, um dessen Integritätsinteresse es durch die objektive Frist des § 438 BGB sowie die Entlastungsmöglichkeit des § 831 BGB relativ schlecht gestellt ist, hinzunehmen.[477] Die Untergrabung der Wertungen des Vertragsrechts ist zumindest in dieser allgemeinen Form demnach kein tragfähiges Argument, da das deutsche Recht das Kumulationsprinzip annimmt und Deliktsrecht neben Vertragsrecht existieren lässt.[478]

Ein absoluter Vorrang der vertraglichen Ansprüche kann von vornherein nicht vorliegen, weil der Schutzbereich von § 823 BGB sich auf die allgemeine Pflicht des Einzelnen bezieht, auf die Rechtsgüter seiner Mitmenschen Rücksicht zu nehmen, auch wenn er mit ihnen keine vertragliche Verbindung eingegangen ist.[479] Die besondere Gewichtung dieser Haftung kommt insbesondere in § 199 Abs. 2 BGB zum Ausdruck, der besonders schützenswerte Rechtsgüter einer 30jährigen Verjährungsfrist unterstellt. Bestätigt wird diese Gewichtung durch § 309 Nr. 7 a BGB, der den Ausschluss oder die Begrenzung der Haftung

475 Dauner-Lieb/Konzen/Schmidt/Wagner, S. 203, 206.

476 Mankowski, JuS 2006, 481, 485.

477 G. Wagner, JZ 2002, 475, 480.

478 Dauner-Lieb/Konzen/Schmidt/Wagner, S. 203, 215.

479 Bamberger/Roth/Spindler, § 823 Rz 65; Mansel, NJW 2002, 89, 95; Masch/Herwig, ZGS 2005, 24, 26.

für Verletzungen des Lebens, des Körpers oder der Gesundheit in AGB verbietet.[480]

Die Notwendigkeit der Anspruchskonkurrenz lässt sich auch gut am Beispiel des Herstellers darstellen: Unterläuft dem Hersteller bei der Herstellung des Produkts ein ihm zurechenbarer Fehler und wird dadurch der Käufer des Produkts in seinen Rechtsgütern verletzt, steht außer Frage, dass der Hersteller bei Vorliegen aller sonstigen Voraussetzungen deliktisch dafür haftet. Im Regelfall wird der Hersteller das mangelhafte Produkt an einen Zwischenhändler verkaufen, der es dann seinerseits an einen Käufer veräußert. Wenn letzterer durch das mangelhafte Produkt zu Schaden kommt, ergeben sich zwei Haftungsebenen. Die eine Haftungsebene ist die des Zwischenhändlers, gegenüber welchem der Käufer Gewährleistungsrechte aus § 437 BGB geltend machen kann. Der Zwischenhändler ist in der Regel nicht der Hersteller des Produkts und haftet allein aus der Tatsache heraus, dass er die aus dem mit dem Käufer geschlossenen Kaufvertrag resultierende Pflicht zur Lieferung einer mangelfreien Sache verletzt hat. Als Verkäufer trifft ihn die Nacherfüllungspflicht verschuldensunabhängig, das heißt er muss den Mangel weder verursacht haben noch von ihm wissen. Auf der anderen Haftungsebene gibt es den Hersteller, der für die Mangelhaftigkeit des Produkts und die daraus entstehenden Schäden haftet. Seine Haftung begründet sich im Deliktsrecht; Ansprüche gegen ihn entstehen, wenn der Mangel/Schaden ihm zurechenbar ist. Er ist in der Regel nicht personenidentisch mit dem Verkäufer. Es leuchtet ohne weitere Begründung ein, dass einem durch den Mangel an seinen Rechtsgütern geschädigten Käufer sowohl der vertragliche wie auch der deliktische Schutz zustehen sollen, um seinen Interessen gerecht zu werden.[481] Ein deliktischer Anspruch kann sich dabei nicht nur gegenüber dem Hersteller, sondern auch gegenüber dem Verkäufer ergeben, wenn dieser nach dem Umständen des Einzelfalls weiß oder wissen muss, dass es sich bei dem Produkt um ein für den Verkehr zu unsicheres handelt.[482]

Um vollen Schutz für die Rechtsgüter des Käufers gewährleisten zu können, ist ihm neben den vertraglichen Ansprüchen sowohl gegenüber dem Verkäufer wie auch gegenüber dem verkaufenden Hersteller ein Anspruch aus § 823 Abs. 1 BGB zuzugestehen. Würde man nun beim Vorliegen vertraglicher und deliktischer Ansprüche letztere in die vertraglichen Verjährungsregelungen einbeziehen, würde ein partieller Vorrang des Vertragsrechts vorliegen, der dazu führen würde, dass der Käufer ohne ersichtlichen Grund deliktsrechtlich schlechter gestellt wäre als ein vertragsfremder Dritter.[483] Mit Abschluss des Kaufvertrages würde der Käufer quasi des Schutzes seiner Rechtsgüter partiell verlustig gehen. Gleichzeitig würde der Hersteller, der selbst als Verkäufer auftritt, durch Einbe-

480 G. Wagner, JZ 2002, 475, 479; Mankowski, JuS 2006, 481, 485.

481 Masch/Herwig, ZGS 2005, 24, 26.

482 OLG Düsseldorf, Urt.v. 29.07.2009 (22 U 157/08), II 3 a.

483 Siehe dazu Canaris, Karlsruher Forum, S 97; Dauner-Lieb/Konzen/Schmidt/Wagner, S. 203, 210; G. Wagner, JZ 2002, 475, 479; Mankowski, JuS 2006, 481, 485.

ziehung in die gewährleistungsrechtliche Verjährung ungerechtfertigter Weise gegenüber dem Hersteller privilegiert, der über Zwischenhändler veräußert und damit gegenüber dem Käufer auch deliktisch haften würde.[484] Geht man davon aus, dass der Gesetzgeber sich an der potentiellen Abrede zweier rational handelnder Vertragspartner orientieren wollte, kommt man zu dem Schluss, dass dieses Ergebnis nicht Gesetz sein kann.[485]

Die Anspruchskonkurrenz gilt dabei unabhängig davon, ob der Käufer an seiner Körperintegrität oder „nur" an seinem Eigentum verletzt wurde. Da auch das Eigentum vollen deliktischen Schutz genießt, verbietet sich eine Schlechterstellung von Sachschäden.[486] Die Gefahr, dass der Verkäufer deliktisch für Schäden haften muss, die zumindest im konkret geltend gemachten Umfang durch den unsorgsamen Umgang des Käufers mit der Kaufsache entstanden sind, wird durch die Mitverschuldens-Regelung des § 254 BGB eingedämmt.[487] Echte Anspruchskonkurrenz liegt demnach immer vor, wenn der Verkäufer (Haftung wegen Pflichtverletzung aus Vertrag) zugleich Verursacher des weiterfressenden Schadens (Haftung wegen Verschuldens) ist.[488] Die längere deliktische Verjährung kann also in Härtefällen als eine Art „Escape" fungieren.[489]

Demnach verjähren auch nach neuer Rechtslage deliktische und gewährleistungsrechtliche Ansprüche jeweils in ihrer eigenen Frist, die kurze Verjährung des § 438 BGB setzt keine zeitliche Grenze für konkurrierende deliktische Ansprüche des Käufers.[490] Auch eine analoge Heranziehung verbietet sich hier.[491] Deliktische Ansprüche kommen demnach nicht nur *trotz*, sondern gerade *bei* Verjährung der vertraglichen Ansprüche in Betracht.[492] Zu beachten ist aller-

484 Canaris, Karlsruher Forum, S. 97; Masch/Herwig, ZGS 2005, 24, 26 f.

485 G. Wagner, JZ 2002, 475, 479.

486 Siehe dazu Canaris, Karlsruher Forum, S 97; Dauner-Lieb/Konzen/Schmidt/Wagner, S. 210; G. Wagner, JZ 2002, 475, 479.

487 Canaris, Karlsruher Forum, S. 97.

488 Masch/Herwig, ZGS 2005, 24, 27.

489 Schmidt-Räntsch, ZIP 2000, 1639, 1641.

490 BGH NJW 2005, 1423, 1425; MünchKomm/Kramer, § 241 Rz 28; Palandt/Ellenberger, § 195 Rz 10; Bamberger/Roth/Faust, § 437 Rz 196 und § 438 Rz 8; Erman/Grunewald, § 438 Rz 4; Canaris, Karlsruher Forum, S. 96 ff.; Dauner-Lieb/Konzen/Schmidt/Wagner, S. 203, 205; Fikentscher/Heinemann, § 71 Rz 887; Heinrichs, BB 2001, 1417, 1420; Zimmermann/Leenen/Mansel/Ernst, JZ 2001, 684, 690 f; H. P. Westermann, NJW 2002, 241, 250; Schulze/Ebers, JuS 2004, 462, 465; a.A. Bamberger/Roth/Spindler, § 823 Rz 65 (die allgemeine Verjährung nach § 199 könne durch die vertragsrechtlichen Verjährungsvorschriften verdrängt werden, wenn letztere ansonsten leer liefen); Mansel, NJW 2002, 89, 95 (§ 438 beziehe sich auch auf verschuldensabhängige Schadensersatzansprüche, das gelte auch für die Haftung aus unerlaubter Handlung).

491 Canaris, Karlsruher Forum, S 96; zurückhaltender Dauner-Lieb/Konzen/Schmidt/Wagner, S. 203, 209 f.

492 BGHZ 67, 359, 362 f.; Gsell, JZ 2002, 1089, 1091.

dings, dass, selbst wenn neben den Gewährleistungsrechten ein Schadensersatzanspruch aus Delikt vorliegt, dieser zunächst nicht durchsetzbar ist, da dem Verkäufer ein Recht zur zweiten Andienung zusteht. Die Sperrwirkung des Vorrangs der Nacherfüllung erstreckt sich nicht nur auf Rücktritt, Minderung oder Schadensersatzansprüche aus §§ 280 ff. BGB, sondern auch auf Ansprüche aus §§ 823 ff. BGB. Nur so ist sichergestellt, dass die Wertungen des Gewährleistungssystems nicht untergraben werden.[493] Berücksichtigt man dieses Recht des Verkäufers, ist ein Wertungswiderspruch und damit eine Unterminierung des Kaufrechts nicht zu befürchten. Diese Wertung muss auch zugrunde gelegt werden, wenn der Käufer mit dem Mangelfolgeschaden direkt an den vom Verkäufer verschiedenen Hersteller herantritt. Der Weg sollte ihm nicht offen stehen, solange noch Nacherfüllungsansprüche offen sind, der Verkäufer also noch ein Recht auf zweite Andienung hat. Dabei handelt es sich nicht um eine gekünstelte Konstruktion, vielmehr wird lediglich eine weitere Wertung des Schuldrechts übernommen, nämlich die des § 250 BGB, dass Schadensersatz in Geld erst nach Ablauf einer angemessenen Frist gefordert werden kann.[494] Die parallele Anwendung von Schuld- und Deliktsrecht ist also soweit ohne Wertungswidersprüche durchführbar. Das eigentliche Problem der Koexistenz ist die Schnittstelle zwischen Delikts- und Vertragsrecht – der weiterfressende Schaden.[495]

2. Der deliktische Schutz der Kaufsache – die „Weiterfresser"-Problematik

Es kommt vor, dass der Käufer einen Schaden geltend macht, der zwar an der Kaufsache selbst entstanden ist, aber über den primären Sachmangel hinausgeht. Ein solcher Schaden bezieht sich weder auf den Mangelunwert der Sache, noch ist er an von der Kaufsache verschiedenen Rechtsgütern eingetreten, und lässt sich daher im klassischen Sinne weder als Mangelschaden noch als Mangelfolgeschaden qualifizieren.

Gesetzlich geregelt ist der Fall, dass ein Mangel eines Einzelteils sich an der im Übrigen mangelfreien Kaufsache „weiterfrisst", nicht, so dass fraglich ist, welche Ansprüche der Käufer in diesen Fällen geltend machen kann. Neben einem Anspruch aus § 437 BGB wegen Mangelhaftigkeit der Kaufsache kommt ein Anspruch aus § 823 Abs. 1 BGB wegen Eigentumsverletzung durch Beschädigung der gekauften Sache in Betracht. Hier überschneiden sich die Anwendungsbereiche von Vertrags- und Deliktsrecht. Vor der Schuldrechtsreform hat

493 MünchKomm/Westermann, § 437 Rz 62; Staudinger, ZGS 2002, 145, 146; Schulze/Ebers, JuS 2004, 462, 465; Masch/Herwig, ZGS 2005, 24, 27; P. W. Tettinger, JZ 2006, 641, 646; Schollmeyer, NJOZ 2009, 2729, 2739.

494 P. W. Tettinger, JZ 2006, 641, 646 f.

495 Dauner-Lieb/Konzen/Schmidt/Wagner, S. 215.

sich eine „Weiterfresser"-Rechtsprechung herausgebildet, die unter bestimmten Voraussetzungen den Käufern neben ihren vertraglichen Ansprüchen auch deliktische Ansprüche zugestand.[496] Es fragt sich, ob die entwickelten Grundsätze auch nach der Schuldrechtsreform noch von Interesse sind und zu überzeugen vermögen.

Dagegen wird zum Teil eingewandt, dass die nach neuer Rechtslage verbleibende Differenz der Verjährungsfristen eine solche Konstruktion nicht mehr rechtfertige.[497] Auch wenn die „Weiterfresser"-Problematik durch die Annäherung der Verjährungsfristen etwas entschärft wurde, gibt die, insbesondere aus den Anknüpfungspunkten resultierende, verbleibende Differenz jedoch Anlass genug, sich weiterhin mit der Frage zu beschäftigen, wie ein solcher Schaden zu qualifizieren ist.[498] Des Weiteren wird geltend gemacht, dass durch deliktische Haftung für weiterfressende Schäden die Subsidiarität des Deliktsrechts übergangen werde.[499] Von einer allgemeinen Subsidiarität des Deliktsrechts kann jedoch, wie zuvor dargelegt, nicht die Rede sein. Ausgangspunkt ist vielmehr eine echte Konkurrenz vertraglicher und deliktischer Ansprüche. Dass Gesetzgebung wie auch Rechtsprechung eine Koexistenz zwischen deliktischen und vertraglichen Ansprüchen zulassen, spricht für eine differenzierte Betrachtung der Ansprüche aus weiterfressendem Schaden.[500] Die entscheidende Frage ist letztlich, ob durch die Annahme eines weiterfressenden Mangels Wertungen des Kaufrechts unterminiert werden und es zu einer deliktischen Abhandlung eigentlich vertraglich zu bewertenden Schäden kommt oder ob tatsächlich eine sinnvolle Abgrenzung vorgenommen werden kann.

Wohl bekanntestes Beispiel für den weiterfressenden Schaden ist der so genannte „Schwimmschalter-Fall".[501] In diesem Fall wurde eine Reinigungsanlage für Industrieerzeugnisse erworben, die mit einem Schwimmschalter ausgerüstet war, der dafür sorgen sollte, dass sich die Anlage bei Überhitzung abschaltet. Dieser Schalter war allerdings von Anfang an defekt und als es zu einer Überhitzung kam, geriet die gesamte Anlage in Brand. Neben vertraglichen Ansprü-

---

496 BGHZ 76, 359; BGH NJW 1978, 2241; BGH NJW 1983, 812; BGHZ 86, 256; BGH NJW 1985, 2420; BGH NJW 1990, 908; BGHZ 117, 183; BGH NJW 1992, 1678; BGHZ 146, 144.

497 Mansel/Budzikiewicz, S. 148; Foerste, ZRP 2001, 342; H. P. Westermann, NJW 2002, 241, 250; P. W. Tettinger, JZ 2006, 641, 643.

498 MünchKomm/Ernst, § 280 Rz 78; MünchKomm/Westermann, § 438 Rz 5; Bamberger/Roth/Spindler, § 823 Rz 64; Dauner-Lieb/Arnold/Dötsch/Kitz, Fall 154, S. 309 f.; Danuer-Lieb/Konzen/Schmidt/Wagner, S. 203, 207; Zimmermann/Leenen/Mansel/Ernst, JZ 2001, 684, 692; Staudinger, ZGS 2002, 145 146; Masch/Herwig, ZGS 2005, 24, 28.

499 MünchKomm/Wagner, § 823 Rz 132; Foerste, ZRP 2001, 342.

500 Masch/Herwig, ZGS 2005, 24, 29.

501 BGHZ 67, 359.

chen bejahte der BGH einen deliktischen Anspruch, weil der eingetretene Schaden nicht mit jenem Mangel deckungsgleich sei, welcher der Sache bereits bei Übergabe anhaftete. Vielmehr sei zunächst mangelfreies Eigentum erworben worden; lediglich ein funktionell begrenzter Teil sei zum Zeitpunkt der Übergabe mangelhaft gewesen.[502] In der Zerstörung der gesamten Anlage habe sich ein Schaden realisiert, der über den anfänglichen Mangel der Kaufsache hinausging und damit das „im übrigen mangelfreie Eigentum" des Käufers an der Gesamtsache verletzt habe; dafür spreche auch die Relation zwischen dem geringen Wert des defekten Teils und dem ungleich höheren Wert der gesamten Anlage.[503]

Zum gleichen Ergebnis gelangte der BGH im „Gaszug-Fall".[504] Hier kehrte das Gaspedal des Pkw manchmal trotz Wegnahme des Fußes nicht in seine Ausgangsposition zurück, weshalb der Kläger einen Auffahrunfall verursachte, bei dem der Pkw beschädigt wurde. In diesem Fall unterschied der BGH zwischen dem Äquivalenzinteresse und dem Integritätsinteresse des Käufers. Ein deliktischer Anspruch werde nur begründet bei einer Verletzung des Integritätsinteresses; bei hinreichender Abgrenzung bestünde daher keine Gefahr der Aushöhlung der kaufrechtlichen Wertungen.[505] Entscheidend sei, ob der Schaden mit der im Mangel verkörperten Entwertung der Sache für das Äquivalenzinteresse „stoffgleich" sei.[506] Dabei solle die natürliche bzw. wirtschaftliche Abgrenzbarkeit ausschlaggebend sein.[507] Stoffgleichheit sollte danach beispielsweise vorliegen, wenn das fehlerhafte Einzelteil mit der Gesamtsache zu einer Einheit verbunden wurde, die nicht ohne erhebliche Beschädigung wieder getrennt werden konnte.[508] Im vorliegenden Fall aber sei zunächst nur der Gaszug defekt gewesen; das Fahrzeug sei im Übrigen betriebsfähig und damit nicht wertlos gewesen. Der Gaszug hätte vielmehr ohne großen Aufwand ausgetauscht und der Schaden damit vermieden werden können. Aufgrund der Austauschbarkeit wurde demnach keine Stoffgleichheit angenommen.[509]

Der BGH entschied noch eine Reihe weiterer Fälle, die sich mit dieser Thematik befassten. Die Quintessenz war, dass ein deliktischer Anspruch wegen eines Weiterfresser-Schadens bestehen kann, wenn eine Beeinträchtigung der Integrität der Rechtsgüter des Käufers vorliegt, die mit dem anfänglichen Mangelunwert der Kaufsache nicht identisch ist. Sind anfänglicher Mangelunwert und geltend gemachter Schaden identisch, liegt also Stoffgleichheit bezüglich des später

502 BGHZ 67, 359, 364.

503 BGHZ 67, 359, 365.

504 BGHZ 86, 256.

505 BGHZ 86, 256, 260.

506 BGHZ 86, 256, 259.

507 BGHZ 86, 256, 262; ebenso OLG Frankfurt, Urt.v. 28.09.2007 (25 U 124/04) II A 6; LG Bonn, Urt.v. 02.06.2004 (13 O 5/03) A II; Palandt/Sprau, § 823 Rz 177.

508 BGHZ 86, 256, 262.

509 BGHZ 86, 256, 263; BGH NJW 1978, 2241, 2242.

an der ganzen Sache aufgetretenen Mangels und des ursprünglichen Mangels vor, ist nur eine Verletzung des Nutzungs- bzw. Äquivalenzinteresses gegeben, die ausschließlich zur vertraglichen Haftung führt.[510] Schließlich ist keine Rechtsverletzung gegeben, wenn der Käufer Eigentum an einer insgesamt mangelhaften Sache erwirbt und sich der Mangel nach Gefahrübergang quasi lediglich innerhalb der gekauften Sache verlagert.

Wird z.B. ein Bauwerk auf einem Grundstück errichtet, bilden Bauwerk und Grundstück eine Einheit, die insgesamt von Anfang an mangelhaft ist, sobald einer der Bestandteile einen Mangel hat.[511] Das gilt unabhängig davon, ob zunächst nur das Grundstück oder aber das Bauwerk mangelhaft war, und unabhängig davon, wann der Mangel entdeckt wurde.[512] Durch die Errichtung des Gebäudes auf dem Grundstück wird im Moment der Verbindung eine Einheit hergestellt, die insgesamt mit einem Mangel belastet ist.[513] Das gilt nicht nur für Grundstücke, die Gebäude als wesentliche Bestandteile i.S.d. § 94 BGB quasi absorbieren, sondern auch für Einzelteile, die bestimmungsgemäß zu einer Sachgesamtheit verbunden werden und als solche von Anfang an mit einem Mangel belastet sind. Erfasst der Mangel die Gesamtsache derart, dass er zwangsläufig zu einer weiteren Beschädigung der Gesamtsache führen wird, ist die Gesamtsache für die bestimmungsgemäße Verwendung nicht geeignet und damit insgesamt mangelhaft.[514] Liegt also Untauglichkeit für die bestimmungsgemäße Verwendung vor, geht es um die Mangelhaftigkeit der Gesamtsache, weshalb tatsächlich nur das Nutzungs- und Äquivalenzinteresse betroffen ist und dementsprechend ausschließlich Gewährleistungsrecht zur Anwendung kommt. Wäre jedoch ein anderer Kausalverlauf denkbar, bei dem es nicht zwangsläufig zu dem Schaden gekommen wäre, ist von Stoffgleichheit nicht auszugehen. Die hier entscheidende Zufälligkeit der Kausalverläufe ist nur eine Folge des allgemeinen Verkehrsrisikos und damit kein überzeugender Grund, den Käufer in seinen Rechten einzuschränken. Die Beschränkung auf vertragliche Ansprüche kann nicht nur gegenüber dem Werkunternehmer greifen, der ein Gebäude errichtet, sondern auch gegenüber dem Architekten, der die Errichtung oder auch Sanierung eines Gebäudes plant.[515] Schlägt eine Sanierungsleistung des Architekten fehl, ist schließlich lediglich der vertraglich geschuldete Erfolg nicht erreicht worden und somit nur das Äquivalenzinteresse betroffen.[516]

---

510 BGHZ 86, 256, 259; BGH NJW 1983, 812, 813; BGH NJW 1985, 2420; BGH NJW 1992, 1678; BGHZ 146, 144, 149; BGH NJW-Spezial 2005, 313; BGHZ 162, 86, 94; BGH NJW 2011, 594, 596; OLG Stuttgart, NJW-RR 2002, 25, 26; Palandt/Sprau, § 823 Rz 177; Schulze/Schulte-Nölke/Eidenmüller, S. 405, 412; Kullmann, NJW 2002, 30, 31.

511 BGHZ 146, 144, 150.

512 BGHZ 146, 144, 150.

513 BGHZ 39, 366, 367; BGH NJW 1981, 2248, 2250; BGHZ 146, 144, 152.

514 BGH NJW 1978, 2241, 2243; BGH NJW 1983, 812, 813; BGH NJW 1992, 1678.

515 BGH NJW 2005, 1423, 1425.

516 BGH NJW 2005, 1423, 1425.

Stoffgleichheit liegt des Weiteren vor, wenn der mangelhafte Teil zwar in Relation zu dem mangelfreien Teil nicht überwiegt, der Gesamtsache jedoch derart anhaftet, dass er nicht oder nur mit hohem Aufwand gefunden oder beseitigt werden kann.[517] Wo genau die Grenze zu ziehen ist, ist im Einzelfall zu entscheiden. Erreichen oder übersteigen die Kosten allerdings den Wert der Gesamtsache, ist ein unverhältnismäßiger Aufwand anzunehmen – der Mangelunwert deckt sich in diesen Fällen mit dem eingetretenen Schaden.[518] Hätte der Mangel hingegen entdeckt und durch Austausch oder Reparatur des defekten Teils problemlos behoben werden können, so dass auch der weitere Schaden hätte vermieden werden können, liegt keine Stoffgleichheit vor.[519] Dabei spielen der Wert des defekten Teils, der Wert der mit dem defekten Teil versehenen Gesamtsache und die Relation dieser beiden Werte eine entscheidende Rolle. Hat die Gesamtsache trotz des defekten Teils einen hohen Verkehrs- oder Nutzungswert, kann beispielsweise der betroffene Pkw hunderte von Kilometern problemlos gefahren werden, und ist dieser ungleich höher als der Wert der defekten Sache, also beispielsweise der Wert des Gaszugs, liegt keine Stoffgleichheit vor.[520] Anders ist die Lage, wenn ein Großteil der Kaufsache bereits bei Übergabe mangelbelastet ist, so dass nach wirtschaftlicher und natürlicher Betrachtungsweise dem übrigen mangelfreien Teil nur ein vergleichsweise geringer Wert zukommt. In einem solchen Fall hat der Käufer kein mangelfreies Eigentum an der Gesamtsache erworben. Die Verbreiterung eines ohnehin die Gesamtsache weitgehend entwertenden Schadens kann nicht als Beeinträchtigung des Integritätsinteresses des Käufers gesehen werden, sondern ist Teil seines Äquivalenz- und Nutzungsinteresses und begründet somit keinen deliktischen Anspruch.

Ein Anspruch aus § 823 Abs. 1 BGB entsteht dabei stets nur bezüglich der zuvor mangelfreien Teile; darüber hinausgehende Kosten, wie z.B. für die Entfernung der mangelhaften Teile sind hingegen nur eine typische Folge des Unwerts des mangelhaften Produkts.[521] Die Geltendmachung solcher Kosten ist ausschließlich auf das Äquivalenzinteresse gerichtet und dementsprechend dem Gewährleistungsrecht zu unterstellen. Wird die Gesamtsache selbst allerdings irreversibel negativ verändert, führt dies zur Annahme einer Eigentumsverletzung und damit zur Anwendung des Deliktsrechts.[522] Ein deliktischer Anspruch kann so-

517 BGHZ 86, 256, 262; BGH NJW 1992, 1678; BGHZ 146, 144, 149; LG Bonn, Urt.v. 2.06.2004 (13 O 5/03) A II; Palandt/Sprau, § 823 Rz 177.

518 BGH NJW 1992, 1678, 1679.

519 BGHZ 86, 256, 263; BGH NJW 1978, 2241, 2243; BGH NJW 1985, 2420; BGH NJW 1992, 1678, 1679; BGH NJW 2004, 1032, 1033.

520 BGH NJW 1985, 2420; BGH NJW 1992, 1678, 1679; Masch/Herwig, ZGS 2005, 24, 28.

521 BGH NJW 1990, 908, 909; OLG Stuttgart NJW-RR 2002, 25, 26; Bamberger/Roth/Spindler, § 823 Rz 71; Kullmann, NJW 2002, 30, 31.

522 BGH NJW 1990, 908, 909.

gar bestehen, wenn der Schaden an der Gesamtsache nicht durch das Verbleiben des mangelhaften Teils in derselben verursacht wird, sondern bei seinem Ausbau, wenn zunächst Eigentum an fehlerfreien Teilen bestand, die dann aber durch die Verbindung mit den mangelhaften Teilen beschädigt wurden.[523]

Es wird die Auffassung vertreten, das Interesse des Käufers an der Unversehrtheit der Kaufsache sei Teil des Äquivalenzinteresses und von letzterem nicht abzugrenzen.[524] Zudem würde die Abgrenzung zwischen Äquivalenz- und Integritätsinteresse an ein und demselben Gegenstand zu dem absurd anmutenden Ergebnis führen, dass dem Käufer deliktische Ansprüche nur zustünden, wenn er den Mangel bis zu seiner Manifestation durch Weiterfressen nicht entdeckte und auch nicht entdecken konnte.[525] Dies würde sich wiederum negativ auf die Bereitschaft des Käufers, die Sache auf Mängel zu untersuchen, auswirken und der ihm obliegenden Pflicht, das seinerseits angemessene zu tun, um das Eintreten weiterer Schäden zu vermeiden, zuwiderlaufen.[526] Das mag auf den ersten Blick einleuchtend erscheinen. Jedoch sollte man zum einen dem durchschnittlichen Käufer durchaus so viel Umsicht und Normalität zutrauen, dass er „vernünftig“ mit der Kaufsache umgeht. Zum anderen sollte man § 254 BGB beachten, der dem Käufer den von ihm verursachten Teil des Schadens zurechnet. Zudem wurde von einer gesetzlichen Statuierung einer Untersuchungs- und Rügepflicht für den nichtkaufmännischen Käufer abgesehen, so dass man ihn mit einer solchen hypothetischen Pflicht nicht belasten sollte. Tatsächlich absurde Ergebnisse würde man vielmehr durch die prinzipielle Ablehnung eines deliktischen Anspruchs aus weiterfressendem Mangel provozieren, wie man an folgendem Beispiel erkennen kann: Brennt die Wohnung des Gläubigers ab, weil der mangelhafte Gasherd explodiert ist, bekommt er auch nach Ablauf der zweijährigen Gewährleistungsfrist Schadensersatz wegen Mangelfolgeschaden an der Wohnung. Auch einen Anspruch aus Nebenpflichtverletzung, etwa weil die Wohnung aufgrund eines bei Ablieferung des Gasherds verursachten Lecks in der Gasleitung abbrannte, wäre noch nicht verjährt. Dann kann aber dem Käufer nicht ausgerechnet der Schaden an dem Gasherd selbst unter Berufung auf die Verjährung versagt werden.

Auch im Vergleich mit einem vom Verkäufer verschiedenen Dritten wird deutlich, warum dem Käufer aus einem Weiterfresserschaden unter anderem auch ein deliktischer Anspruch zustehen sollte. Schließlich darf es für den Käufer keinen Unterschied machen, ob das schadhafte Teil vom Verkäufer selbst der Gesamtsache hinzugefügt wurde, oder ob dies nachträglich durch einen Dritten

523 BGHZ 117, 183, 189; Palandt/Sprau, § 823 Rz 177; Bamberger/Roth/Spindler, § 823 Rz 70; Kullmann, NJW 1999, 96, 97.

524 BGHZ 162, 86, 94 f.; MünchKomm/Wagner, § 823 Rz 132; Dauner-Lieb/Konzen/Schmidt/Wagner, S. 203, 216.

525 MünchKomm/Wagner, § 823 Rz 132,

526 MünchKomm/Wagner, § 823 Rz 132.

geschah.[527] Von einem Teil der Literatur wird das anders gesehen, weil der Dritte einen ohne seine Interaktion bereits bestehenden Zustand nachteilig verändere; er greife durch die weitere Verschlechterung der Sache in das Integritätsinteresse des Sacheigentümers ein.[528] Der Verkäufer hingegen komme nur seiner Hauptpflicht aus § 433 Abs. 1 S. 2 BGB nicht vollständig nach, er leiste nicht komplett mangelfrei.[529] Die entscheidende Frage ist, ob dem Verkäufer neben der vertraglichen Pflicht auch eine Pflicht obliegt, die sonstigen Rechtsgüter des Käufers vor Beeinträchtigungen zu schützen.[530] In Bezug auf von der Kaufsache verschiedenen Rechtsgütern ist dies unproblematisch zu bejahen. Niemand darf fremde Rechtsgüter beeinträchtigen, auch nicht, indem er gefährliche Sachen in den Verkehr bringt. Hinsichtlich Schäden an der Kaufsache selbst wird dies von Teilen der Literatur problematischer gesehen, da sich nur ein in der mangelhaften Leistung angelegtes Risiko verwirkliche.[531] Die Achtung der Rechtsgüter der Mitmenschen ist ganz allgemein eine Jedermann obliegende Pflicht. Die Frage, die sich hier stellt, ist, ob der Verkäufer mit der Verjährung der Gewährleistungsrechte aus der Verantwortung für alles, was im Weiteren mit der Kaufsache geschieht, entlassen wird, oder ob man dem Käufer zugesteht, dass er zunächst Eigentum an einer mangelfreien Sache erworben hat, das im Nachhinein beeinträchtigt worden ist – sei es durch einen Dritten oder den Verkäufer. Ist der Vertrag einmal vollzogen und nutzt der Käufer die erworbene Sache eine ganze Weile bestimmungsgemäß ohne Zwischenfälle, vermag aus der Sicht eines durchschnittlichen Käufers nicht einzuleuchten, warum ein nachträglich eintretender Mangel bereits im Erwerb der funktionstüchtigen Sache angelegt gewesen und durch das Gewährleistungsrecht abgegolten sein sollte. Das gilt zweifelsohne, wenn Hersteller und Verkäufer nicht identisch sind, aber auch bezüglich des verkaufenden Herstellers.

Es wird allerdings vertreten, sogar den vom Verkäufer verschiedenen Hersteller aus der Haftung für weiterfressende Schäden zu nehmen.[532] Schließlich sei dieser Hersteller aus Käufersicht nur ein entfernter Dritter, der fehlerhaft vorgearbeitet hat; eine gewünschte Absicherung ließe sich demnach nur durch die Vereinbarung von Herstellergarantien erreichen.[533] Die Richtigkeit dieser Annahme ist allerdings zu bezweifeln. Haftet der Sache ein Mangel an, der eindeutig der Herstellung im Gegensatz etwa zur falschen Lagerung oder Verpackung, zuzuordnen ist, wird der Durchschnittskäufer eher den Hersteller in die Verantwortung ziehen wollen als den Verkäufer. Dass der Verkäufer derjenige ist, gegen den in der Praxis in der Regel vorgegangen wird, kommt nicht zuletzt daher, dass nur dieser dem Käufer tatsächlich bekannt ist. Hat der Käufer aber die nöti-

527 BGH NJW 1978, 2241, 2242.

528 P. W. Tettinger, JZ 2006, 641, 648.

529 P. W. Tettinger, JZ 2006, 641, 648.

530 BGHZ 86, 256, 258; BGH NJW 1985, 2420; BGH NJW 1992, 1678.

531 P. W. Tettinger, JZ 2006, 641, 648.

532 P. W. Tettinger, JZ 2006, 641, 650.

533 P. W. Tettinger, JZ 2006, 641, 650.

gen Informationen und die Möglichkeit, gegen den Hersteller vorzugehen, wird er diese Möglichkeit wohl kaum missen wollen.

Nicht nur hinsichtlich der verjährungsrechtlichen Besonderheiten, sondern auch in tatsächlicher Sicht macht das Rechtskonstrukt des weiterfressenden Schadens Sinn. So würde dem Durchschnittskäufer wohl kaum einleuchten, dass ein von ihm erworbener Pkw, den er unter Umständen monatelang ohne den Anschein eines Problems fuhr und der durch einen Unfall nun beschädigt oder gar zerstört wurde, als von Anfang an mangelhaft gelten soll, wenn der Unfall einzig durch eine mangelhafte Bereifung verursacht wurde.[534] Vielmehr wird sich der Käufer hier in seiner Argumentation auf die Mangelhaftigkeit der Reifen (als Einzelteile) beziehen, die wiederum einen Schaden an dem (Rest-)Pkw verursachten. Gleiches gilt für den Gaszug-Fall. Auch hier würde der Durchschnittskäufer sich wohl kaum auf das Argument einlassen, das Fahrzeug sei bereits bei Erwerb mangelhaft gewesen. Schließlich funktionierte das Fahrzeug an sich ohne Beanstandung. Das defekte Gaspedal macht nur einen kleinen, unproblematisch austauschbaren und klar begrenzten Teil des gesamten Fahrzeugs aus.

Dementsprechend wäre auch bei den jüngsten Vorfällen bei einem großen Autohersteller zu entscheiden, der Rückrufaktionen wegen defekter Gaspedale unternahm: Funktioniert das Gaspedal eines Pkw nicht richtig und werden dadurch Unfälle verursacht, bei denen das jeweilige ganze Fahrzeug beschädigt oder gar zerstört wird, sollte von einer Eigentumsverletzung bezüglich des Fahrzeugs ausgegangen werden. Gerade bei komplexen Kaufgegenständen, die aus einer Vielzahl von Einzelgegenständen zusammengesetzt sind, kann eine Unterscheidung zwischen dem Kaufgegenstand an sich und dem konkreten mangelhaften Teil nahe liegen. Insbesondere wenn Ersatzteile leicht zu beschaffen und einzubauen sind und der Wert des Einzelteils in keinem Verhältnis zu dem Wert der gesamten Kaufsache steht, vermag nicht einzuleuchten, warum man ausschließlich auf die Gesamtheit der Sache sehen sollte. Das gilt wohl im Speziellen für elektronische Geräte. Ist beispielsweise ein Laptop mit einem Akku versehen, dessen Defekt dazu führt, dass der, mit einem anderen Akku anstandslos funktionierende, Laptop bis zur Unverwendbarkeit beschädigt wird, hat der Käufer zunächst Eigentum an einem mangelfreien Laptop (mit Ausnahme des Akkus) erlangt, das durch den Defekt des Akkus beeinträchtigt wird.

Unbestritten ist die Abgrenzung nicht immer so leicht vorzunehmen wie bei den genannten Beispielen. Es gibt Fälle, in denen die Lage ähnlich ist, aber aufgrund der Untrennbarkeit der Einzelteile oder dem vergleichsweise hohen Wert des mangelhaften Einzelteils von vornherein kein mangelfreies Eigentum am Gesamtgegenstand erworben werden konnte. Gleiches gilt für die Fälle, in denen der Mangel sich nicht über einen langen Zeitraum hinweg weiterfrisst, sondern den weiteren Schaden innerhalb von Sekunden anrichtet, z.B. bei Unfällen oder

534 Siehe dazu BGH NJW 1978, 2241.

Explosionen. Auch hier ist, vorausgesetzt es wurde weitgehend mangelfreies Eigentum verschafft, ein deliktischer Anspruch gegeben, da der Schutz des Integritätsinteresses unabhängig von der Art und Weise seiner Beeinträchtigung ist.[535] In letzter Konsequenz bedeutet dies, dass es ausreicht, wenn für eine logische Sekunde Eigentum erworben würde und in den darauf folgenden Sekunden die Kaufsache zerstört wird. In solchen (zweifelsfrei in der Realität wohl eher selten anzutreffenden) Fällen bedarf es wohl in der Regel eines Fachmannes, der feststellen kann, zu welchem Zeitpunkt welcher Mangel überhaupt vorlag. Das ist wohl auch der Grund, warum der Gesetzgeber von der Kodifizierung des weiterfressenden Mangels abgesehen hat. Hätte er den weiterfressenden Mangel in den Anwendungsbereich der gewährleistungsrechtlichen Verjährung einbezogen, wäre es trotzdem Aufgabe der Rechtsprechung gewesen, festzustellen, ob im Einzelfall überhaupt ein weiterfressender Schaden vorliegt oder ob es sich um einen reinen Mangelschaden handelt. Um hier nicht durch eine unzureichende Kodifizierung zu Wertungswidersprüchen zu kommen, überließ er die gesamte Problematik der Rechtsprechung, die mit dem Problem bereits vor der Schuldrechtsreform überzeugend umzugehen wusste. Das zeigt wiederum nur, dass eine absolute Vereinheitlichung der Verjährungsfristen nicht möglich ist. Um dem Käufer vollständigen Schutz seiner Rechtsgüter zu gewähren, ist nach alledem an der bisherigen Rechtsprechung zum weiterfressenden Schaden festzuhalten.[536] Die dahingehende Tendenz[537] ist zu begrüßen. Auch der Gesetzgeber sah es als nicht unwahrscheinlich an, dass die Rechtsprechung an dem Konstrukt des weiterfressenden Schadens festhalten werde und billigte dies. Unter Hinweis auf die Annäherung der Verjährungsfristen ging er davon aus, dass nach der neuen Rechtslage die Annahme von deliktischen Ansprüchen und die dementsprechende Anwendung der Regelverjährung zu „weitgehend" wertungswiderspruchsfreien Ergebnissen komme.[538]

Darüber hinaus wird die Auffassung vertreten, die Haftung für weiterfressende Schäden gründe sich auf die Verletzung einer Instruktionspflicht.[539] Jedoch darf ein Produkt, das sich aufgrund eines Defekts in Zukunft selbst zerstören wird, auch nicht mit einem Warnhinweis versehen in den Verkehr gebracht werden.[540] Davon abgesehen wird ein Vertrag über ein mit einer Selbstzerstörungswarnung

535 BGHZ 86, 256, 263; Palandt/Sprau, § 823 Rz 177; Bamberger/Roth/Spindler, § 823 Rz 68.

536 MünchKomm/Ernst, § 280 Rz 78; Palandt/Sprau, § 823 Rz 177; Henssler/v. Westphalen/v. Westphalen, § 438 Rz 15; Dauner-Lieb/Arnold/Dötsch/Kitz, Fall 154, S. 309 f.; Schulze/Ebers, JuS 2004, 462, 465.

537 OLG Bonn, Urteil vom 02.06.2004 (13 O 5/03), A II; OLG Frankfurt, Urteil vom 28.09.2007 (25 U 124/04), II A 6 (allerdings den Weiterfresserschaden im konkreten Fall ablehnend).

538 BT-Drucks 14/6040, S. 229.

539 Gsell, NJW 2004, 1913, 1914.

540 MünchKomm/Wagner, § 823 Rz 131.

versehenes Produkt in den seltensten Fällen überhaupt zustande kommen, und wenn doch, mit einer negativ beeinflussten vertraglichen Sollbeschaffenheit, so dass hier eine gewährleistungsrechtliche Haftung unter Umständen ausscheiden würde.[541] Zudem liegt beim weiterfressenden Mangel kein typischer Fall der Instruktionspflicht vor. Schließlich geht es bei dieser darum, auf eine bekannte, der Beschaffenheit des Produkts immanente typische Gefahr für andere Rechtsgüter des an sich aber mangelfreien Produkts hinzuweisen, wohingegen es bei dem weiterfressenden Mangel darum geht, dass von einem grundsätzlich unbekannten Mangel eine Gefahr ausgeht und zwar ausschließlich für das Produkt selbst.[542] Mithin lässt sich ein Anspruch wegen eines weiterfressenden Schadens nicht aus einer Instruktionspflichtverletzung herleiten.

Ein weiterer Widerspruch wird einer Ansicht nach darin gesehen, dass zwar für kleine Fehler an Einzelteilen gehaftet werde, nicht aber bei anfänglicher allgemeiner Unverwendbarkeit der Kaufsache.[543] So paradox dies auf den ersten Blick anmuten mag, entpuppt sich dieser Wertungswiderspruch aber auf den zweiten Blick als ein rein theoretischer. Denn ist die Kaufsache von Anfang an unverwendbar, wird dem Käufer dies in der Regel wohl innerhalb zweier Jahre seit Erwerb bzw. Übergabe der Sache auch auffallen und er kann Gewährleistungsrechte geltend machen. Damit bedarf es eines zusätzlichen deliktischen Schutzes nicht. Dass quasi in erster Linie versteckte Mängel die deliktische Verjährung auslösen werden, scheint zwar zunächst im Widerspruch zu der im Gewährleistungsrecht geltenden objektiven Ausrichtung der Verjährung zu stehen. Jedoch ist zu bedenken, dass die Gewährleistung für bei Übergabe nicht erkennbare Mängel nicht aus Prinzip eingeschränkt wird, sondern die Ansprüche bezüglich jener versteckten Mängel schlichtweg der angestrebten Maximierung der Rechtsklarheit zum Opfer fallen. Frisst ein zunächst nicht erkennbarer Mangel sich nun an ansonsten mangelfreien Teilen weiter und manifestiert sich damit in einer weiteren, schwerwiegenderen Erscheinungsform, ist er vom Deliktsrecht zu erfassen. Ein Wertungswiderspruch zum Gewährleistungsrecht ist darin nicht zu erblicken.

Des Weiteren wird bemängelt, dass durch die Beibehaltung der Weiterfresser-Konstruktion das einem jeden Kaufvertrag zugrunde liegende Gleichgewicht zwischen Leistung und Gegenleistung beeinträchtigt werde.[544] Schließlich sei die Risikoallokation in den Kaufpreis einkalkuliert und nicht ohne Grund seien gemäß § 202 BGB vom Gesetz abweichende oder aber zusätzliche vertragliche Vereinbarungen wie der Gewährleistungsausschluss oder aber langjährige Garantien zulässig. Kalkulationen seitens des Verkäufers wären jedoch hinfällig, wenn durch das Deliktsrecht die Käuferrechte auf unberechenbare Art und Wei-

541 P. W. Tettinger, JZ 2006, 641, 649.

542 P. W. Tettinger, JZ 2006, 641, 649.

543 Foerste, ZRP 2001, 342

544 Dauner-Lieb/Konzen/Schmidt/Wagner, S. 203, 216.

se verstärkt würden.[545] Die Vertragsparteien hätten in einer hypothetischen Vereinbarung wohl kaum die Regelung getroffen, dass vertraglich erfasste Schäden auch deliktisch geschützt sein sollen, dementsprechend soll ein deliktischer Schutz ausscheiden.[546] Unterscheidet man jedoch zwischen einer mangelhaften Gesamtsache und einer mit einem defekten Teil belasteten, an sich aber mangelfreien, Gesamtsache, ist kaum davon auszugehen, dass die Vertragsparteien für einen solchen Fall überhaupt eine Regelung in dem Vertrag vorgesehen hätten. Das Nutzungs- und Äquivalenzinteresse wäre sicherlich Teil ihrer Vereinbarungen gewesen, nicht aber das Integritätsinteresse. Die Verletzung sonstiger Rechtsgüter ist schließlich kein Aspekt, den man in einem gewöhnlichen Kaufvertrag mit einer Regelung bedenkt.

Von einem Teil der Literatur wird auch angedacht, die Konstruktion des weiterfressenden Schadens mit den dazu entwickelten Kriterien beizubehalten, den daraus entstehenden deliktischen Anspruch jedoch wiederum der gewährleistungsrechtlichen Verjährung des § 438 BGB zu unterwerfen.[547] Dieser Ansatz ist jedoch inkonsequent. Akzeptiert man die zum weiterfressenden Schaden entwickelte Abgrenzung und bejaht die Verletzung eines deliktisch geschützten Interesses neben der gewährleistungsrechtlichen Haftung, muss man meines Erachtens auch den nächsten Schritt gehen und dem Gläubiger den deliktischen Schutz in vollem Umfang zugestehen – und das heißt innerhalb der verjährungsrechtlichen Grenzen des Deliktsrechts.

Die Voraussetzungen für einen deliktischen Schadensersatzanspruch wegen eines Weiterfresser-Schadens sind nach alledem folgende: Zunächst muss mangelfreies Eigentum erworben worden sein, das nach Gefahrübergang verletzt wurde. Die Verpflichtung des Verkäufers ist auf mangelfreie Leistung bei Gefahrübergang beschränkt.[548] Gewährleistungsrechtliche Ansprüche entstehen dementsprechend nur bezüglich solcher Mängel, die bereits bei Gefahrübergang vorlagen, vgl. § 446 BGB. Mängel hingegen, die erst nach Gefahrübergang entstehen, gehören nicht mehr zum Äquivalenzinteresse.[549] Davon zu unterscheiden sind Mängel, die sich erst nach Gefahrübergang zeigen, jedoch schon bei Gefahrübergang vorlagen. Nach einer Auffassung soll der weiterfressende Schaden mit einem solchen versteckten Mangel gleichgesetzt werden, da schließlich auch er im Grundmangel bereits angelegt sei.[550] Bei dem weiterfressenden Schaden handelt es sich jedoch um eine mangelbedingte Verschlechterung der Kaufsache, die zwar latent bei Gefahrübergang vorlag, sich aber erst nach Eigentums-

545 Dauner-Lieb/Konzen/Schmidt/Wagner, S. 203, 216.

546 P. W. Tettinger, JZ 2006, 641, 644.

547 MünchKomm/Westermann, § 437 Rz 62; Erman/Grunewald, § 438 Rz 4; Mansel, NJW 2002, 89, 95.

548 Vgl. Schollmeyer, NJOZ 2009, 2729, 2732 f.

549 Schollmeyer, NJOZ 2009, 2729, 2732.

550 Bamberger/Roth/Faust, § 439 Rz 15.

erwerb materialisierte.[551] Es muss ein anderer und ungleich höherer Schaden eingetreten sein.[552] Dadurch, dass der Weiterfresserschaden sich an zuvor intakten Teilen weiterfrisst, beeinträchtigt er die anfängliche Integrität der Restkaufsache.[553] Das Gewährleistungsrecht ist hier erst gar nicht einschlägig, da und soweit die Restkaufsache bei Gefahrübergang mangelfrei war.[554] Zwar wird von einem Teil der Literatur gefordert, im Falle eines weiterfressenden Schadens sei im Zuge der Nachbesserung der Gesamtgegenstand zu reparieren.[555] Schließlich stehe dem Käufer, wählt er die Variante Nachlieferung, die Nachlieferung einer neuen Gesamtsache zu; dementsprechend müsse auch die Reparatur sich auf die Gesamtsache erstrecken.[556] Eine Reparatur der nach Gefahrübergang entstandenen, weitergefressenen Mängel ist jedoch nicht über das Gewährleistungsrecht zu erreichen, sondern bedarf eines eigenen Anspruchs auf Instandsetzung der gekauften Sache.[557] Auch der BGH setzte das Interesse des Käufers an der Erhaltung der Kaufsache mit dem Interesse an der Erhaltung anderen Eigentums gleich.[558] Dass grundsätzlich auch eine mangelhafte Sache deliktischen Schutz genießt, zeigt sich deutlich, wenn ein Dritter die Sache beschädigt oder zerstört (wenn z.B. ein Attentäter eine Bombe in zu verkaufendes defektes Auto einbaut, welches nach Übergabe explodiert), gilt aber grundsätzlich auch im Zweipersonen-Verhältnis.[559]

Die für einen Anspruch aus § 823 Abs. 1 BGB erforderliche Verletzungshandlung ist die Verursachung des Fehlers, ihre Rechtswidrigkeit wird durch das Vorliegen einer Verkehrspflichtverletzung indiziert.[560] Der Geschädigte muss nur nachweisen, dass die Schädigung aus dem Gefahrenbereich des Schuldners stammt, während letzterer beweisen muss, dass ihn kein Verschulden trifft. Unter der Verursachung des Fehlers ist hier allerdings nicht etwa die Herstellung der Sache zu verstehen, was ohnehin beim mit dem Hersteller nicht identischen Verkäufer zu unbefriedigenden Ergebnissen führen würde, sondern die Inverkehrbringung bzw. der Verkauf der mangelbelasteten Sache.[561] Dabei kann der entstandene Schaden dem Verkäufer, der zugleich Hersteller ist, unproblematisch zugerechnet werden, da diesem eine Produktbeobachtungspflicht bzw. eine

---

551 Vgl. MünchKomm/Wagner, § 823 Rz 126.

552 BGH NJW 1978, 2241, 2242.

553 BGHZ 67, 359, 365; LG Bonn, Urt.v. 02.06.2004 (13 O 5/03) A II; Masch/Herwig, ZGS 2005, 24, 28.

554 Masch/Herwig, ZGS 2005, 24, 28.

555 MünchKomm/Westermann, § 439 Rz 9; AnwKomm/Büdenbender (2005), § 439 Rz 28; Bamberger/Roth/Faust, § 439 Rz 15.

556 P. W. Tettinger, JZ 2006, 641, 645.

557 Schollmeyer, NJOZ 2009, 2729, 2735.

558 BGHZ 86, 256, 258; BGH NJW 1992, 1678; BGH NJW 2004, 1032, 1033.

559 MünchKomm/Wagner, § 823 Rz 131; P. W. Tettinger, JZ 2006, 641, 642.

560 BGH NJW 1968, 1279, 1281; BGHZ 51, 91, 103 f.; BGHZ 80, 186, 196; Oetker/Maultzsch, S. 142; Masch/Herwig, ZGS 2005, 24, 29.

561 BGHZ 86, 256, 263; Palandt/Sprau, § 823 Rz 177.

gewisse Verkehrspflicht obliegt, die darauf abzielt, die Integrität der Rechtsgüter des Käufers und der übrigen mit dem Produkt in Berührung kommenden Personen zu schützen. Der nicht herstellende Verkäufer hingegen muss über besonderes Wissen verfügen bzw. er muss eine Untersuchungspflicht verletzt haben, um deliktisch zur Verantwortung gezogen werden zu können.[562]

Haftungsbegründende Kausalität liegt vor, wenn die in der Pflichtverletzung angelegte Gefahr sich unter nicht außergewöhnlichen Umständen in dem konkreten Schaden niedergeschlagen hat. Das Inverkehrbringen der mit dem latenten Defekt belasteten Kaufsache hat demnach kausal den Schaden verursacht, wenn nach allgemeiner Lebenserfahrung zu erwarten war, dass konkret der vorliegende Schaden eintritt.

Der für einen Anspruch erforderliche Schaden ist die durch das Weiterfressen verursachte Wertverringerung der Kaufsache.[563] Hier kommt es, wie gesagt, darauf an, dass anfänglicher Mangelunwert und endgültiger Schaden nicht deckungsgleich bzw. stoffgleich sind. Zudem muss der endgültige Schaden im Vergleich zum anfänglichen Mangelunwert ungleich höher sein, damit von einem deliktisch relevanten Schaden überhaupt ausgegangen werden kann.

Ferner ist zu beachten, dass kein Nacherfüllungsrecht des Verkäufers mehr offen sein darf. Schließlich soll der Käufer nicht über den deliktischen Anspruch das in seiner Bedeutsamkeit für das gesamte neue Kaufrecht nicht zu unterschätzende Recht des Verkäufers zur zweiten Andienung umgehen können. Sind die vorgenannten Voraussetzungen gegeben, ist dem Käufer neben seinen vertraglichen Ansprüchen auch ein deliktischer Anspruch aus § 823 Abs. 1 BGB wegen weiterfressenden Mangels zu gewähren. Abgrenzungsschwierigkeiten werden sich im Einzelfall nicht vermeiden lassen, zu Wertungswidersprüchen wird es jedoch bei Beachtung der herausgestellten Prämissen nicht kommen.

---

562 Oetker/Maultzsch, S. 141.

563 Masch/Herwig, ZGS 2005, 24, 29.

II. Der Vollzug der Gewährleistungsrechte

1. Nachlieferung und Nachbesserung – Rechte auf Gewährleistung

a) Auswirkung der Nacherfüllung auf den Verjährungslauf

Problematisch gestaltet sich die verjährungsrechtliche Handhabung der Ansprüche auf Gewährleistung nach Vollzug der Gewährleistungsrechte, wenn also die nachgelieferte Kaufsache mangelbehaftet ist oder die Reparatur fehlschlug. Die verjährungsrechtlichen Folgen sind gesetzlich nicht geregelt, so dass mehrere Lösungen denkbar sind. Grundsätzlich stellt sich die Frage, ob eine mangelhafte Nacherfüllung neue Nacherfüllungsansprüche auslöst oder ob die Mangelhaftigkeit der Nacherfüllung nur dazu führt, dass sie als nicht vorgenommen gilt. Gesteht man dem Käufer einen neuen Nacherfüllungsanspruch zu, steht ihm erneut die volle Verjährungsfrist zu. Gilt eine mangelhafte Nacherfüllung hingegen lediglich als nicht vorgenommen, läuft die gewährleistungsrechtliche Verjährungsfrist weiter – dem Käufer steht nur der Rest der bereits angelaufenen Frist zu.

Bei der Frage nach den verjährungsrechtlichen Konsequenzen der Nacherfüllung ist nicht nur der Zeitraum nach der erfolglosen Nacherfüllung von Interesse, sondern bereits der Zeitraum *während* der Nacherfüllung. Die Notwendigkeit der Hemmung der Verjährung bei einem Nacherfüllungsverlangen seitens des Käufers bzw. während der Vornahme der Nacherfüllung seitens des Verkäufers ergibt sich daraus, dass es dem Verkäufer nicht möglich sein soll, die Prüfung oder Erfüllung der Ansprüche so lange zu verzögern, bis Verjährung eintritt, so dass er die Leistung verweigern kann. Eine Verjährungshemmung in dieser Zeitspanne liegt aber auch im Interesse des Schuldners. Schließlich schafft eine Hemmung die Möglichkeit, sich ohne Zeitdruck mit dem vermeintlichen Mangel zu beschäftigen, also eine ausführliche Prüfung vorzunehmen, sich ggf. weitergehend mit dem Käufer zu verständigen oder den Mangel zu beheben.

Da das Gesetz für diese Zeitspanne keinen gesonderten Hemmungsgrund bereithält, sind die allgemeinen Verjährungsregeln heranzuziehen. Vor der Schuldrechtsreform war die Rechtslage etwas anders. Zwar gab es auch nach altem Recht im Kaufrecht keine besonderen Regelungen für die Zeit nach Geltendmachung des Anspruchs; entsprechende Regelungen fanden sich jedoch im Werkvertragsrecht (§ 639 Abs. 2 BGB a.F.), im Reisevertragsrecht (§ 651g Abs. 2 S. 3 BGB a.F.) und im Deliktsrecht (§ 852 Abs. 2 BGB a.F.). Gemäß § 639 Abs. 2 BGB a.F. wurde die Verjährung der Gewährleistungsansprüche des Bestellers so lange gehemmt, wie der Unternehmer mit Einverständnis des Bestellers das Werk auf Mängel überprüfte oder Mängel beseitigte. Nach § 651g Abs. 2 S. 3 BGB a.F. war die Verjährung der Ansprüche des Reisenden von ihrer Geltendmachung bis zur schriftlichen Zurückweisung seitens des Reiseveranstalters gehemmt. § 852 Abs. 2 BGB a.F. statuierte schließlich eine Verjährungshemmung für die Zeit, in welcher zwischen Ersatzpflichtigem und Ersatzberechtigtem Verhandlungen über den Schadensersatzanspruch schwebten. Das Ende der Hemmung markierte dabei die Weigerung zur Fortsetzung der Verhandlungen.

Der Regelungsgehalt des § 852 Abs. 2 BGB a.F. findet sich nun in § 203 im Allgemeinen Teil des BGB wieder und hat damit Gültigkeit für alle Schuldverhältnisse, also auch für Kaufverträge. Gemäß § 203 BGB ist die Verjährung stets gehemmt, wenn und solange Schuldner und Gläubiger über den Anspruch oder die den Anspruch begründenden Umstände verhandeln. Bei der Handhabung des § 203 BGB im Bereich der Verjährung der kaufrechtlichen Gewährleistungsansprüche ist der Verhandlungsbegriff ebenso weit zu verstehen wie bei den anderen Fällen des § 203 BGB.[564] Die Verjährung wird demnach schon gehemmt, wenn der Verkäufer bei Geltendmachung von Gewährleistungsansprüchen die Nacherfüllung nicht von vornherein ablehnt. Ausreichend ist die Andeutung, dass er sich auf Erörterungen bezüglich der Anspruchsberechtigung einlassen wird oder ein Verhandeln ohne Anerkennung einer Rechtspflicht. Vergleichsbereitschaft oder Entgegenkommen muss der Verkäufer nicht signalisieren, ausführlicher dazu siehe oben Kapitel C) I. 2. b).

Auch die den Hemmungstatbeständen der §§ 639 Abs. 2, 651 g Abs. 2 S. 3 BGB a.F. zugrunde liegenden Gedanken wurden als verallgemeinerungsfähig erachtet und sollten im allgemeinen Verjährungsrecht aufgehen.[565] Auch hier ist die in Frage kommende Norm § 203 BGB. § 651 g BGB a.F. ist für das Kaufrecht nicht weiter von Bedeutung, interessant ist hingegen die Konsequenz, dass alle Tatbestände, bei denen nach § 639 Abs. 2 BGB a.F. die Verjährung gehemmt sein sollte, nach neuer Rechtslage unter § 203 BGB zu subsumieren sind.[566] Für die Verjährung der Gewährleistungsansprüche ist das deshalb von zentraler Bedeutung, weil § 639 Abs. 2 BGB a.F. von RG und BGH in ständiger Rechtsprechung für die Zeit der Nacherfüllung analog auf kaufrechtliche Fälle ange-

---

564 OLG Koblenz, ZGS 2006, 117, 118; AnwKomm/Mansel, § 203 Rz 4; Reinking, ZGS 2002, 140, 143; S. Lorenz, NJW 2007, 1, 5.

565 BT-Drucks 14/6040, S. 91, 111.

566 BT-Drucks 14/6040, S. 111; Staud/Matusche-Beckmann, §. 438 Rz 19; MünchKomm/Grothe, § 203 Rz 6; Palandt/Ellenberger, § 203 Rz 2; Bamberger/Roth/Faust, § 438 Rz 58; Mansel/Budzikiewicz, S. 219; Reinking, ZGS 2002, 140, 142; G. Wagner, ZGS 2002, 789, 794; Auktor/Mönch, NJW 2005, 1686, 1688.

wandt wurde.[567] § 639 Abs. 2 BGB a.F. wurde dabei weit ausgelegt. So wurde eine Hemmung in manchen Fällen sogar angenommen, obwohl der Unternehmer explizit ohne Anerkennung einer Rechtspflicht tätig wurde[568] bzw. wenn er ausschließlich seine Pflicht zur Nacherfüllung rechtlich nachprüfte[569]. Solange der Verkäufer nacherfüllt, das heißt Nacherfüllungshandlungen aufgenommen, aber noch nicht beendet hat, ist demnach die Verjährung des § 438 BGB gehemmt. Die früher vom BGH in manchen dieser Fälle geforderte vertragliche Vereinbarung eines Nachbesserungsrechts ist dabei in dem gesetzlich vorgegebenen Recht auf zweite Andienung aufgegangen. Damit bedarf es keiner analogen Anwendung von werkvertragsrechtlichen Verjährungsregeln im Kaufrecht mehr und auch § 242 BGB muss nicht mehr unter dem Aspekt unzulässiger Rechtsausübung bemüht werden. Durch diese weite Auslegung kann verhindert werden, dass der Verkäufer mit fadenscheinigen Argumenten den Käufer bis zur Verjährung von der Geltendmachung seiner Rechte abhält und sich dann auf § 214 BGB beruft.[570]

Weniger eindeutig ist die Lage bei Kulanzmaßnahmen, wenn beispielsweise eine Sache repariert oder nachgeliefert wird, ohne dass der Verkäufer die Kaufsache zuvor auf Mängel überprüft hat. Das kann insbesondere in Betracht kommen, wenn der Verkäufer irgendeinen geldwerten Vorteil aus dieser Vorgehensweise ziehen kann. Typisches Beispiel wäre der Verkäufer eines Massenprodukts, der ohne Überprüfung des Mangels die Lieferung einer neuen Sache zusagt, weil dies für ihn kostengünstiger ist als tatsächliche Untersuchungen anzustellen. In solchen Fällen lässt sich auch bei einem weiten Verständnis schwer von „Verhandlungen" sprechen, schließlich hat der Verkäufer die Kaufsache eben *nicht* überprüft und hat sich diesbezüglich gerade *nicht* mit dem Käufer auseinandergesetzt.

Der Käufer ist in solchen Fällen jedoch genauso schutzwürdig wie bei Verhandlungen. Schließlich liegt es auch hier in der Macht des Verkäufers, nach Zusage der Nachlieferung die Vornahme derselben hinauszuzögern. Es mutete gerade im Lichte des Verbraucherschutzes seltsam an, würde derjenige Verkäufer zusätzlich privilegiert, der das kostengünstigere Verfahren wählt. Ließe man in diesen Fällen die Verjährung weiterlaufen, könnte dies ferner zur Folge haben, dass Verkäufer grundsätzlich nur noch aus Kulanz nacherfüllten, was dazu führen würde, dass ein Verkäufer unter dem Deckmantel des käuferfreundlichen Verhaltens ebendiesen seiner Rechte berauben könnte. Schließlich wird ein Käufer sich in der Regel wohl stets auf eine Kulanzhandlung des Verkäufers einlas-

567 RGZ 96, 266, 267; RGZ 128, 211, 213; BGHZ 39, 287, 292; BGH NJW 1973, 698, 699; BGH NJW 1984, 1525, 1526; BGH NJW 1988, 254; BGH NJW 1992, 1236, 1237; BGH NJW 1996, 1962, 1964; BGH NJW 1997, 727, 728; BGH NJW 1999, 2961.

568 Siehe BGH WM 1977, 823.

569 Siehe BGH NJW 1983, 162, 163.

570 Gramer/Thalhofer, ZGS 2006, 250, 250.

sen, da er an einer möglichst schnellen Abwicklung interessiert sein wird. Dass ihm dadurch die Möglichkeit der Hemmung der Verjährung seiner Ansprüche und damit auch ihre Durchsetzbarkeit unter Umständen abgeschnitten wird, ist dem durchschnittlichen Käufer wohl kaum bekannt.

Besonders hart träfe das den Käufer, wenn die Nacherfüllung aus Kulanz nicht erfolgreich war, die Gewährleistungsansprüche aber inzwischen verjährt sind.[571] Es vermag nicht einzuleuchten, warum der Käufer bezüglich einer auf Kulanzbasis erhaltenen mangelhaften Ersatzsache Gefahr laufen können soll, keine Gewährleistungsansprüche geltend machen zu können, während ihm bei der nicht aus Kulanz vorgenommenen Nachlieferung zumindest die drei Monate des § 203 S. 2 BGB zur Verfügung stehen, um seine Rechte geltend zu machen und ggf. weitere Schritte einzuleiten.

Um die Interessen des Käufers angemessen zu schützen, muss demnach die Hemmung der Verjährung der Gewährleistungsansprüche auch eintreten, wenn der Verkäufer aus Kulanz handelte. Der Verkäufer wird dadurch nicht unangemessen benachteiligt, da er es in der Hand hat, das Vorliegen des behaupteten Mangels zu überprüfen. Er ist nicht gezwungen, ohne Prüfung und Feststellung des Mangels die Sache zu reparieren bzw. auszutauschen. Tut er dies dennoch, ist er genauso zu behandeln wie ein Verkäufer, der nach Feststellung eines Mangels nacherfüllt. Zwar gewährt § 439 Abs. 3 BGB dem Verkäufer unter besonderen Umständen ein Wahlrecht bezüglich der Art der Nacherfüllung, ein weitergehender Schutz des Verkäufers war jedoch nicht vom Gesetzgeber beabsichtigt, der vorrangig den Schutz des Käufers im Blick hatte, und liefe auch der Zielsetzung der umgesetzten Richtlinie zuwider, die Verbraucherrechte zu stärken. Der Gesetzgeber ist wohl davon ausgegangen, dass Nacherfüllungshandlungen nicht ohne vorherige Feststellung des Mangels vorgenommen werden und hat den Fall der Nacherfüllung auf Kulanzbasis nicht mitbedacht, so dass hier eine planwidrige Regelungslücke vorliegt, die durch analoge Anwendung des § 203 BGB zu schließen ist.[572]

Verhandlungen liegen vor, solange nicht eine der beiden Parteien die Fortsetzung der Verhandlungen verweigert oder die Parteien zu einem Schluss gekommen sind. Das bedeutet, dass von dem Zeitpunkt an, zu dem der Käufer Gewährleistungsansprüche geltend macht und der Verkäufer sich auf Gespräche oder auf die Überprüfung des Mangels einlässt, die Verjährung der Gewährleistungsansprüche gemäß § 203 BGB gehemmt ist. Dazu bedarf es nicht der Hilfskonstruktion der konkludenten Hemmungsabrede i.S.d. § 202 BGB.[573] Die Hemmung endet mit der Mitteilung des Verpflichteten über das Ergebnis der Prüfung oder mit der Mitteilung, dass der Mangel beseitigt sei bzw. dass eine solche Beseitigung nicht vorgenommen werde. Gemäß der Ablaufhemmung des § 203

571 Siehe dazu Gramer/Thalhofer, ZGS 2006, 250; Auktor, NJW 2003, 120, 122.

572 Gramer/Thalhofer, ZGS 2006, 250 f; Auktor, NJW 2003, 120, 122.

573 MünchKomm/Grothe, § 203 Rz 6; a.A. Mansel, NJW 2002, 89, 98.

S. 2 BGB hat der Berechtigte danach mindestens noch drei Monate Zeit, die Nacherfüllung zu überprüfen. Lehnt der Verkäufer hingegen die Nacherfüllung von vornherein ab, finden keine Verhandlungen statt und die Verjährung wird nicht nach § 203 BGB gehemmt. In solchen Fällen kann der Käufer gemäß § 440 BGB ohne Fristsetzung vom Kaufvertrag zurücktreten und/oder Hemmung über § 204 BGB durch Einleitung rechtlicher Schritte herbeiführen.

Ist die Hemmung des § 203 BGB beendet, stellt sich die Frage, ob der Rest der ursprünglichen Verjährungsfrist weiterläuft oder ob eine neue zweijährige Verjährungsfrist beginnt. Eine neue Verjährungsfrist käme beispielsweise in Betracht, wenn in der Nacherfüllung eine Ablieferung i.S.d. § 438 Abs. 2 BGB zu sehen wäre oder wenn eine Nacherfüllung ein Anerkenntnis i.S.d. § 212 BGB darstellen würde. Ob in der Nacherfüllung ein die Verjährung neu auslösendes Anerkenntnis i.S.d. § 212 BGB zu sehen ist, ist unabhängig von der Frage nach der Hemmung der Verjährung zu beurteilen, da Hemmung und Neubeginn der Verjährungsfrist sich nicht gegenseitig ausschließen.

b) Die eigenständige Verjährungsfrist – Nacherfüllung als Ablieferung i.S.d. § 438 Abs. 2 BGB

Ein Teil der Literatur nimmt bei jeder Nacherfüllung eine erneute Ablieferung i.S.d. § 438 Abs. 2 BGB an.[574] Das hätte zur Folge, dass für die neue bzw. reparierte Sache neue Ansprüche aus § 437 entstünden, für welche gemäß § 438 eine neue zweijährige Verjährungsfrist zu laufen begönne. Unter Ablieferung versteht man die Überlassung der Kaufsache an den Käufer, in der Art, dass dieser eine tatsächliche Überprüfungsmöglichkeit hat, ausführlicher dazu siehe oben Kapitel C) II. 3. Per Definition kann man darunter also auf den ersten Blick tatsächlich jede Übergabe der Kaufsache von dem Verkäufer an den Käufer fassen.

Es ist jedoch zu bedenken, dass eine Anwendung des Ablieferungsbegriffes bei der Nacherfüllung zu einem Ungleichgewicht zwischen Nachlieferung und Nachbesserung sowie zu einer Privilegierung des Käufers beweglicher Sachen gegenüber dem Käufer von Immobilien führen würde. Das Ungleichgewicht zwischen Nachlieferung und Nachbesserung ergibt sich daraus, dass eine Ablieferung im eigentlichen Sinne nur bei einer Nachlieferung vorliegen kann, bei einer Nachbesserung jedoch von vornherein ausscheidet. Zwar kann man rein begrifflich nicht nur eine Ersatzsache, sondern auch eine reparierte Sache „abliefern“. Allerdings gerät man in Erklärungsnöte, wenn die nachzubessernde Sache während der Reparatur beim Käufer verblieb. Zwar könnte man hier in der Erklärung des Verkäufers, die Nachbesserung beendet zu haben, ein Ablieferungs-Substitut sehen. Bedenkt man, dass der Ablieferungsbegriff entscheidend über

574 Bamberger/Roth/Faust, § 438 Rz 59; Haas/Medicus/Rolland/Schäfer/Wendtland/Haas, Kap. 5 Rz 332; Jauernig/Berger, § 439 Rz 15; Menges, JuS 2008, 395, 399.

den Gewahrsamswechsel und die jeweiligen Einwirkungsmöglichkeiten definiert wird, erscheint diese Erklärung jedoch reichlich unbefriedigend. Man müsste demnach, um nicht zu groben Wertungswidersprüchen zu kommen, die Nachbesserung von dem Begriff der Ablieferung ausnehmen.[575] Eine solche Ungleichbehandlung bei der Verjährung dieser ansonsten gleichgestellten Gewährleistungsrechte widerspricht allein schon dem grundlegenden Rechtsgedanken, dass Gleiches auch gleich behandelt werden soll. Die Privilegierung des Käufers von beweglichen Sachen gegenüber dem Käufer von Immobilien ergibt sich schlicht daraus, dass hier eine Nachlieferung stets ausscheidet.[576] Dasselbe Problem überträgt sich auf den Kauf von Einzelstücken, das heißt auf Stückkäufe, bei denen eine Nachlieferung ebenso wenig möglich ist. Um solche Wertungswidersprüche zu vermeiden, empfiehlt es sich, die Lieferung der reparierten Sache bzw. der Ersatzsache vom Begriff der Ablieferung auszunehmen.

Gegen die Annahme einer Ablieferung i.S.d. § 438 Abs. 2 BGB wird ferner eingewandt, dass man darunter nach der ratio des § 438 BGB nur das erstmalige Verbringen einer Sache in den Machtbereich des Käufers zur Erfüllung des Kaufvertrages verstehen könne.[577] Tatsächlich ist zu bedenken, dass die Lieferung einer Ersatzsache bzw. die Reparatur der Kaufsache nicht aufgrund eines neuen Vertrages, wie etwa eines eigenständigen Nacherfüllungsvertrages, erfolgt, sondern dass es bei dem ursprünglichen Vertrag bleibt. Zwar wandelt sich der ursprüngliche Erfüllungsanspruch nach einer mangelhaften Lieferung in einen Nacherfüllungsanspruch, jedoch ist letzterer systematisch nicht von dem ursprünglichen Erfüllungsanspruch oder dem zugrunde liegenden Kaufvertrag zu trennen. Wenn aber die Nacherfüllung nicht von der ursprünglichen Erfüllung unabhängig ist, liegt nahe, dass auch die Lieferung der neuen bzw. reparierten Sache nicht eine eigenständige Ablieferung der Kaufsache sein kann.

Auch ein Blick auf die alte Rechtslage spricht nicht unbedingt für die Anwendung des Begriffs der Ablieferung auf die Lieferung einer Sache im Zuge der Nacherfüllung. Nach altem Recht wurde zwar neben der Verjährungshemmung über § 639 Abs. 2 BGB a.F. in manch einem Fall auch ein Neubeginn angenommen. Dies geschah jedoch stets über eine analoge Heranziehung des Unterbrechungsbegriffes des § 208 BGB a.F., nicht jedoch durch (Um-)Deutung des Ablieferungsbegriffes des § 477 Abs. 1 S. 1 BGB a.F. Da der Gesetzgeber in § 438 Abs. 2 BGB den Nachfolger von § 477 Abs. 1 S. 1 BGB a.F. sieht und den Ablieferungsbegriff ohne weitere Begründungen übernahm,[578] ist nicht davon auszugehen, dass seit der Schuldrechtsreform eine andere Interpretation des

575 Menges, JuS 2008, 395, 398.

576 OLG Celle, NJW 2006, 2643, 2644; Auktor, NJW 2003, 120, 121; Auktor/Mönch, NJW 2005, 1686, 1687; Gramer/Thalhofer, ZGS 2006, 250, 253.

577 OLG Celle, NJW 2006, 2643, 2644; Auktor, NJW 2003, 120, 121; Auktor/Mönch, NJW 2005, 1686, 1687; Gramer/Thalhofer, ZGS 2006, 250, 252; Bolthausen/Rinker, ZGS 2006, 12, 13.

578 BT-Drucks 14/6040, S. 229.

Begriffes vorzunehmen ist.[579] Das gleiche Ergebnis legt die gängige Terminologie nahe; schließlich geht es stets um einen „Neubeginn", der zumindest rein begrifflich nur über § 212 BGB zu erreichen ist, nicht aber über § 438 Abs. 2 BGB, da es bei letzterem um eine neue, von der ursprünglichen Verjährung unabhängige Verjährungsfrist geht, nicht aber um einen Neubeginn derselben.

Ferner wird geltend gemacht, dass die Subsumtion jedweder Lieferung unter den Begriff der Ablieferung nicht Art. 5 Abs. 1, Art. 3 der Verbrauchsgüterkauf-Richtlinie entspreche und dass man durch die Ausdehnung der Ablieferung auf die Nacherfüllung zu einer systemwidrigen Verlängerung der Gewährleistungs- bzw. Verjährungsfristen komme.[580] Die Heranziehung der Verbrauchsgüterkauf-Richtlinie ist allerdings nicht sehr ergiebig. Zwar heißt es in Art. 3 Abs. 1 der Richtlinie, dass der Verkäufer ab Lieferung des Verbrauchsgutes gegenüber dem Käufer zwei Jahre lang für alle Vertragswidrigkeiten hafte, während Art. 3 Abs. 2 BGB dem Käufer einen Anspruch auf *Ersatz*lieferung zuspricht. Dass die Richtlinie hier neben dem Begriff der Lieferung auch den der Ersatzlieferung benutzt, lässt jedoch keine für das vorliegende Problem verwertbaren Rückschlüsse zu. Zum einen markiert die Lieferung in der Richtlinie einen Zeitpunkt, während die Ersatzlieferung den Inhalt eines Anspruchs definiert und keinerlei zeitliche Marke darstellt. Zum anderen übernimmt das BGB diese Terminologie nicht; in § 438 Abs. 2 BGB ist von der *Ab*lieferung der Sache die Rede, in § 439 Abs. 1 BGB von dem (Gewährleistungs-)Recht des Käufers auf Lieferung einer mangelfreien Sache. Von einer systemwidrigen Verlängerung der Verjährungsfrist kann zudem nicht die Rede sein, da es bei der Annahme einer neuen Ablieferung zumindest rein technisch nicht um die Verlängerung der Verjährungsfrist geht, sondern um eine neue, eigenständige Frist.

Die Frage nach einer zweijährigen Gewährleistungsfrist für die Nacherfüllung kann jedoch unabhängig davon beantwortet werden, wie weit man den Ablieferungsbegriff versteht. Von einer Auffassung wird vertreten, der Gesetzgeber habe sich gegen eine Regelung für die Unterbrechung im Gewährleistungsrecht entschieden.[581] Es ist jedoch keineswegs so, dass der Gesetzgeber von der in Erwägungsgrund 18 der Richtlinie vorgeschlagenen Regelung von Hemmung und Unterbrechung im Fall der Nacherfüllung abgesehen hat. Zuzugeben ist, dass diese Regelung nicht im Kaufrecht Niederschlag gefunden hat. Vielmehr findet sich eine solche Regelung im Allgemeinen Teil des BGB. Der Gesetzgeber wollte im Zuge der Richtlinien-Umsetzung eine Vereinheitlichung des Verjährungsrechts erreichen und regelte die Hemmung und den Neubeginn der Verjährung nicht mehr stückweise im ganzen BGB verteilt, sondern konzentrierte die entsprechenden Regelungen im Allgemeinen Teil. Möchte man dem Käufer einer mangelhaften Sache für die Zeit nach vollzogener Nacherfüllung erneut die

579 So i.E. auch Menges, JuS 2008, 395, 398.

580 Auktor, NJW 2003, 120, 121; Auktor/Mönch, NJW 2005, 1686, 1687; Bolthausen/Rinker, ZGS 2006, 12, 13; Gramer/Thalhofer, ZGS 2006, 250, 252.

581 Auktor, NJW 2003, 120, 121.

volle Gewährleistungsfrist zur Verfügung stellen,[582] hilft ein Blick in den Allgemeinen Teil des BGB weiter. Die in Frage kommende Norm ist § 212 BGB, der den Neubeginn der Verjährung regelt.

c) Die neu beginnende Verjährungsfrist – Nacherfüllung als Anerkenntnis i.S.d. § 212 BGB

Man könnte in der Nacherfüllung ein Anerkenntnis „in anderer Weise" i.S.d. § 212 Abs. 1 Nr. 1 BGB a.E. sehen, so dass mit der Nacherfüllung die Verjährungsfrist von neuem zu laufen begönne.[583] Von einem Anerkenntnis spricht man, wenn der Schuldner das Bestehen seiner Verpflichtung einsieht und dies dem Gläubiger kommuniziert, ausführlicher dazu siehe oben, Kapitel C) I. 2. b). Ein Anerkenntnis liegt zweifellos vor, wenn der Schuldner ausdrücklich gegenüber dem Käufer die Mangelhaftigkeit der Kaufsache zugibt. Da ein Anerkenntnis aber auch konkludent vorliegen kann, kommt grundsätzlich auch die Nacherfüllung als Anerkenntnis in Betracht. Fraglich ist allerdings, ob in jeder Nacherfüllung ein konkludentes Anerkenntnis zu sehen ist bzw. nach welchen Kriterien zu differenzieren ist.

Von einem Teil der Literatur wird vorgeschlagen, eine grundlegende Differenzierung zwischen Nachlieferung und Nachbesserung vorzunehmen:[584] Im Falle der Lieferung einer neuen Sache soll stets ein Anerkenntnis und damit eine neue Frist gegeben sein, während die Nachbesserung nicht zu einem Neubeginn führen soll. Zu befürworten ist zunächst der Ansatz, dass eine Nachlieferung stets eine erneute zweijährige Frist auslösen soll. Schließlich wird eine neue Sache übergeben und nur durch eine neue Gewährleistungsfrist kann gewährleistet werden, dass dem Käufer die vom Gesetzgeber als angemessen erachtete Frist zur Entdeckung von Mängeln zur Verfügung steht.[585] Dabei ist eine Differenzie-

---

582 MünchKomm/Westermann, § 439 Rz 29; Oetker/Maultzsch, S. 129; Stöber, S. 53; Ernst/Gsell, ZIP 2000, 1410, 1420; Ernst/Gsell, ZIP 2000, 1812, 1813 f; Menges, JuS 2008, 395, 397.

583 Vgl. BGH NJW 1988, 254; BGH NJW 1988, 1259, 1260; BGH NJW 1990, 826; BGH ZIP 1999, 1216, 1217; BGH NJW 2009, 985, 986; OLG Köln NJW-RR 1993, 1140, 1141; Staud/Matusche-Beckmann, § 438 Rz 21; Palandt/Ellenberger, § 212 Rz 4: Bamberger/Roth/Henrich, § 212 Rz 4; Jauernig/Berger, § 439 Rz 15; Oetker/Maultzsch, S. 129; Auktor/Mönch, NJW 2005, 1686, 1687; S. Lorenz, NJW 2007, 1, 5.

584 Palandt/Weidenkaff, § 438 Rz 16a; Haas/Medicus/Rolland/Schäfer/Wendtland/Haas, Kap. 5 Rz 333; zweifelnd MünchKomm/Westermann, § 438 Rz 41 (die Rechtsfolge könne im Einzelfall passen, dies sei jedoch nicht immer der Fall).

585 Bamberger/Roth/Faust, § 438 Rz 59; Palandt/Weidenkaff, § 438 Rz 16a; Haas/Medicus/Rolland/Schäfer/Wendtland/Haas, Kap. 5 Rz 333; Ernst/Gsell, ZIP 2000, 1812, 1814; S. Lorenz, NJW 2007, 1, 5; Menges, JuS 2008, 395, 398.

rung danach, ob es sich bei der nachgelieferten Sache um ein Einzelstück oder um sog. Massenware handelt, nicht sachgerecht.[586] Zwar mag diese Unterscheidung aus der Sicht des Verkäufers, wirtschaftlich betrachtet, Sinn machen. Für den Käufer macht es jedoch keinen Unterschied, ob es sich bei der konkreten Kaufsache um ein Massenprodukt handelt oder nicht. In der Regel wird sich die Massenware-Eigenschaft der Kaufsache für den Käufer weder in puncto Preis noch in puncto Qualität offensichtlich auswirken, so dass sich die Unterscheidung vom Empfängerhorizont aus schwierig gestalten wird. Ohnehin ist fraglich, wann die Grenze zur Massenware erreicht ist, wird der Verkäufer doch stets versuchen, die Massenhaftigkeit der Ware zu beweisen. Ein für den Käufer so nebulöses Kriterium heranzuziehen, entspricht nicht gerade dem Verbraucherschutz-Gedanken. Noch ungerechter ist die Sachlage gegenüber dem Kleinhändler, der Ware grundsätzlich nicht massenhaft einkauft (bzw. es vermutlich gar nicht kann) und sich daher nicht gleich dem Großhändler durch Berufung auf eine vermeintliche Massenlieferung aus der Gewährleistung ziehen kann. Dass eine Benachteiligung des Kleinhändlers vom Gesetzgeber beabsichtigt war oder auch nur akzeptiert würde, ist mehr als unwahrscheinlich. Um diese Ungleichbehandlungen zu vermeiden, darf nicht auf die Qualifikation der Ware als Massenware abgestellt werden. Vielmehr ist bei jeder Nachlieferung der Neubeginn der Verjährungsfrist anzunehmen.

Ist die nachgelieferte Sache wieder mangelhaft und wird sie durch Nachlieferung ersetzt, beginnt auch die Verjährungsfrist von neuem zu laufen. Die dadurch entstehende Kettengewährleistung wird zwar von Teilen der Literatur kritisiert, ist jedoch schlichtweg eine Konsequenz des Rechtes zur zweiten Andienung.[587] Lässt man in Fällen mangelhafter Nacherfüllung keine neue Gewährleistungsfrist zu, werden der nachlässigen Nacherfüllung Tür und Tor geöffnet[588] und man schneidet dem Käufer die Gewährleistungsrechte ab, ohne dass dieser irgendeinen Einfluss darauf hat. Das träfe den Käufer besonders hart, wenn durch die Nacherfüllung ein neuer Mangel aufträte, da der Käufer zu dessen Geltendmachung im Gegensatz zum gesetzgeberischen Willen erst gar keine realistische Chance bekäme.[589]

Die vorgenannten Argumente lassen sich im Wesentlichen auch auf die nachgebesserte Kaufsache übertragen, so dass von einem Teil der Literatur vorgeschlagen wird, grundsätzlich auch bei einer Nachbesserung die Verjährungsfrist erneut laufen zu lassen.[590] Die grundsätzliche Annahme oder Ablehnung eines Anerkenntnisses durch Nachbesserung lehnte der BGH jedoch bislang in ständiger

586 So aber MünchKomm/Westermann, § 438 Rz 41.

587 Ernst/Gsell, ZIP 2000, 1812, 1813.

588 Ernst/Gsell, ZIP 2000, 1812, 1814.

589 Ernst/Gsell, ZIP 2000, 1410, 1412; Ernst/Gsell, ZIP 2000, 1812, 1814; Menges, JuS 2008, 395, 398.

590 Bamberger/Roth/Faust, § 438 Rz 59; Ernst/Gsell, ZIP 2000, 1410, 1420.

Rechtsprechung ab. In seiner Rechtsprechung zu § 208 BGB a.F. sprach er sich gegen eine pauschalierte Behandlung dieser Fälle aus und stellte auf die Umstände des Einzelfalls ab.[591] Als entscheidende Kriterien sah der BGH vor allem Umfang, Dauer und Kosten der Mängelbeseitigungsarbeiten an.[592] Auch mehrfache Nachbesserungsarbeiten können ein Indiz für ein Anerkenntnis sein.[593] Ein Anerkenntnis konnte auch vorliegen bei der Vornahme umfangreicher Nachbesserungsarbeiten, bzw. bei ihrer Zusage.[594] Unschädlich sollte dabei sein, wenn die Nachbesserungsarbeiten nicht vom Schuldner selbst, sondern von einem Dritten vorgenommen wurden.[595] Nicht ausreichend war hingegen die Aussage des Schuldners, dass man sich um die Sache kümmern bzw. den Mangel prüfen werde.[596] Hier wurde lediglich ein Verhandeln i.S.d. heutigen § 203 BGB angenommen. Laut BGH musste ein Verhalten des Schuldners vorliegen, aus dem sich für den Gläubiger ergab, dass dem Schuldner das Bestehen des Anspruchs bewusst war und dass er sich nicht direkt auf die Verjährung berufen wollte, ausführlicher dazu siehe oben, Kapitel C) I. 2. a). Maßgeblich war also vor allem die Sicht des Gläubigers.

Gegen die Annahme eines Verjährungsneubeginns nach einer Nacherfüllung wird von einem Teil der Literatur geltend gemacht, dass wegen der Verlängerung der Verjährungsfrist auf das Vierfache und wegen der allgemeinen Regelung der Hemmung in § 203 BGB der Unterbrechung bzw. dem Neubeginn nach neuem Schuldrecht keine so große Bedeutung mehr zukomme.[597] Für diese Annahme scheint auch die gesetzliche Verschiebung vom Neubeginn zur Hemmung durch die Schuldrechtsreform zu sprechen: Seit der Reform sind viele der ehemaligen Unterbrechungsgründe des § 209 BGB a.F. nun als Hemmungsgründe in § 204 BGB wiederzufinden. Mit etwas Bedacht lassen sich die nach altem Recht gefundenen Argumente jedoch auch auf die neue Rechtslage übertragen.[598] Dazu tendiert auch die neuere Rechtsprechung, nach der ein Anerkenntnis vorliegen soll bei einer Reparatur mit nicht unerheblichem Aufwand,[599] bei der Erklärung des Schuldners, dass ihm ein Nachbesserungsrecht zustehe,[600]

591 BGH WM 1987, 1200; BGH NJW 1988, 254, 255; BGH, NJW-RR 1994, 373; BGH NJW 1999, 2961; so auch BGHZ 164, 196, 205 zur neuen Rechtslage.

592 BGH WM 1987, 1200; BGH NJW 1988, 254, 255; BGH, NJW-RR 1994, 373; BGH NJW 1999, 2961; BGHZ 164, 196, 205.

593 BGH NJW-RR 1994, 373; BGH NJW 1999, 2961.

594 BGH NJW 1999, 2961; MünchKomm/Westermann, § 438 Rz 41; Bamberger/Roth/Henrich, § 212 Rz 4.

595 BGH NJW 1999, 2961.

596 OLG Koblenz, NJW-RR 1990, 61, 62; MünchKomm/Grothe, § 212 Rz 16.

597 Erman/Schmidt-Räntsch, § 212 Rz 11; Reinking, ZGS 2002, 140, 144; Auktor/Mönch, NJW 2005, 1686, 1687; Gramer/Thalhofer, ZGS 2006, 250, 253.

598 BGH NJW 2006, 48; OLG Köln, NJOZ 2007, 5927, 5928; LG Koblenz, NJW-RR 2007, 272, 273; OLG Karlsruhe, NJW 2009, 1150, 1151; Mansel/Budzikiewicz, S. 213.

599 LG Koblenz, NJW-RR 2007, 272, 273.

600 OLG Köln, NJOZ 2007, 5927, 5928.

oder wenn der Mangel vorbehaltlos und kostenlos beseitigt wird.[601] Es handelt sich jedoch sowohl bei mangelhafter Nachlieferung wie auch bei mangelhafter Nachbesserung, sofern ein neuer Mangel entsteht oder der alte Mangel nicht behoben wird, um eine neue Pflichtverletzung, die sich auf die Mangelhaftigkeit der Ersatzsache bzw. der Reparatur bezieht.[602] Um dem Verbraucherschutz Genüge zu tun, muss dem Käufer dementsprechend grundsätzlich eine neue Frist zur Verfügung stehen, um sich auch gegen diese Pflichtverletzung zur Wehr zu setzen. Es kann nicht sein, dass der Käufer eine Kaufsache ohne jegliche Gewährleistung erhält.

Der grundsätzlichen Annahme eines Neubeginns wird von einer Auffassung mit einem Vergleich zur Rügeobliegenheit des Kaufmanns aus § 377 HGB entgegengetreten.[603] Diese Regelung zeige zumindest, dass ein Käufer keine zwei Jahre zur Untersuchung der Ware benötige, heißt es.[604] So sehr es dem Käufer möglich sein soll, die neu erhaltene Ware auf ihre Mangelhaftigkeit zu überprüfen, sei dennoch nicht davon auszugehen, dass er zwei Jahre dafür benötige – vor allem da er sich durch die fehlerhafte Erstleistung ohnehin in erhöhter Alarmbereitschaft befinde.[605] In dieser Situation seien die drei Monate, die § 203 S. 2 BGB dem Käufer zur Verfügung stellt, für diesen eine ausreichende Zeitspanne.[606] Allerdings hat der Gesetzgeber sich gerade gegen eine Rügeobliegenheit für den Verbraucher entschieden, da diese den nichtkaufmännischen Käufer stark belasten würde.[607] Zudem wird hier offensichtlich die ratio der gewährleistungsrechtlichen Verjährung nicht hinreichend gewürdigt. Schließlich geht es nicht nur um die Frage, wie lange der Käufer Zeit haben soll die neue bzw. reparierte Sache auf offensichtliche Mängel zu untersuchen,[608] sondern auch darum, ob dem Käufer bezüglich der neuen bzw. reparierten Sache die gleiche Gewährleistung zur Verfügung steht wie für die ursprüngliche Sache, er also die gleiche Nutzungserwartung haben kann. Zudem ginge eine restriktive Anwendung des § 212 Abs. 1 BGB zu Lasten des Käufers, auf dessen Sicht der BGH jedoch, wie bereits erwähnt, für den Anerkenntnisbegriff entscheidend abstellte. Dass der Verkäufer so schutzbedürftig sein soll, dass nur bei einem ausdrücklichen Anerkenntnis die Frist von neuem beginnen soll,[609] vermag nicht zu überzeugen. Zwar kann das Verhalten des Verkäufers im Einzelfall schwierig einzuordnen

601 OLG Karlsruhe, NJW 2009, 1150, 1151.

602 Haas/Medicus/Rolland/Schäfer/Wendtland/Haas, Kap. 5, Rz 333; Ernst/Gsell, ZIP 2000, 1410, 1420; Menges, JuS 2008, 395, 398.

603 Bolthausen/Rinker, ZGS 2006, 12, 13.

604 Bolthausen/Rinker, ZGS 2006, 12, 13.

605 Auktor, NJW 2003, 120, 122; Gramer/Thalhofer, ZGS 2006, 250, 252.

606 Auktor, NJW 2003, 120, 122; Gramer/Thalhofer, ZGS 2006, 250, 252.

607 BT-Drucks 14/6040, S. 216.

608 So aber MünchKomm/Westermann, § 438 Rz 41.

609 Mansel/Budzikiewicz, S. 213; Reinking, ZGS 2002, 140, 144; Auktor, NJW 2003, 120, 121; Gramer/Thalhofer, ZGS 2006, 250, 254.

sein. Dies sollte aber nicht im Interesse des Verkäufers dazu führen, dass ein Anerkenntnis ausgeschlossen ist, sondern vielmehr im Interesse des Käufers zu der generellen Annahme eines Anerkenntnisses führen.

Dass der Käufer kostenlos eine neue Sache mit der gleichen Gewährleistung wie für die ursprünglich gekaufte Sache bekommt, wird von einem Teil der Literatur auch in Hinblick auf das wirtschaftliche Gleichgewicht innerhalb der Vertragsbeziehung bemängelt.[610] Eine neue Verjährungsfrist nach § 438 BGB würde das Synallagma des Kaufvertrages nur wahren, wenn der Käufer dem Verkäufer Nutzungsersatz für den Gebrauch der mangelhaften Sache zu leisten hätte.[611] Sei er aber von der Verpflichtung zum Ausgleich für den gezogenen Nutzen befreit, solle ihm der erhaltene Gebrauchsvorteil quasi angerechnet werden, weshalb ihm eine neue Gewährleistungsfrist nicht zur Verfügung stehen solle.[612] Die Verpflichtung zum Nutzungsersatz entfällt jedoch für den nicht gewerblich handelnden Käufer im Sinne des durch die Verbrauchsgüterkauf-Richtlinie beabsichtigten Verbraucherschutzes bereits gemäß § 474 Abs. 2 BGB. Aber auch der nicht an einen Verbraucher veräußernde Verkäufer kann wegen der neuen Gewährleistungspflicht keine Benachteiligung geltend machen. Schließlich ist der Verkäufer derjenige, der seiner vertraglichen Pflicht nicht nachgekommen ist. Der Käufer hat durch Zahlung des vollständigen Kaufpreises hingegen seine vertragliche Pflicht erfüllt und ihm steht daher die Nutzung einer mangelfreien Sache zu.[613] Im Gegensatz zur Rückgabe der Kaufsache im Zuge eines Rücktritts behält der Verkäufer bei der nachlieferungsbedingten Rückgabe den Kaufpreis trotz Lieferung einer mangelhaften Sache.[614] Eine Benachteiligung des Verkäufers durch Störung des Vertragsgleichgewichts kann hier also nicht gesehen werden.

Weiterhin wird geltend gemacht, die Kettengewährleistung würde der Funktion der Nacherfüllung widersprechen, das Rechtsverhältnis ohne Prozess zu beenden.[615] Richtig ist, dass die gewährleistungsrechtlichen Verjährungsregelungen unnötige Prozesse vermeiden sollen und die baldige Wiederherstellung des Rechtsfriedens angestrebt wird. Diesem Ziel kommt man jedoch weder durch die generelle Ablehnung eines Neubeginns, noch (aufgrund der anders gelagerten Wertungswidersprüche) durch Annahme einer erneuten Ablieferung näher. Der einfachste und vor allem widerspruchsfreiste Weg ist jener der grundsätzlichen Annahme eines Anerkenntnisses. Zwar ist eine der wichtigsten Aufgaben

---

610 Gramer/Thalhofer, ZGS 2006, 250, 253.

611 Haas/Medicus/Rolland/Schäfer/Wendtland/Haas, Kap. 5, Rz 333; Gramer/Thalhofer, ZGS 2006, 250, 253; Menges, JuS 2008, 395, 397.

612 Gramer/Thalhofer, ZGS 2006, 250, 253.

613 EuGH, NJW 2008, 1433, 1435; AnwKomm/Büdenbender (2005), § 439 Rz 43; Gsell, NJW 2003, 1969, 1670; W.-H. Roth, JZ 2001, 475, 489.

614 BGH RIW 2009, 874, 875; OLG Nürnberg ZGS 2005, 438, 439.

615 MünchKomm/Westermann, § 438 Rz 41.

der gewährleistungsrechtlichen Verjährung die Beendigung eines ungewissen Zustandes, so dass der Verkäufer irgendwann seine volle Dispositionsfreiheit zurück erlangt. Jedoch geht es hier nicht um den unendlichen Lauf der Gewährleistungsfrist, sondern um den wiederholten Neubeginn derselben. Die längste Zeitspanne der Ungewissheit überschreitet demnach nicht die normale gewährleistungsrechtliche Verjährungsfrist. Dann kann aber selbst in der unendlichen Wiederholung der Frist keine unangemessene Benachteiligung des Schuldners gesehen werden. Das gilt umso mehr, da der Verkäufer sich wegen der mehrfachen Wiederholung der Geltendmachung auf keinen Vertrauenstatbestand berufen kann.[616]

Theoretisch sollte sich der Neubeginn der Verjährungsfrist nur auf den zuvor mangelhaften Teil der Kaufsache beziehen. Wird als Nacherfüllung aber eine neue Sache geliefert, kann sich die neu beginnende Verjährungsfrist nur auf die gesamte Kaufsache beziehen, was dazu führt, dass der Käufer letztlich zwei Jahre Gewährleistung für alle potentiell der neuen Sache anhaftenden Mängel hat.[617] Da im Gegensatz dazu bei der Nachbesserung keine neue Sache geliefert wird, sondern es bei der ursprünglichen Kaufsache bleibt, ist hier das Anerkenntnis ausschließlich auf die geltend gemachten Mängel bzw. durch die Nachbesserung entstandene Mängel zu beziehen.[618] Der Beweis dafür, dass es sich um den geltend gemachten oder einen neu entstandenen Mangel handelt, obliegt dem Käufer, da dieser sich darauf beruft.[619] Ferner ist erforderlich, dass die Nachbesserungsarbeiten nicht nur unwesentlich waren.[620] Ansonsten käme man zu einer grundlos verlängerten Verjährungsfrist für Ansprüche bezüglich einer nur leicht modifizierten Sache. Die Begrenzung des Mangelbegriffes auf den ursprünglichen Mangel und auf neu entstandene Mängel ist erforderlich, da ansonsten die Zielsetzung der gewährleistungsrechtlichen Verjährung, den Verkäufer nur für innerhalb von zwei Jahren auftretenden Mängel haften zu lassen, verfehlt wird.

Anders beurteilt der BGH die Sachlage, wenn der Verpflichtete nur aus Kulanz oder zur gütlichen Beilegung eines Streits handelte.[621] Hier komme nicht das für ein Anerkenntnis erforderliche Schuldbewusstsein des Schuldners zum Ausdruck, so dass in solchen Fällen der Neubeginn der Verjährung stets ausge-

---

616 Menges, JuS 2008, 395, 398.

617 Auktor, NJW 2003, 120, 122; Haas/Medicus/Rolland/Schäfer/Wendtland/Haas, Kap. 5 Rz 332.

618 BGHZ 164, 196, 206; BGH NJW 2006, 47, 48; Palandt/Weidenkaff, § 438 Rz 16a; Auktor, NJW 2003, 120, 122; S. Lorenz, NJW 2005, 1, 5; Menges, JuS 2008, 395, 397.

619 Haas/Medicus/Rolland/Schäfer/Wendtland/Haas, Kap. 5, Rz 333.

620 BGH NJW 1988, 254, 255; BGH NJW 1999, 2961; BGHZ 164, 196, 206; MünchKomm/Westermann, § 438 Rz 41; Auktor/Mönch, NJW 2005, 1686, 1687.

621 BGH NJW 1988, 254, 255; BGH NJW 1999, 2961; BGHZ 164, 196, 205; BGH NJW-RR 2005, 605, 606; BGH NJW 2006, 47, 48.

schlossen sein soll.[622] Eine Abweichung hiervon in AGB des Käufers sah der BGH wegen Benachteiligung des Verkäufers i.S.d. § 307 Abs. 1 BGB als unzulässig an.[623] Allerdings ist zu beachten, dass es in dem vorliegenden Fall um AGB und einen Vertrag zwischen Unternehmern ging, welche grundsätzlich eine etwa gleich starke wirtschaftliche Stellung haben. Zumindest bei Verbrauchsgüterkäufen ist dieses Gleichgewicht der Kräfte allerdings nicht vorhanden. Der Käufer wird hier in der Regel schutzbedürftiger sein als der Verkäufer – was auch in der Zielsetzung der Richtlinie und des BGB zum Ausdruck kommt. Eine generelle Annahme eines Anerkenntnisses bei der Vornahme von Nacherfüllungshandlungen ist in diesen Beziehungen durchaus angemessen. Vielmehr wird eine AGB-Klausel unzulässig sein, die besagt, dass Nacherfüllungshandlungen stets nur aus Kulanz vorgenommen werden. Wenn man darin nicht schon einen Verstoß gegen § 475 Abs. 2 BGB wegen nachteiliger Abweichung von der Mindestverjährungsfrist sehen will, verstieße eine solche Klausel zumindest gegen das Verbot überraschender Klauseln aus § 305c BGB, da ein Käufer mit der generellen Ablehnung einer Rechtspflicht rechnen muss, wenn der Verkäufer Nacherfüllungshandlungen vornimmt.[624]

Es ist ferner zu bedenken, dass bei der Kulanz eine ähnliche Situation vorliegt wie bei der freiwilligen Übernahme einer Garantie. Natürlich ist es wünschenswert, dass der Verkäufer die Bürokratie auch im Interesse des Käufers reduziert und Kulanzhandlungen vornimmt. Dazu ist er allerdings nicht verpflichtet. Entscheidet er sich dennoch für Handlungen, die weiter gehen als das gesetzlich Geforderte, muss er auch dafür die volle Verantwortung übernehmen. Dass der Gesetzgeber den aus Kulanz handelnden Verkäufer für nicht besonders schutzwürdig hält, zeigt sich deutlich daran, dass er Kulanzhandlungen des Verkäufers stets aus dem Anwendungsbereich des Händlerregresses herausnimmt, ausführlicher dazu siehe oben, Kapitel C) III. 2.

Zudem betont der BGH stets, dass das Anerkenntnis aus Sicht des Gläubigers vorliegen muss. Bei der Frage nach dem Empfängerhorizont muss von einem durchschnittlichen Käufer ausgegangen werden. Dieser wird in einer Nacherfüllungshandlung seitens des Verkäufers wohl in der Regel ein Anerkenntnis sehen. Zwar heißt es nach einer Auffassung, einem objektivierten Käufer müsse bewusst sein, dass ein Verkäufer nicht durch ein Anerkenntnis seine Rechtsstellung verschlechtern will. [625] Dagegen spricht jedoch, dass ein durchschnittlicher Käufer sich über die Rechtstellung des Verkäufers nicht allzu viele Gedanken machen wird. Für ihn wird sich die Bereitschaft zur Nacherfüllung vielmehr grundsätzlich als „Einsicht" des Verkäufers hinsichtlich der Mangelhaftigkeit der Kaufsache darstellen. Dementsprechend ist in einer Nacherfüllungshand-

622 BGH NJW 1999, 2961; MünchKomm/Grothe, § 212 Rz 16; Auktor/Mönch, NJW 2005, 1686, 1688.

623 BGHZ 164, 196, 205; Reinking, ZGS 2002, 140, 144.

624 Auktor/Mönch, NJW 2005, 1686, 1688.

625 Gramer/Thalhofer, ZGS 2006, 250, 254.

lung grundsätzlich ein Anerkenntnis zu sehen. Anderes kann nur bei ausdrücklichem Abstreiten einer Rechtspflicht seitens des Verkäufers angenommen werden. Es ist demnach nicht die ausdrückliche Erklärung des Verkäufers zu fordern, er handle in Anerkennung einer Rechtspflicht und *nicht* aus Kulanz.[626] Es wird im Gegenteil zu fordern sein, dass der Verkäufer ausdrücklich gegenüber dem Käufer klarstellt, dass er nicht in Anerkennung der Käuferrechte handelt, sondern *ausschließlich* aus Kulanz.[627] Dann müsste der Verkäufer allerdings sicherstellen, dass der Käufer verstanden hat, dass ihm keine neuen Gewährleistungsrechte zustehen. Nur so ist gewährleistet, dass der Käufer seine Rechte nicht in der Annahme gefährdet, der Verkäufer gestehe seine Verpflichtung ihm gegenüber ein.

Gegen diese Lösung wird von Teilen der Literatur eingewandt, dass es so zu einer dem Verkäufer nicht zumutbaren zeitlich unendlichen Haftung kommen könne.[628] Der Verkäufer hat jedoch innerhalb der zwei Jahre des § 438 Abs. 1 Nr. 3 BGB für jeden Sachmangel einzustehen. Einen Sachmangel kann bei fehlender spezifischer Vereinbarung ohnehin nur darstellen, was von der üblichen Beschaffenheit negativ abweicht, vgl. § 434 Abs. 1 S. 2 Nr. 2 BGB. Bei den in Frage stehenden Fällen wird es also um Kaufsachen gehen, deren übliche Lebensdauer bei gewöhnlicher Verwendung mindestens zwei Jahre beträgt. Ob eine solche Kaufsache auch tatsächlich zwei Jahre „überlebt“, ist ein Risiko, das nach dem Kaufrecht in vollem Umfang der Verkäufer tragen muss.[629] Hat er die Mangelhaftigkeit nicht zu verantworten, ist er immer noch über die Regressmöglichkeiten abgesichert. Folglich ist dem Verkäufer die Kettengewährleistung durchaus zuzumuten.

Würde man dem Käufer bei mangelhafter Nacherfüllung nur die Restfrist der Verjährung zur Verfügung stellen, würde dies zudem ein nicht zu unterschätzendes Signal an den Markt senden.[630] Schließlich hätte der Verkäufer einer Sache, die von so schlechter Qualität ist, dass sie die zweijährige Verjährungsfrist nicht überlebt, nicht viel zu befürchten; nach zwei Jahren würde er so oder so aus der Haftung entlassen. Vor allem müsste er sich, wenn die Gewährleistungsansprüche nicht zu Beginn der Verjährungsfrist geltend gemacht werden, bei der Nacherfüllung keine Mühe geben. Vielmehr könnte er unter Umständen provisorische Nacherfüllungsmaßnahmen (schlecht durchgeführte Reparatur oder Lieferung einer qualitativ minderwertigen Ersatzsache) vornehmen bis die ursprüng-

626 So aber Mansel/Budzikiewicz, S. 213; Gramer/Thalhofer, ZGS 2006, 250, 254; Reinking, ZGS 2002, 140, 144.

627 Ähnlich Auktor/Mönch, NJW 2005, 1686, 1688.

628 Schmidt-Räntsch, ZIP 2000, 1639, 1644; Auktor/Mönch, NJW 2005, 1686, 1687.

629 Menges, JuS 2008, 395, 399.

630 Ernst/Gsell, ZIP 2000, 1812, 1814; Menges, JuS 2008, 395, 398.

liche Zweijahresfrist abgelaufen ist. Dies stünde jedoch zu dem Ziel des neuen Kaufrechts, zur Qualitätssicherung beizutragen, im Widerspruch.[631]

Zum anderen könnte man, um eine übermäßige Belastung des Verkäufers tatsächlich auszuschließen, in Extremfällen dem Verkäufer ein Wahlrecht ähnlich dem des § 439 Abs. 3 S. 1 BGB einräumen.[632] Tritt der Mangel an der Kaufsache beispielsweise stets erst 23 Monate nach Übergabe auf, könnte es dem Verkäufer nach der dritten Nacherfüllung ermöglicht werden, weitere Nacherfüllungen zu verweigern und stattdessen den Rücktritt vom Vertrag zu erklären. Man sollte dem Verkäufer eine Art „Schmerzgrenze" zugestehen, ähnlich wie sie ihm durch das Wahlrecht aus § 439 Abs. 3 BGB zugestanden wird. Auch wenn der Käufer weiterhin Interesse an einer Nacherfüllung bekundet, sollte der Verkäufer sich von dem Vertrag lösen können, wenn die Verjährungsfrist in etwa das Dreifache der normalen Frist erreicht hat. Die Grenze des dreimaligen Fast-Erreichens der gesetzlichen Verjährungsfrist ergibt sich dabei aus einer relativen und einer absoluten Komponente: Wenn dem Käufer gemäß § 440 S. 2 BGB zwei Nacherfüllungsversuche zugemutet werden, bevor er weitere ablehnen kann, soll dem Verkäufer, der nach dem Gesetz für die Mangelhaftigkeit verantwortlich ist, eine solche Möglichkeit nicht vor dem dritten Nacherfüllungsversuch zustehen. Dadurch wird der Zielsetzung des Gewährleistungsrechts Rechnung getragen, dass der Käufer vergleichsweise stärker geschützt werden soll. Auf der anderen Seite ist spätestens nach dem dritten Anlauf realistisch betrachtet per se nicht mehr davon auszugehen, dass die neue Ersatzsache (ganz zu schweigen von der reparierten Sache) nun doch noch die zwei Jahre Gewährleistungsfrist überlebt.

Die neue Verjährungsfrist beginnt bei der Nachlieferung mit Ablieferung der Ersatzsache zu laufen. Bei der Nachbesserung beginnt die neue Verjährungsfrist mit der Rückgabe der Sache an den Käufer, bzw., wenn die Sache sich während der Nachbesserung beim Käufer befand, mit der Erklärung des Verkäufers, den Mangel beseitigt zu haben.[633] Da der Käufer keinen Anspruch darauf hat, dass der Verkäufer sich auf Verhandlungen einlässt oder durch ein Anerkenntnis an der Verjährungsverlängerung mitwirkt, muss er sich ggf. durch die Einleitung rechtlicher Schritte absichern.[634]

631 So i.E. auch Menges, JuS 2008, 395, 399.

632 Ähnlich Ernst/Gsell, ZIP 2000, 1410, 1421.

633 Haas/Medicus/Rolland/Schäfer/Wendtland/Haas, Kap. 5 Rz 333; Ernst/Gsell, ZIP 2000, 1410, 1420 f.

634 MünchKomm/Westermann, § 438 Rz 41; Auktor/Mönch, NJW 2005, 1686, 1688.

2. Die Sekundärrechte – insbesondere Schadensersatz und Aufwendungsersatz

Fraglich ist des Weiteren, wie sich die Geltendmachung der Gewährleistungsrechte verjährungsrechtlich auf die Sekundärrechte auswirkt. Für die Sekundärrechte ist die Hemmung der Verjährung ab Geltendmachung der Gewährleistungsrechte von existenzieller Bedeutung. Schließlich ist für die Geltendmachung der Sekundärrechte grundsätzlich erforderlich, dass dem Schuldner eine angemessene Frist zur Nachbesserung gesetzt wurde und erfolglos verstrichen ist. Es wäre schlicht unzumutbar für den Gläubiger, wenn die Verjährung eintreten würde, während er noch auf den Ablauf der angemessenen Frist wartet.[635]

Rücktritt und Minderung sind als Gestaltungsrechte zwar unverjährbar und deshalb auch nicht vom Wortlaut des § 438 Abs. 1 BGB erfasst. Trotzdem ist ihre Wirksamkeit wegen § 218 Abs. 1 BGB von der Verjährung des Nacherfüllungsanspruchs abhängig. Das ergibt sich für den Rücktritt aus § 438 Abs. 4 BGB, für die Minderung aus § 438 BGB Abs. 5 BGB. § 218 Abs. 1 BGB besagt, dass diese Gewährleistungsrechte nicht mehr wirksam geltend gemacht werden können, wenn der Nacherfüllungsanspruch verjährt ist. Da sie nur geltend gemacht werden können, wenn dem Verkäufer zuvor die Möglichkeit der zweiten Andienung eingeräumt wurde, ist, abgesehen vom Fall der Nacherfüllungsverweigerung, die Frist zwischen mangelhafter Nacherfüllung und Verjährung der Gewährleistungsansprüche die einzige Frist, innerhalb derer der Käufer wirksam von dem Kaufvertrag zurücktreten oder den Kaufpreis mindern kann. Dementsprechend sind die verjährungsrechtlichen Folgen der Nacherfüllung von großer Bedeutung.

Schadensersatz und Aufwendungsersatz sind hingegen grundsätzlich verjährungsrechtlich nicht von den primären Gewährleistungsansprüchen abhängig. Die Verjährung der Ansprüche auf Schadensersatz oder Aufwendungsersatz aus § 437 Nr. 3 BGB verjähren grundsätzlich gemäß § 438 Abs. 1 und 2 BGB in zwei Jahren ab Ablieferung der Sache, nicht etwa erst ab einer erfolglosen Nacherfüllung.[636] Es stellt sich also die Frage, ob die Verjährung dieser Sekundärrechte auch über § 203 BGB gehemmt ist, wenn Gläubiger und Schuldner über einen Nacherfüllungsanspruch verhandeln bzw. dieser gerade erfüllt wird. Wenn dem nicht so wäre, müsste der Gläubiger unter Umständen die Verhandlungen vorzeitig abbrechen oder gar nicht erst aufnehmen, damit er noch rechtzeitig die Sekundärrechte geltend machen kann. Das liefe allerdings genau der Zielsetzung des § 203 BGB zuwider, Verhandlungen ohne Zeitdruck zu ermöglichen.[637]

---

635 Bamberger/Roth/Faust, § 438 Rz 57; Auktor, NJW 2003, 120, 121.

636 Siehe dazu Staud/Matusche-Beckmann, § 438 Rz 18.

637 Staud/Matusche-Beckmann, § 438 Rz 19.

Diesem Problem verschafft § 213 BGB Abhilfe, nach dem Hemmung, Ablaufhemmung und Neubeginn der Verjährung sich jeweils auf die Ansprüche erstrecken, die neben dem betroffenen Anspruch oder an seiner Statt gegeben sind. § 213 BGB entspricht im Wesentlichen § 477 Abs. 3 BGB a.F. und ist danach vor allem auf die verschiedenen gewährleistungsrechtlichen Ansprüche anwendbar.[638] Durch die Hemmung der Verjährung eines Gewährleistungsrechts wird also auch die Verjährung aller anderen Gewährleistungsrechte gehemmt.[639] Das gilt z.B. gilt für die Hemmung durch Klageerhebung gemäß § 204 Abs. 1 Nr. 1 BGB. Hier ist die Verjährung der Sekundärrechte gehemmt solange die Gewährleistungsrechte wegen der Klageerhebung nicht verjähren. Werden bereits Mängelrechte gerichtlich gegen ihn geltend gemacht, kann der Schuldner schließlich nicht ernsthaft ein Vertrauen darauf geltend machen, dass ihm gegenüber keine Rechte mehr geltend gemacht werden. Wenn der Käufer schon versucht sein Interesse gerichtlich geltend zu machen, soll ihm nicht die Möglichkeit abgeschnitten werden, Sekundärrechte geltend zu machen.[640] Diese Argumente lassen sich auf den Neubeginn der Verjährung gemäß § 212 BGB übertragen; auch hier soll der Neubeginn der Verjährung des Nacherfüllungsanspruchs auf die Verjährung der Sekundärrechte durchschlagen.[641] Auf diese Weise ist gewährleistet, dass dem Käufer aus der Wahl des Gewährleistungsrechts kein Nachteil erwächst und dass der Verkäufer keinen Vorteil aus einer Gewährleistungssituation ziehen kann.

3. Rücktritt und Minderung – Rechte aus Gewährleistung

Weiterhin ist zu unterscheiden zwischen den Rechten auf Gewährleistung und den Rechten, die aus der Geltendmachung der Gewährleistungsrechte entstehen, also solchen Ansprüchen, die aus der Abwicklung eines Rücktritts (z.B. Rückgewähr der empfangenen Leistungen nach § 346 Abs. 1 BGB, Wertersatz nach § 346 Abs. 2 BGB und § 347 Abs. 1 BGB oder Verwendungsersatz nach § 347 Abs. 2 BGB) oder aus der Minderung entstehen, wie z.B. die Erstattung des Mehrbetrags gemäß § 441 Abs. 4 BGB. Von Teilen der Literatur wird angenommen, dass auch diese Ansprüche aufgrund ihres Mangelbezuges der Verjährungsfrist des § 438 BGB unterliegen.[642] Dem kann jedoch nicht zugestimmt werden. § 438 BGB statuiert ausweislich seines Wortlauts eine Sonderverjährung für die Gewährleistungsansprüche aus § 437 Nr. 1 und Nr. 3 BGB, Minde-

638 BT-Drucks 14/6040, S. 121.

639 Haas/Medicus/Rolland/Schäfer/Wendtland/Haas, Kap. 5 Rz 356.

640 Siehe dazu Staud/Matusche-Beckmann, § 438 Rz 20.

641 Staud/Matusche-Beckmann, § 438 Rz 21; Bamberger/Roth/Faust, § 438 Rz 59.

642 Staud/Peters/Jacoby, § 218 Rz 6; G. Wagner, ZIP 2002, 789, 794; Mansel/Budzikiewicz, JURA 2003, 1, 9; Peters, NJW 2008, 119, 120.

rung und Rücktritt (gem. § 437 Nr. 2 BGB) finden dort hingegen keine Beachtung. Die Ansprüche aus Rücktritt und Minderung sind zudem weder Gewährleistungsrechte noch sonstige direkte Folgen der Gewährleistung und unterfallen dementsprechend nicht der gewährleistungsrechtlichen, sondern der allgemeinen Verjährung gemäß §§ 195, 199 BGB.[643]

Für die Rechte aus Rücktritt ergibt sich die Anwendbarkeit der allgemeinen Verjährungsfrist schon aus der Tatsache, dass die betreffenden Rechte im allgemeinen Schuldrecht geregelt sind und nicht im Kaufrecht. Eine Nennung der aus dem Rücktritt entstehenden Ansprüche in § 438 BGB erfolgt nicht, und da die Ansprüche aus §§ 346 bis 348 BGB problemlos der allgemeinen Verjährung zuzuordnen sind, fehlt es auch an einer für eine Analogie erforderlichen Regelungslücke.[644] Zudem ist das Schuldverhältnis, dem diese Ansprüche entspringen, nicht etwa der Kaufvertrag, sondern ein selbständiges Rückabwicklungsschuldverhältnis, das erst mit der wirksamen Erklärung des Rücktritts entsteht.[645] Da die Verjährung eines Anspruchs nach § 199 Abs. 1 BGB erst mit dessen Entstehung beginnen kann, scheidet die Ablieferung der Kaufsache gemäß § 438 Abs. 2 BGB als Anknüpfungspunkt aus.[646] Der Anspruch auf Rückgabe der Kaufsache entsteht beispielsweise mit Erklärung des Rücktritts (man beachte in diesem Kontext § 320 BGB), der Anspruch auf Verwendungsersatz aus § 347 Abs. 2 BGB erst mit Rückgabe der Sache. Vor diesem Zeitpunkt kann die Verjährung denknotwendigerweise nicht zu laufen beginnen.

Der aus der Minderung folgende Anspruch auf Erstattung des Mehrbetrags ist im Gegensatz zu den aus dem Rücktritt folgenden Ansprüchen in § 441 Abs. 4 BGB geregelt und damit Teil des Kaufrechts, so dass die Heranziehung des § 438 BGB nahe liegt. Jedoch handelt es sich auch bei dieser Norm nicht etwa um eine Art Annex zu den Gewährleistungsansprüchen aus § 437 BGB, sondern um eine selbständige Anspruchsgrundlage.[647] Die Minderung wird von der Aufzählung des § 438 BGB ebenso wenig erfasst wie der Rücktritt. Zwar entsteht durch die Erklärung der Minderung kein Rückabwicklungsverhältnis, jedoch legt der in § 441 Abs. 4 S. 2 BGB enthaltene Verweis auf die §§ 346, 347 BGB nahe, dass die Folgen einer wirksamen Minderung gleich denen eines wirksamen Rücktritts sein sollen. Die Formulierung in § 441 Abs. 1 S. 1 BGB („statt

---

643 BGHZ 85, 367, 370; BGH NJW-RR 1987, 1338, 1339; BGHZ 170, 31, 44; Staud/Matusche-Beckmann, § 438 Rz 31; MünchKomm/Grothe, § 218 Rz 4; MünchKomm/Ernst, § 323 Rz 254; Bamberger/Roth/Faust, § 438 Rz 49; Palandt/Weidenkaff, § 438 Rz 20; Haas/Medicus/Rolland/Schäfer/Wendtland/Haas, Kap. 5 Rz 343; Reinking, ZGS 2002, 140, 141.

644 BGHZ 170, 31, 45; MünchKomm/Ernst, § 323 Rz 254; MünchKomm/Westermann, § 438 Rz 4; AnwKomm/Büdenbender (2005), § 438 Rz 10; G. Wagner, ZIP 2002, 789, 792.

645 BGHZ 170, 31, 44.

646 BGHZ 170, 31, 44; MünchKomm/Westermann, § 438 Rz 4.

647 Siehe dazu BT-Drucks 14/6040, S. 236.

zurückzutreten") zeigt, dass für eine wirksame Minderung die gleichen Voraussetzungen vorliegen müssen wie für einen Rücktritt. Diese Gleichbehandlung lässt darauf schließen, dass auch die verjährungsrechtlichen Folgen die gleichen sein sollen. Schon nach altem Recht wurden Rücktritt (damals noch als „Wandelung") und Minderung verjährungsrechtlich gleich behandelt. Für einen davon abweichenden Kurs gibt es nach der neuen Rechtslage weder Anhaltspunkte noch einen Anlass.[648]

Dem Gläubiger der Ansprüche aus Gewährleistung steht demnach die volle Dreijahresfrist i.S.d. §§ 195, 199 BGB zu. Das widerspricht nicht den Wertungen des Gewährleistungsrechts, da es sich hierbei nicht um Gewährleistungsrechte handelt, sondern den Ansprüchen eine eigene Anspruchsgrundlage bzw. ein selbständiges Schuldverhältnis zugrunde liegt. Bedenkt man, dass schon nach altem Recht für solche Fälle die allgemeine Verjährungsfrist des § 195 BGB a.F. von 30 Jahren angewandt wurde, wird man die Dreijahresfrist des § 195 BGB n.F. auch nicht als unangemessen lang bezeichnen können.

III. Reichweite und Abdingbarkeit des § 479 BGB

Die Regelung des Händlerregresses ist eine durch die Schuldrechtsreform eingeführte Novation; ein vergleichbares Rechtsinstitut gab es zuvor nicht. Nicht ganz unproblematisch ist jedoch die Handhabung der Ablaufhemmung des § 479 Abs. 2 BGB. Insbesondere ist umstritten, ob die Ablaufhemmung dem Unternehmer auch zugutekommen kann, wenn die Veräußerung an den Verbraucher erst nach Ablauf der Zweijahresfrist des § 479 Abs. 1 BGB stattfand, und ob die Ablaufhemmung nur eintritt, wenn der Unternehmer tatsächlich gegenüber dem Verbraucher nacherfüllt hat.

Zur Klärung dieser Fragen und zum richtigen Verständnis des Händlerregresses ist ein kurzer Blick auf seinen Werdegang hilfreich. Der Händlerregress wurde in das BGB aufgenommen in Umsetzung von Artikel 4 der Verbrauchsgüterkauf-Richtlinie, welcher wie folgt lautet:

„Haftet der Letztverkäufer dem Verbraucher aufgrund einer Vertragswidrigkeit infolge eines Handelns oder Unterlassens des Herstellers, eines früheren Verkäufers innerhalb derselben Vertragskette oder einer anderen Zwischenperson, so kann der Letztverkäufer den oder die Haftenden innerhalb der Vertragskette in Regreß nehmen. Das innerstaatliche Recht bestimmt den oder die Haftenden, den oder die der Letztverkäufer in Regreß nehmen kann, sowie das entsprechende Vorgehen und die Modalitäten."

Dem Rückgriff des Unternehmers steht vor allem die Gefahr entgegen, dass die Ansprüche des Unternehmers gegenüber seinem Vormann bereits verjährt sind,

---

648 Reinking, ZGS 2002, 140, 141.

wenn er von dem Verbraucher in Anspruch genommen wird, so genannte „Gewährleistungsfalle“ oder „Regressfalle“. Diese Gefahr bestand nach altem Recht in erster Linie für den Unternehmer, der aufgrund der Verwendung mangelhafter Baustoffe ein mangelhaftes Bauwerk erstellte. Gemäß § 638 Abs. 1 S. 1 BGB a.F. haftete er dem Abnehmer des Bauwerks fünf Jahre, hatte aber seinerseits gemäß § 477 Abs. 1 S. 1 BGB a.F. nur sechs Monate Zeit, gegen den Verkäufer der mangelhaften Baustoffe vorzugehen. Die Differenz von viereinhalb Jahren fiel in den Risikobereich des Unternehmers, was in der Literatur kritisiert und von der Rechtsprechung durch analoge Anwendung des § 638 BGB a.F. zu korrigieren versucht wurde.

Ohne irgendeine Art der Regressregelung im BGB hätte die Gewährleistungsfalle nach deutschem Recht jeden an einen Verbraucher verkaufenden Unternehmer getroffen, da der ins deutsche Recht umzusetzende Artikel 5 Abs. 1 S. 2 der Richtlinie eine Mindest-Verjährungsfrist von zwei Jahren für Verbraucheransprüche vorschrieb, während das BGB für die übrigen Ansprüche (also auch die Unternehmeransprüche) gemäß § 477 BGB a.F. eine sechsmonatige Frist vorschrieb. Für den Unternehmer hätte sich demnach eine anderthalbjährige „Gewährleistungslücke“ aufgetan, in welcher er dem Verbraucher gegenüber noch hätte haften müssen, während die Ansprüche gegenüber seinem Lieferanten bereits verjährt waren.

Der Rückgriff des Unternehmers sollte dementsprechend zunächst dadurch gesichert werden, dass die Ansprüche gegen den Lieferanten in der gleichen Frist verjähren sollten wie die Ansprüche des Verbrauchers gegen den Unternehmer; nach dem Diskussionsentwurf sollten beide Ansprüche der regelmäßigen dreijährigen Verjährungsfrist des vorgeschlagenen § 195 BGB unterliegen. Habe der Unternehmer für die Geltendmachung seiner Ansprüche ebenso viel Zeit wie der Verbraucher, verbleibe eine Gewährleistungsfalle nur in dem zeitlichen Umfang, in dem die Kaufsache beim Unternehmer zwischengelagert wurde, hieß es.[649] Dies sei hinnehmbar, da die Lagerzeiten im Handel zum einen in der Hand des einzelnen Unternehmers lägen und zum anderen ohnehin tendenziell immer kürzer würden.[650]

Der Gleichlauf der Fristen wurde allerdings von Manchem als unzureichende Maßnahme bezeichnet und weitere Sicherung des Regresses verlangt, weshalb im Regierungsentwurf der neue § 478 BGB eingeführt wurde.[651] In erster Linie wird dem Unternehmer durch die in § 478 Abs. 1 BGB enthaltenen Modifikationen ein erleichterter Rückgriff über seine Gewährleistungsrechte aus § 437 BGB ermöglicht. Zusätzlich wurde mit § 478 Abs. 2 BGB eine Anspruchsgrundlage für den Unternehmer geschaffen, über welche er Ersatz für Aufwendungen verlangen kann, die er gegenüber dem Verbraucher zu tragen hatte. Mit dem neuen § 479 BGB wurden spezielle Verjährungsregelungen für die Ansprü-

649 Diskussionsentwurf, S. 212.

650 Diskussionsentwurf, S. 212 f.

651 Begründung zum Regierungsentwurf, S. 582

che des Unternehmers aus § 437 BGB und § 478 BGB geschaffen. § 479 Abs. 1 BGB soll einen Gleichlauf sämtlicher vertraglicher Ansprüche gewährleisten, die aus der Lieferung der mangelhaften Sache folgen. Dementsprechend verjähren gemäß § 479 Abs. 1 BGB die Ansprüche aus § 478 Abs. 2 BGB ebenso wie die Ansprüche aus § 437 BGB in zwei Jahren ab Ablieferung, vgl. §§ 438 Abs. 1 Nr. 3, Abs. 2 BGB. § 479 Abs. 2 S. 1 BGB besagt zudem, dass Verjährung hinsichtlich der Ansprüche aus den genannten Vorschriften frühestens zwei Monate nach Erfüllung der Verbraucheransprüche eintritt. § 479 Abs. 2 BGB soll damit sicherstellen, dass die Rückgriffsansprüche nicht in vielen Fällen schon verjährt sind, bevor der Unternehmer überhaupt von der Mangelhaftigkeit der Sache erfährt.[652]

1. Sogenannte „Ladenhüterproblematik" bei § 479 Abs. 2 BGB

Gesetzlich nicht klar geregelt und dementsprechend umstritten ist die Frage, ob die Ablaufhemmung des § 479 Abs. 2 BGB auch zur Anwendung kommt, wenn der Unternehmer die Sache zunächst einlagert und erst zu einem Zeitpunkt an einen Verbraucher weiterverkauft, zu dem die Gewährleistungsrechte gegenüber seinem Lieferanten bereits verjährt sind – die sogenannte „Ladenhüterproblematik".

Einer Auffassung nach soll der Unternehmer seinen Lieferanten wegen der Ablaufhemmung trotz Ablauf der in § 438 und § 479 Abs. 1 BGB genannten zwei Jahre noch in Anspruch nehmen können, etwas anderes werde vom Wortlaut des § 479 Abs. 2 BGB nicht gefordert und widerspräche Sinn und Zweck der Norm – dem Schutz vor der Regressfalle.[653] Zur Erklärung heißt es, durch die Inanspruchnahme seitens des Verbrauchers werde gemäß § 479 Abs. 2 S. 1 BGB die Verjährung nachträglich wieder aufgehoben und der Anspruch des Unternehmers lebe wieder auf.[654] Ein anderer Ansatz lehnt zwar solche Formen der Rückwirkung ab, möchte aber sicherstellen, dass der Verkäufer stets zwei Monate Zeit hat, den Schaden weiterzuleiten, und legt § 479 Abs. 2 BGB daher so aus, dass die Rechte erst gar nicht verjähren, da es sich bei der Ablaufhemmung

652 BT-Drucks. 14/6040, S. 250.

653 Staud/Matusche-Beckmann, § 479 Rz 5; Soergel/Wertenbruch, § 479 Rz 48; MünchKomm/Lorenz, § 479 Rz 11; Palandt/Weidenkaff, § 479 Rz 5; Erman/Grunewald, § 479 Rz 4; Bamberger/Roth/Faust, § 479 Rz 6; Prütting/Wegen/Weinreich/Schmidt, § 479 Rz 6; Grunewald, Kaufrecht, S. 298 Rz 28; Böhle, Rückgriff in der Lieferkette, S. 181; Ernst/Gsell, ZIP 2001, 1389, 1397; Maultzsch, JuS 2002, 1171, 1174.

654 Böhle, Rückgriff in der Lieferkette, S. 182; Oetker/Maultzsch, S. 225; Maultzsch, JuS 2002, 1171, 1174.

um eine selbständige Verjährungsregel handle.[655] Gewährleistungsrechte des Unternehmers seien demnach auch noch durchsetzbar, wenn der Unternehmer die Kaufsache z.B. erst nach vierjähriger Lagerzeit weiterverkaufe. Der Begriff Ablaufhemmung sei in § 479 BGB eigenständig auszulegen und nicht mit dem entsprechenden Begriff in den §§ 203 ff. BGB gleichzusetzen.[656] Vielmehr stünde dem Lieferanten eine vorläufige Verjährungseinrede zu, die bei einer Klage des Unternehmers zur Abweisung als „derzeit unbegründet" führen würde.[657]

Von anderer Seite wird gefordert, dass dem Verkäufer die Ablaufhemmung des § 479 Abs. 2 BGB nur zugutekommen sollte, wenn er innerhalb der ihm zur Verfügung stehenden zweijährigen Verjährungsfrist die Kaufsache weiterveräußert; ein verjährter Anspruch solle nicht durch § 479 Abs. 2 BGB wiederaufleben können.[658] Zum einen statuiere die Norm ihrem Wortlaut nach eine Ablaufhemmung, nicht eine eigene Verjährungsfrist, zum anderen werde ansonsten ein Anreiz geschaffen, alte Ware abzustoßen.[659] Gegen die Auffassung wird von einem Teil der Literatur geltend gemacht, dass es sich bei dem Begriff der Ablaufhemmung um ein Redaktionsversehen handle.[660] Jedoch wird der Begriff mehrfach im gleichen Sinn verwendet, siehe §§ 210, 211, 213 BGB. Zudem wurde die Regelung während ihrer Entstehungsgeschichte zwischenzeitlich als „Ablaufhemmung bei Rückgriffsansprüchen des Unternehmers und bei Mängeln eines verkauften Bauwerks" tituliert, vergleiche § 203 des Diskussionsentwurfs, der exakt die nun in § 479 Abs. 2 BGB statuierte Fristenregelung enthielt.[661] Für eine gleiche Bedeutung spricht allein schon die Wahl des gleichen Begriffes; warum dem Begriff der Ablaufhemmung in § 479 BGB eine andere Bedeutung zukommen sollte als z.B. in § 210 BGB, wird nicht weiter begründet. Von einem Redaktionsversehen ist demnach nicht auszugehen. Dass im Einzelfall die Ansprüche des Unternehmers verjährt sein können bevor es zum Verkauf an einen Verbraucher kommt, ist demnach nicht zu vermeiden; eine zusätzliche Absicherung für die Unternehmer in der Lieferkette würde zu einer nicht zu rechtfertigenden Bevorzugung des Regressgläubigers gegenüber anderen Gewährleistungsgläubigern führen.[662]

---

655 MünchKomm/Lorenz, § 479 Rz 11.

656 Soergel/Wertenbruch, § 479 Rz 30; MünchKomm/Lorenz, § 479 Rz 11; Bamberger/Roth/Faust, § 479 Rz 6.

657 Soergel/Wertenbruch, § 479 Rz 42; MünchKomm/Lorenz, § 479 Rz 13; Bamberger/Roth/Faust, § 479 Rz 7.

658 AnwKomm/Büdenbender (2005), § 479 Rz 14; Mansel/Budzikiewicz, S. 160; Schumacher, Lieferantenregress, S. 197; Reinicke/Tiedtke, Rz 785; Ernst/Gsell, ZIP 2001, 1389, 1400; Heß, NJW 2002, 253, 259; Tiedtke/Schmitt, ZIP 2005, 681, 686; Sendmeyer, NJW 2008, 1914, 1915.

659 Ernst/Gsell, ZIP 2000, 1389, 1400.

660 MünchKomm/Lorenz, § 479 Rz 11.

661 Vgl. Sendmeyer, NJW 2008, 1914, 1916.

662 Henssler/v. Westphalen/v. Westphalen, § 479 Rz 2.

Eine Ablaufhemmung verhindert den Eintritt der Verjährung für einen bestimmten Zeitraum, obwohl die einschlägige Verjährungsfrist eigentlich abgelaufen ist.[663] Wie eine normale Hemmung kann sie sich jedoch nur auf eine noch laufende Verjährungsfrist auswirken.[664] Damit soll unter anderem der Gläubiger eines Anspruchs vor dem plötzlichen Ende der Hemmung geschützt werden. So soll beispielsweise dem Gläubiger nach Ende der Verhandlungen mit dem Schuldner eine bestimmte Frist zur Verfügung stehen, innerhalb derer er sich sein weiteres Vorgehen überlegen kann, bevor die Verjährung endgültig eintritt.[665] Das macht auch im vorliegenden Kontext Sinn. Der Unternehmer soll nicht mit der Vollendung der Nacherfüllung gegenüber dem Verbraucher plötzlich der Verjährung seiner eigenen Ansprüche gegenüber dem Lieferanten ausgeliefert sein. Vielmehr soll ihm noch eine angemessene Frist zur Verfügung stehen, um weitere Schritte einzuleiten.[666] Dabei geht es allerdings ausschließlich um eine kurze (in diesem Fall zweimonatige) Frist zur Einleitung weiterer Schritte, nicht aber um die allgemeine Verlängerung der Verjährungsfrist. Damit ist die Anwendung der Ablaufhemmung auf an sich verjährte Ansprüche zunächst nicht vom Wortlaut des § 479 Abs. 2 BGB gedeckt.

Die sich anschließende, entscheidende Frage ist, ob eine Anwendung des § 479 Abs. 2 BGB in diesen Fällen dem Sinn und Zweck der Regelung entspricht.[667] In der Gesetzesbegründung heißt es, dass durch die Regelungen des Verjährungsrechts die aus der Mangelhaftigkeit der Kaufsache erwachsenden finanziellen Nachteile letztlich auf den Unternehmer zurückfallen sollen, der für den Mangel verantwortlich ist.[668] Damit soll grundsätzlich der lediglich zwischengeschaltete Unternehmer davor bewahrt werden, auf den Konsequenzen des verbesserten Verbraucherschutzes sitzen zu bleiben. Es darf jedoch gefragt werden, ob der Gesetzgeber damit tatsächlich *jeden* Unternehmer schützen wollte, der die mangelhafte Sache ohne Ingebrauchnahme weiterverkauft, unabhängig vom Zeitpunkt des Weiterverkaufs. Möglicherweise fällt derjenige Unternehmer, der erst nach Verjährung seiner Mängelrechte weiterverkauft, nach der Intention des Gesetzgebers aus dem Schutzbereich heraus, schließlich hat er selbst zu verantworten, dass ein Rückgriff nicht mehr möglich ist.[669]

Im Zusammenhang mit der fünfjährigen Obergrenze bringt der Gesetzgeber eindeutig zum Ausdruck, dass Lagerzeiten in den Einfluss- und damit auch Risiko-

663 Staud/Peters/Jacoby, § 205 Rz 1; MünchKomm/Grothe, § 209 Rz 1.

664 Staud/Peters/Jacoby, § 209 Rz 8; Schumacher, Lieferantenregress, S. 197.

665 MünchKomm/Grothe, § 203 Rz 9.

666 Siehe dazu BT-Drucks 14/7052, S. 180.

667 Soergel/Wertenbruch, § 479 Rz 48; MünchKomm/Lorenz, § 479 Rz 11; Bamberger/Roth/Faust, § 479 Rz 6; Erman/Grunewald, § 479 Rz 4.

668 BT-Drucks 14/6040, S. 249.

669 Schumacher, Lieferantenregress, S. 199; Sendmeyer, NJW 2008, 1914, 1916.

bereich des Händlers fallen.[670] Eine Intervention seitens des Gesetzgebers in Fällen längerer Lagerzeiten scheint demnach weder beabsichtigt noch von Nöten zu sein. Wenn schon von einem Teil der Literatur die Einführung eines Zurechnungsfaktors gefordert wird, über den die Länge der Lagerzeit sich auf die Haftung auswirken soll,[671] sollte in derartigen Fällen erst recht die bereits im Gesetz verankerte Grenze der Verjährung beachtet werden. Dem Unternehmer wird so viel Eigenverantwortlichkeit und ökonomische Kompetenz unterstellt werden können, dass er das Risiko des Verlustes seiner Gewährleistungsrechte im Blick hat und in sein Wirtschaften einkalkuliert.

Dass der Unternehmer nicht außerordentlich bevorzugt werden soll, sondern ihm dasselbe Maß an Eigenverantwortlichkeit zugemutet wird wie außerhalb des Verbrauchsgüterkaufs, zeigt auch § 478 Abs. 6 BGB, der besagt, dass § 377 HGB auch für den Händlerregress gilt.[672] Nach § 377 HGB obliegt dem Käufer bei einem beidseitigen Handelsgeschäft eine Untersuchungs- und Anzeigepflicht (Rügepflicht). Das heißt, selbst wenn am Ende der Lieferkette ein Verbrauchsgüterkauf vorliegt, sind gemäß § 478 Abs. 6 BGB alle gewerblichen Käufer in der Lieferkette zur Untersuchung der Ware und zur Mängelanzeige verpflichtet. Ratio des § 377 HGB ist die gezielte Verkürzung der gewährleistungsrechtlichen Verjährungsfristen, da diese im Bereich des Handelsrechts als zu lang empfunden werden. Dabei geht es nicht nur um die Vermeidung von Prozessen über Gewährleistungsansprüche, deren Voraussetzungen mit zunehmendem Zeitablauf immer schwerer festgestellt werden können,[673] oder die Eindämmung der Gefahr, dass der Käufer durch das Nachschieben von Mängeln von einem Geschäft loszukommen versucht, das sich im Nachhinein aus anderen Gründen, z.B. wegen Preisschwankungen, als ungünstig erwiesen hat.[674] Durch die Anwendbarkeit von § 377 HGB soll vor allem eine schnelle und endgültige Abwicklung von Handelskäufen gewährleistet werden; der Verkäufer soll Klarheit darüber haben, ob ein Rechtsgeschäft ordnungsgemäß abgewickelt wurde oder ob und in welchem Umfang weitere Maßnahmen zur Schadensabwendung auf ihn zukommen.[675] Kommt der Kaufmann seiner Rügepflicht nicht nach, gilt die Ware als genehmigt und er verliert sowohl seine Gewährleistungsrechte als auch seine Regressrechte.[676] Davon ausgenommen sind versteckte Mängel, die der Unternehmer bei der routinemäßigen Untersuchung nicht entdecken konnte.

670 BT-Drucks 14/6040, S. 250; darauf beruft sich Sendmeyer, NJW 2008, 1915, 1916.

671 Z.B. v. Sachsen Gessaphe, RIW 2001, 721, 732.

672 Sendmeyer, NJW 2008, 1914, 1916.

673 Jung, HandelsR, § 37 Rz 9, S. 244; MünchKomm-HGB/Grunewald, § 377 Rz 3.

674 BGH NJW 1986, 3136, 3137; MünchKomm-HGB/Grunewald, § 377 Rz 3.

675 BGH WM 1970, 1400, 1402; BGH WM 1978, 1052; BGHZ 101, 49, 53.

676 BGH WM 1978, 1052; Staud/Matusche-Beckmann, § 478 Rz 146; MünchKomm/Lorenz, § 478 Rz 52; Henssler/v. Westphalen/v. Westphalen, § 478 Rz 32; Bamberger/Roth/Faust, § 478 Rz 37; AnwKomm/Büdenbender, § 478 Rz 10; Prütting/Wegen/Weinreich/Schmidt, § 478 Rz 31; Maultzsch, JuS 2002, 1171, 1174; Ernst/Gsell, ZIP 2001, 1389, 1401; v. Sachsen Gessaphe, RIW 2001, 721, 727.

Solche Mängel müssen jedoch gemäß § 377 Abs. 3 HGB wiederum unverzüglich nach ihrer Entdeckung angezeigt werden.

In der Begründung zum Regierungsentwurf heißt es, an der Pflicht des Unternehmers zur Mängelrüge solle sich durch den Regress nichts ändern. Eine Unterscheidung zwischen den verschiedenen Handelskäufen sei nicht sachgerecht, schließlich stehe das weitere Schicksal der Kaufsache zum Zeitpunkt der Ablieferung noch nicht fest.[677] Damit wird meines Erachtens eindeutig zum Ausdruck gebracht, dass der Gesetzgeber nur eine eingeschränkte Privilegierung des Unternehmers erreichen wollte, in der Hinsicht, dass es für den sich ordnungs- und erwartungsgemäß verhaltenden Unternehmer möglich sein muss, den ihm entstandenen Schaden weiterzureichen. Die Regressregelungen sollen hingegen nicht dazu führen, dass der Unternehmer grundsätzlich bei einem Verkauf an einen Verbraucher besser gestellt werden soll als bei einem Verkauf an einen anderen Unternehmer. Auch in Fällen des Händlerregresses gelten die üblichen Maßstäbe und Gesetzmäßigkeiten. Wie üblich „verliert" der Unternehmer seine Mängelrechte, wenn er Mängel nicht rechtzeitig nach § 377 Abs. 1 HGB anzeigt, und wie üblich „verliert" der Unternehmer Rechte, die er einfach verjähren lässt. Ein Weiterverkauf nach Verjährung der Gewährleistungsrechte hat schließlich nichts mit den Problemen zu tun, die durch einen gesteigerten Verbraucherschutz oder durch eine zeitliche Staffelung in der Absatzkette[678] entstehen. Warum der Unternehmer seine eigene Nachlässigkeit auf den Lieferanten abwälzen können soll, vermag nicht einzuleuchten, erst recht nicht in Hinblick auf potentielle Folgeprobleme, wie z.B. die Entstehung von Mängeln aufgrund langer Einlagerungszeiten.[679]

Von einem Teil der Literatur wird vertreten, dass das Risiko überlanger Lagerzeiten ein Risiko der gesamten Lieferkette und nicht nur des Letztverkäufers sein sollte. Der jeweilige Vormann in der Lieferkette könne von seinem Nachfolger weder erwarten noch fordern, dass dieser nach zwei Jahren die Kaufsache nicht mehr weiterveräußert.[680] Eine Vereinbarung der Erforderlichkeit der Veräußerung vor Ablauf der Verjährungsfrist in AGB des Lieferanten verstoße gar gegen die Angemessenheitsklausel des § 307 Abs. 1 BGB.[681] Allerdings scheint fraglich, wo das Risiko des Verkäufers liegen soll, ist er doch derjenige, in dessen Händen es liegt, ob und wann die Kaufsache weiterveräußert wird. Außerhalb des Risikobereichs des Verkäufers liegende Faktoren, die eine Unangemessenheit der Zweijahresfrist des § 479 Abs. 2 S. 1 BGB begründen würden, sind nicht zu erkennen. Selbst wenn es sich um Saison-Artikel, wie z.B. Skier oder Strandkörbe handelt, sollten zwei Jahre eine ausreichende Zeitspanne sein, um die Waren abzusetzen. Schließlich fällt mindestens eine gesamte Saison samt

677 Begründung zum Regierungsentwurf, S. 586.

678 Siehe dazu BT-Drucks 14/6040, S. 250.

679 Siehe auch Grunewald, Kaufrecht, S. 298 Rz 28; Ernst/Gsell, ZIP 2001, 1389, 1397.

680 Soergel/Wertenbruch, § 479 Rz 49.

681 Soergel/Wertenbruch, § 479 Rz 48.

Vor- und Nachsaison in diese Frist. Der Verkäufer kann sowohl den Zeitpunkt des Einkaufs wie auch den des Weiterverkaufs frei wählen. Freilich ist er dabei von den Marktgegebenheiten, wie z.B. der Nachfrage, abhängig. Es obliegt jedoch dem Verkäufer als verständigem Marktteilnehmer, sich vor dem Einkauf mit seinen Absatzmöglichkeiten auseinanderzusetzen und entsprechende Kalkulationen anzustellen. Dass man Saison-Artikel je nach Zeitpunkt des Erwerbs (so z.B. zum jeweiligen Saison-Schlussverkauf) unter Umständen einige Zeit einlagern muss, bevor man sie überhaupt nutzen oder weiterverkaufen kann, liegt im Risikobereich des jeweiligen Käufers.[682] Das gilt sowohl für den Verbraucher, der keine Gewährleistungsrechte mehr geltend machen kann, wenn er die Kaufsache zunächst zwei Jahre einlagert, bevor er sie ausprobiert und die Mangelhaftigkeit entdeckt, als auch für den Unternehmer, der beschließt, die Sache vorzeitig zu kaufen und sie dann zunächst zwei Jahre einzulagern, bevor er sie weiterverkauft. Es obliegt dem freien Willen des Unternehmers, einen Zeitpunkt zu wählen, der hinter der Verjährung seiner Ansprüche liegt. Allerdings verliert er, trifft er ebendiese Wahl, seine Gewährleistungs- und Rückgriffansprüche. Das Risiko, die Waren nicht absetzen zu können, gehört zudem zu den allgemeinen Risiken, denen ein Unternehmer ausgesetzt ist. Der Händlerregress gewährt den Unternehmern zwar gewisse Vorzüge, wird er beispielsweise dadurch gegenüber dem Lieferanten privilegiert, dass er gegenüber dem Verbraucher ein Recht zur zweiten Andienung hat, seinem Lieferanten und sonstigen Verkäufern in der Lieferkette ein solches jedoch nicht zukommt.[683] Ein unbedingter Anspruch auf Durchsetzbarkeit der Regressansprüche ergibt sich daraus jedoch weder unmittelbar noch mittelbar und würde definitiv zu weit gehen.

Aus der mittelbaren Begünstigung des Verbrauchers durch den Händlerregress könnte man den Umkehrschluss ziehen, dass eine Verwehrung von Rückgriffsansprüchen in Fällen der Weiterveräußerung nach Verjährung auch zu Lasten des Verbrauchers geht; schließlich könnte die Bereitschaft des Verkäufers sinken, Gewährleistungsansprüche gegenüber dem Verbraucher zu erfüllen, wenn er auf den Kosten sitzen bleibt. Der Verbraucher selbst hat auch keinerlei Einfluss darauf oder auch nur Ahnung davon, ob zum Zeitpunkt des Verkaufs an ihn die Ansprüche seines Verkäufers gegenüber dessen Verkäufer noch durchsetzbar oder bereits verjährt sind. Jedoch ist es die gesetzliche Pflicht des Verkäufers, gegenüber dem Verbraucher für die aus der Mangelhaftigkeit der Ware entstehenden Schäden einzustehen. In einem Rechtsstaat mit einer funktionierenden Wirtschaft sollte es nicht nötig sein, den Verkäufer mit übermäßigen Privilegien zur Erfüllung der ihm kraft Gesetzes obliegenden Pflichten zu „überreden".

Auf den ersten Blick könnten sich mit dem Erfordernis der Veräußerung an einen Verbraucher vor Ablauf der Verjährungsfrist Probleme für die Unternehmer in vorgeschalteter Lieferkette, also die Lieferanten, ergeben: Der Lieferant selbst

682 Haug, S. 81.

683 Siehe dazu Ernst/Gsell, ZIP 2001, 1389, 1399.

liefert bestimmungsgemäß nicht an einen Verbraucher, sondern an einen Unternehmer. Ob und wann dieser wiederum an einen Verbraucher veräußert, entzieht sich der Kenntnis und dem Einflussbereich des Lieferanten. Der Lieferant hat also keinen Einfluss darauf, ob innerhalb von zwei Jahren nach dem Erwerb der Kaufsache diese auch bei einem Verbraucher angekommen ist. Dementsprechend wird von einer Auffassung argumentiert, dass es im Sinne eines effektiven Rückgriffs des Lieferanten für die Einschlägigkeit des § 479 Abs. 2 BGB nicht darauf ankommen könne, dass die Kaufsache innerhalb von zwei Jahren an einen Verbraucher veräußert wird.[684] Dann könne aber konsequenterweise für den Unternehmer nichts anderes gelten – auch wenn dieser Einfluss auf den Zeitpunkt der Veräußerung an den Verbraucher hat und damit weniger schutzbedürftig ist.[685]

Mit einer „Opferstellung" des Lieferanten zu argumentieren, erscheint jedoch fragwürdig. Schließlich ordnet § 479 Abs. 3 BGB eine entsprechende Anwendung von § 479 Abs. 1 und Abs. 2 BGB an. Das bedeutet, dass Rückgriffansprüche des Lieferanten gegen seinen Vormann entsprechend § 479 Abs. 1 BGB zwei Jahre nach Ablieferung der Sache an seinen Abnehmer verjähren, entsprechend § 479 Abs. 2 BGB aber frühestens zwei Monate nach Erfüllung der Ansprüche dieses Abnehmers.[686] Fordert man als Voraussetzung der Ablaufhemmung bezüglich des Unternehmers Weiterveräußerung an einen Verbraucher vor Ablauf der regulären Verjährungsfrist, ist für den Lieferanten als Voraussetzung ebenfalls die Weiterveräußerung, wenn auch an einen Unternehmer, vor Ablauf der Verjährungsfrist zu fordern.

Dies entspricht auch der Intention des Gesetzgebers, der mit der Ablaufhemmung den Händler vor der Regressfalle schützen wollte, die dadurch entsteht, „dass der Verbraucher erst deutlich nach Ablauf der zwei Jahre im Verhältnis Hersteller-Großhändler seine Mängelansprüche gegenüber dem Verkäufer geltend macht".[687] Der Lieferant muss die Regressfalle nicht fürchten, wenn er das seinerseits Erforderliche getan hat, sie zu vermeiden. Das seinerseits Erforderliche hat er getan, wenn er die Kaufsache zu einem Zeitpunkt weiterveräußert, zu dem seine Gewährleistungsrechte gegenüber dem Hersteller noch nicht verjährt sind.

Liegt ein „Verschulden" des Unternehmers vor, traf er also eigenverantwortlich ökonomische Entscheidungen, indem er z.B. aus Kulanz handelte, eine vertragliche Verjährungsverlängerung vereinbarte oder arglistig handelte, liegt keine Regressfalle vor und die Verjährung tritt regulär ein, ohne dass die Ablaufhem-

---

684 Bamberger/Roth/Faust, § 479 Rz 6.

685 Bamberger/Roth/Faust, § 479 Rz 6.

686 MünchKomm/Lorenz, § 479 Rz 8; Erman/Grunewald, § 479 Rz 2; so auch Bamberger/Roth/Faust, § 479 Rz 9.

687 BT-Drucks 14/6040, S. 250.

mung anwendbar wäre.[688] Steht endgültig fest, dass der Verbraucher gegenüber dem Unternehmer keine Gewährleistungsansprüche mehr geltend machen wird, sei es wegen Verjährung der Gewährleistungsansprüche oder aus anderen Gründen, entfällt ebenfalls der Grund für die Ablaufhemmung und die Fünfjahresfrist des § 479 Abs. 2 BGB wird beendet.[689] Ebenso endet die Ablaufhemmung mit Erfüllung seitens eines Dritten, wenn z.B. der Hersteller aufgrund einer Hersteller-Garantie leistet.[690] Schließlich muss der Unternehmer immer, aber auch nur so lange, wie ihm selbst eine Inanspruchnahme durch den Verbraucher droht, die Möglichkeit des Regresses haben.[691]

2. Überschießende Privilegierung bei § 479 Abs. 2 BGB

Die Verjährung der Ansprüche des Verbrauchers ist während der Nacherfüllung gemäß § 203 BGB gehemmt, ausführlicher dazu siehe oben, Kapitel E) II. 1. a). Die Verjährung der Ansprüche des Unternehmers gegenüber dem Lieferanten ist davon jedoch nicht erfasst. Zur Entlastung des Unternehmers wurde § 479 Abs. 2 BGB eingeführt; die Ablaufhemmung greift ein, wenn der Unternehmer zu dem Zeitpunkt, zu dem die Verjährung seiner Ansprüche regulär eintreten würde (im Folgenden „eigentlicher Zeitpunkt der Verjährung"), gerade gegenüber dem Verbraucher nacherfüllt. Das heißt, während der Unternehmer Nacherfüllungshandlungen beim Verbraucher vornimmt, können seine Gewährleistungs- und Rückgriffsansprüche gegenüber dem Lieferanten nicht verjähren. Unproblematisch ist die Ablaufhemmung auch anwendbar, wenn der Unternehmer zwar zum eigentlichen Zeitpunkt der Verjährung noch nicht nacherfüllt, die Kaufsache aber an einen Verbraucher veräußert hat und dieser bereits Gewährleistungsansprüche geltend gemacht hat. Der Unternehmer soll in diesen Fällen ohne Zeitdruck gegenüber dem Verbraucher erfüllen können und trotzdem anschließend noch seine Einbußen vom Lieferanten zurückfordern können. Fraglich ist jedoch, ob die Ablaufhemmung auch schon eintritt, wenn zum Zeitpunkt der eigentlichen Verjährung die Kaufsache zwar an einen Verbraucher weiterveräußert wurde, dieser aber (noch) keine Gewährleistungsansprüche geltend

688 Staud/Matusche-Beckmann, § 479 Rz 11; MünchKomm/Lorenz, § 479 Rz 14; Bamberger/Roth/Faust, § 479 Rz 12; Erman/Grunewald, § 479 Rz 3; Böhle, Rückgriff in der Lieferkette, S. 183; Grunewald, Kaufrecht, S. 298 Rz 27; Mansel/Budzikiewicz, S. 161; Sendmeyer, NJW 2008, 1914, 1918; Mansel, NJW 2002, 89, 95.

689 Palandt/Weidenkaff, § 479 Rz 5; Bamberger/Roth/Faust, § 479 Rz 11; Erman/Grunewald, § 479 Rz 3; Reinicke/Tiedtke, Rz 785; Tiedtke/Schmitt, ZIP 2005, 681, 686; Mansel/Budzikiewicz, S. 161.

690 Grunewald, Kaufrecht, S. 298 Rz 27.

691 Reinicke/Tiedtke, Rz 785; Ernst/Gsell, ZIP 2000, 1410, 1423; Ernst/Gsell, ZIP 2000, 1812, 1815.

gemacht hat. Das Problem in diesen Fällen ist, dass zu dem zu beurteilenden Zeitpunkt noch nicht sicher ist, ob der Verbraucher Gewährleistungsansprüche geltend machen wird oder nicht.

§ 479 Abs. 2 BGB beschreibt nur das Ende, nicht aber den Anfang der Ablaufhemmung. Nach dem Wortlaut des § 479 Abs. 2 BGB bleibt offen, ob der Unternehmer tatsächlich gegenüber dem Verbraucher nacherfüllt haben muss, damit die Ablaufhemmung eintritt. Für Ansprüche aus § 478 Abs. 2 BGB ist dies unproblematisch zu bejahen, da diese Ansprüche erst mit Erfüllung gegenüber dem Verbraucher entstehen. Aus dem Wortlaut des § 478 Abs. 1 BGB („zurücknehmen *musste*", „gemindert *hat*") und des § 478 Abs. 2 BGB („zu tragen *hatte*") ergibt sich eindeutig, dass der Unternehmer gegenüber dem Verbraucher erfüllt haben muss, damit die Modifizierung des § 478 Abs. 1 BGB und der Anspruch aus § 478 Abs. 2 BGB überhaupt anwendbar sind. Die Ansprüche des Unternehmers aus § 437 BGB entstehen hingegen bereits mit Übergabe der mangelhaften Sache an ihn. Das heißt, der Wortlaut des § 479 Abs. 2 BGB steht der Annahme, dass die Verjährung der Ansprüche aus § 437 BGB auch gehemmt sein könnte wenn der Verbraucher den Unternehmer gar nicht in Anspruch nimmt, nicht direkt entgegen.[692]

Ist der Wortlaut wenig ergiebig, fragt sich, welchen Rückschluss die Gesetzessystematik zulässt. Zwar ist die Ablaufhemmung im zweiten Absatz von § 479 BGB geregelt und stellt damit offensichtlich nur eine Ergänzung zu der Regelung der Zweijahresfrist in Absatz 1 dar. Dennoch wird hier von Teilen der Literatur eine eigenständige Verjährungsregelung gesehen, in der Form, dass der Gesetzgeber eine fünfjährige Verjährungsfrist statuieren wollte, innerhalb derer der betroffene Unternehmer seine Ansprüche gegenüber dem Lieferanten geltend machen könne.[693] Erfülle der Unternehmer innerhalb dieser Fünfjahresfrist (Abs. 2) die Verbraucheransprüche, trete die Verjährung stets zwei Monate nach der Erfüllung ein (Abs. 1).[694] Der Unternehmer hätte damit bis zu fünf Jahre Zeit, Gewährleistungsrechte gegenüber seinem Lieferanten durchzusetzen, selbst wenn er seinerseits nicht in Anspruch genommen wird, ihm die Regressfalle also gar nicht droht. Das käme z.B. in Betracht, wenn der Verbraucher den Unternehmer in Kenntnis des Mangels setzt, ohne Gewährleistungsansprüche geltend zu machen, oder wenn der Unternehmer aufgrund mehrfacher Beschwerden seitens der Abnehmer davon ausgehen kann, dass die gesamte Lieferung des Lieferanten mangelhaft war.[695]

Teilweise wird argumentiert, die Fünfjahresfrist des § 479 Abs. 2 S. 2 BGB müsse allein schon aus praktischen Gründen gelten, auch wenn der Verbraucher

692 Schumacher, Lieferantenregress, S. 199 f.; Harke, ZGS 2004, 14; Tiedtke/Schmitt, ZIP 2005, 681, 685; Sendmeyer, NJW 2008, 1914, 1916.

693 Vgl. MünchKomm/Lorenz, § 479 Rz 11.

694 Vgl. MünchKomm/Lorenz, § 479 Rz 11.

695 MünchKomm-HGB/Grunewald, § 377 Rz 71; Sendmeyer, NJW 2008, 1914, 1916.

weder Gewährleistungsrechte geltend gemacht hat noch solches vorhat.[696] Im Interesse eines einheitlichen Systems zum Schutz des Unternehmers seien selbst ungerechtfertigte Privilegierungen im Einzelfall hinzunehmen. Eine Begrenzung der Ablaufhemmung sei weder gesetzlich vorgesehen noch von Nöten.[697] Zum einen habe der Lieferant wegen § 479 Abs. 2 S. 2 BGB nach fünf Jahren Gewissheit darüber, dass ihm gegenüber keine Ansprüche mehr geltend gemacht werden, zum anderen würde der beabsichtigte Schutz des Unternehmers quasi leer laufen, gestünde man ihm nur die Ablaufhemmung zu, wenn sein Abnehmer bereits Gewährleistungsrechte geltend gemacht hat.[698]

Ob eine solche fünfjährige Sonderverjährung vom Gesetzgeber gewollt war, ist jedoch fraglich. Fragwürdig ist schon die Wortlauttreue dieser Ansicht, da zum einen nicht von einer Sonderverjährung, sondern ausdrücklich von einer „Ablaufhemmung" die Rede ist,[699] und es zum anderen in § 479 Abs. 2 BGB nicht heißt, diese trete *regelmäßig* nach fünf Jahren ein, sondern „spätestens". Zudem spricht der Aufbau des § 479 Abs. 2 BGB dafür, in den durch Satz 1 gewährten zwei Monaten die Regel zu sehen und in den in Satz 2 erwähnten fünf Jahren nur eine im Einzelfall zu erreichende Obergrenze.[700]

Auch der hierzu angeführte Beispielsfall des Gesetzgebers geht von einer Lagerzeit von sechs Monaten aus, bevor die Sache an einen Verbraucher veräußert wird, welcher seinerseits die Gewährleistungsrechte erst kurz vor Ablauf der Verjährungsfrist, also zweieinhalb Jahre nach der Übergabe vom Lieferanten an den Unternehmer, geltend macht.[701] Damit verdeutlicht der Gesetzgeber, dass er speziell solche Fälle im Auge hatte, bei denen die Gewährleistungsfrist knapp überschritten wird, nicht aber grundsätzlich eine fünfjährige Verjährungsfrist festsetzen wollte, die sich in bestimmten Konstellationen auf zwei Jahre verkürzt.

Gegen eine fünfjährige Verjährungsfrist spricht auch die Anwendbarkeit der Beweislastumkehr. Schließlich würde sich der Unternehmer gegenüber dem Lieferanten bei einer Veräußerung an den Verbraucher nach fast fünf Jahren auf die Beweislastumkehr des § 476 BGB berufen können. Zeigt sich nach fast fünf Jahren bei dem Verbraucher ein Mangel an der Kaufsache, würde gemäß 476 die Mangelhaftigkeit der Sache bei dem Verkauf an den Unternehmer vermutet. Das wäre nicht nur unbillig, sondern auch widersinnig, schließlich ist davon

---

696 Bamberger/Roth/Faust, § 479 Rz 10; Böhle, Rückgriff in der Lieferkette, S. 176 f; Mansel/Budzikiewicz, S. 159; Tiedtke/Schmitt, ZIP 2005, 681, 685 f.; Sendmeyer, NJW 2008, 1914, 1917.

697 Bamberger/Roth/Faust, § 479 Rz 10; Tiedtke/Schmitt, ZIP 2005, 681, 685.

698 Bamberger/Roth/Faust, § 479 Rz 10.

699 Sendmeyer, NJW 2008, 1914, 1916.

700 Sendmeyer, NJW 2008, 1914, 1916; siehe dazu auch BT-Drucks 14/6040, S. 250.

701 BT-Drucks 14/6040, S. 250.

auszugehen, dass ein Mangel bei so langer Einlagerungszeit in einer nicht unbeachtlichen Anzahl der Fälle erst während dieser entstanden ist.[702]

Die Annahme einer fünfjährigen Sonderverjährung würde auch dem Ziel des Gesetzgebers zuwiderlaufen, eine Angleichung an die Gewährleistungsfrist des § 438 BGB zu erreichen.[703] Zudem widerspräche eine fünfjährige Verjährungsfrist dem handelsrechtlichen Prinzip der Einfachheit und Schnelligkeit des Handelsverkehrs.[704] Wertungswidersprüchlich wäre ferner die Folge, dass der Unternehmer in Fällen, in denen er die Sache an einen Verbraucher veräußert, ohne tatsächlichen Grund besserstünde als wenn er die Sache an einen Unternehmer veräußern oder selbst behalten würde.[705] Zwar soll das Verjährungsrecht den Unternehmer vor einer durch das neue Gewährleistungsrecht übermäßig gesteigerten Beanspruchung und damit quasi Benachteiligung schützen, es soll ihn aber nicht darüber hinaus privilegieren.

Dementsprechend wird für die Anwendbarkeit der Ablaufhemmung des § 479 Abs. 2 BGB von Teilen der Literatur die tatsächliche Erfüllung der Gewährleistungsansprüche des Verbrauchers gefordert.[706] Wenn sich dies nicht schon aus dem Wortlaut der Norm ergebe,[707] so doch zumindest aus ihrer ratio, weswegen die Norm teleologisch zu reduzieren sei.[708] Da Sinn und Zweck der Regelung seien, den Verkäufer vor der Regressfalle zu bewahren, sei zu fordern, dass der Unternehmer die Gewährleistungsansprüche des Käufers erfüllt hat.[709] Schließlich läge sonst keine Gewährleistungssituation vor, eine Regressfalle wäre nicht zu befürchten.[710] Nach dieser Ansicht gibt es eine grundsätzliche Verjährungsfrist von zwei Jahren, die sich nur in Ausnahmefällen auf fünf Jahre verlängern kann.

Von einer Auffassung wird auch argumentiert, durch § 479 Abs. 2 BGB werde nur die Verjährung solcher Ansprüche aus § 437 BGB gehemmt, die durch

---

702 So i.E. auch Ernst/Gsell, ZIP 2001, 1389, 1397.

703 Sendmeyer, NJW 2008, 1914, 1916.

704 Staud/Matusche-Beckmann, Vorbem zu §§ 478 f Rz 30; Matusche-Beckmann, BB 2002, 2561, 2562; von Sachsen Gessaphe, RIW 2001, 721, 732; Haas, BB 2001, 1313, 1320.

705 Ernst/Gsell, ZIP 2001, 1389, 1400; Mansel/Budzikiewicz, S. 159.

706 Staud/Matusche-Beckmann, § 479 Rz 9; Soergel/Wertenbruch, § 479 Rz 29; MünchKomm/Lorenz, § 479 Rz 13; Erman/Grunewald, § 479 Rz 3; Prütting/Wegen/Weinreich/Schmidt, § 479 Rz 6; Oetker/Maultzsch, S. 224; Ernst/Gsell, ZIP 2001, 1389, 1400; Leenen, DStR 2002, 34, 38; Maultzsch, JuS 2002, 1171, 1174.

707 Staud/Matusche-Beckmann, § 479 Rz 9.

708 MünchKomm/Lorenz, § 479 Rz 13; Böhle, Rückgriff in der Lieferkette, S. 182; Ernst/Gsell, ZIP 2001, 1389, 1400; Maultzsch, JuS 2002, 1171, 1174.

709 MünchKomm/Lorenz, § 479 Rz 13; Sendmeyer, NJW 2008, 1914, 1915; Mansel/Budzikiewicz, S. 160; Mansel, NJW 2002, 89, 95.

710 MünchKomm/Lorenz, § 479 Rz 13; Sendmeyer, NJW 2008, 1914, 1915; Mansel/Budzikiewicz, S. 160; Mansel, NJW 2002, 89, 95.

§ 478 Abs. 1 BGB modifiziert wurden – nur so sei schließlich ein, wie in der Überschrift des § 479 BGB bezeichneter, *Rückgriffs*anspruch und nicht ein gewöhnlicher Gewährleistungsanspruch betroffen.[711] Wenn dies nicht aus der Logik des § 479 Abs. 2 BGB folge, so doch aus der Logik des gesamten Regresssystems, insbesondere aus § 478 Abs. 2 BGB, der bereits die Entstehung des Aufwendungsersatzanspruchs von der tatsächlichen Erfüllung gegenüber dem Verbraucher abhängig mache.[712] Der Unternehmer kann seinen über die bloße Erfüllung der Ansprüche des Verbrauchers hinausgehenden Aufwand nur geltend machen, wenn er diesen aufgrund der Erfüllung tatsächlich zu tragen hatte. Er wird quasi durch die Hemmung der Verjährung für die Erfüllung gegenüber dem Verbraucher belohnt.

Gegen die Verknüpfung der Ablaufhemmung mit der tatsächlichen Erfüllung der Gewährleistungsansprüche des Verbrauchers wird teilweise eingewandt, dass sie die Hinauszögerung der Erfüllung der Verbraucheransprüche provoziere.[713] Schließlich könne der Unternehmer durch das Hinausschieben der Erfüllung der Verbraucheransprüche das dafür einzusetzende Kapital verzinsen und daraus Gewinn schlagen.[714] Damit würde die Verknüpfung nicht zu einer Eindämmung der Privilegierung des Unternehmers führen, sondern in erster Linie zu Lasten des Verbrauchers gehen. Dagegen spricht jedoch nicht nur die Verzugshaftung, in welche der Unternehmer durch ein solches Verhalten geraten könnte, sondern auch der drohende Verlust von Kunden.[715] Um etwas für sich herausschlagen zu können, müsste der Unternehmer schließlich die Erfüllung der Verbraucheransprüche über eine nicht unerhebliche Zeitspanne hinauszögern. Dass der Verbraucher sich derart lange hinhalten lässt ohne daraus Konsequenzen zu ziehen, kann der Unternehmer nicht erwarten. Vielmehr ist davon auszugehen, dass der Verbraucher es sich zum einen gründlich überlegen wird, ob er weitere Käufe bei diesem Unternehmer tätigen will und dass er zum anderen dieses Verhalten anderen Verbrauchern kommunizieren wird.

Als weiteres Argument gegen die Abhängigkeit der Ablaufhemmung von der Erfüllung der Gewährleistungsansprüche des Verbrauchers wird ins Feld geführt, dass der Unternehmer nach Ablauf der regulären Verjährung keinerlei Absicherung gegen die eventuelle spätere Geltendmachung von Ansprüchen seitens des Verbrauchers habe.[716] Darin ist jedoch keine unbillige Benachteiligung des Unternehmers zu sehen. Dass der Unternehmer nach Ablauf der Frist des § 438 BGB unter Umständen die Gewährleistungsansprüche gegenüber seinem Lieferanten nicht mehr durchsetzen kann, ist der Verjährung per definitionem immanent; dass ihm die Privilegierung des § 479 Abs. 2 BGB in diesem Fall nicht

711 Sendmeyer, NJW 2008; 1914, 1917.

712 Soergel/Wertenbruch, § 479 Rz 31.

713 Höpker, Verkäuferregress, S. 198.

714 Höpker, Verkäuferregress, S. 198.

715 Soergel/Wertenbruch, § 479 Rz 32.

716 Bamberger/Roth/Faust, § 479 Rz 10.

mehr zugutekommt, liegt im normalen Risikobereich und ist ihm durchaus zuzumuten.[717] Nach alledem ist die Erfüllung der Verbraucheransprüche grundsätzlich als Anknüpfungspunkt für die Ablaufhemmung zu fordern. Eine Privilegierung für den Unternehmer, der nicht in der Regressfalle steckt, würde Sinn und Zweck der Regelung des § 479 Abs. 2 BGB widersprechen.[718]

Knüpft man die Anwendung der Ablaufhemmung an die Erfüllung gegenüber dem Verbraucher, wäre der Unternehmer allerdings nicht nur angehalten, innerhalb von zwei Jahren seit Übergabe der Kaufsache an ihn an einen Verbraucher zu verkaufen, der Verbraucher müsste auch innerhalb dieser zwei Jahre Gewährleistungsansprüche geltend gemacht haben.[719] Macht der Verbraucher seine Rechte erst nach Ablauf der Verjährungsfrist des Unternehmers geltend, käme dem Unternehmer die Ablaufhemmung nicht zugute, obwohl er keinen Einfluss auf das Verhalten des Verbrauchers hat.[720] Dadurch würde der Anwendungsbereich der Ablaufhemmung erheblich eingeschränkt.[721] Zugute kommen würde die Regelung nur demjenigen Unternehmer, der innerhalb von zwei Jahren seit Ablieferung an ihn an einen Verbraucher veräußert und in dieser Frist auch gegenüber dem Verbraucher mit der Nacherfüllung beginnt. Die fünfjährige Obergrenze ließe sich dann nur dadurch erklären, dass der Gesetzgeber wohl davon ausging, die Nacherfüllung könne im Einzelfall mehr als drei Jahre in Anspruch nehmen. Diese Einschätzung erscheint allerdings realitätsfern und wird wohl nicht federtreibender Gedanke des Gesetzgebers gewesen sein.

Die Fünfjahresfrist macht erheblich mehr Sinn, wenn man sie als Begrenzung einer Fristenkombination aus den zwei Jahren, die dem Unternehmer gegenüber dem Lieferanten zustehen, und den zwei Jahren, die dem Verbraucher gegenüber dem Unternehmer zustehen, versteht. Ausgangspunkt ist die Annahme einer generellen Zweijahresfrist für die Verjährung der Ansprüche des Unternehmers gegenüber dem Lieferanten. Veräußert der Unternehmer kurz vor Ablauf dieser zwei Jahre an einen Verbraucher, stehen letzterem von diesem Zeitpunkt an zwei Jahre lang Gewährleistungsrechte zu. Innerhalb dieser Frist soll der Unternehmer auch noch geschützt sein, so dass hier bereits eine mindestens vierjährige Frist für den Schutz des Unternehmers erforderlich ist. Bedenkt man nun, dass die Verjährung der Verbraucheransprüche durch Verhandlungen oder Nacherfüllungen hinausgezögert werden kann, erklärt sich auch der Bedarf des Weiteren, fünften, Jahres der Ablaufhemmung; schließlich führt eine Hemmung im Verhältnis zwischen Verbraucher und Unternehmer nicht zu einer Hemmung der Ansprüche des Unternehmers gegenüber seinem Vormann in der Lieferkette.

717 Erman/Grunewald, § 479 Rz 3.

718 MünchKomm/Lorenz, § 479 Rz 13; Maultzsch, JuS 2002, 1171, 1174; Mansel/Budzikiewicz, S. 160.

719 Sendmeyer, NJW 2008, 1914, 1917.

720 Sendmeyer, NJW 2008, 1914, 1917.

721 Sendmeyer, NJW 2008, 1914, 1917.

Einer grundsätzlichen Zweijahresfrist steht die Markierung der Maximalfrist von fünf Jahren in § 479 Abs. 2 S. 2 BGB nicht entgegen, diese läuft dadurch nicht leer. Eine Verkürzung der Frist auf fünf Jahre findet beispielsweise statt, wenn die Verjährung im Verhältnis zwischen Verbraucher und Unternehmer für mehr als ein Jahr gemäß § 203 BGB gehemmt wurde oder die Verjährung wegen Nachlieferung neu zu laufen begann. Erforderlich wäre demnach für die Anwendbarkeit der Ablaufhemmung, dass der Unternehmer innerhalb von zwei Jahren an einen Verbraucher weiterveräußert. Besteht die Möglichkeit, dass der Verbraucher Gewährleistungsrechte geltend macht, greift am Tag der eigentlichen Verjährung die Ablaufhemmung ein und hemmt die Verjährung solange, bis die Ansprüche des Verbrauchers verjährt sind.

Ein ähnliches Ergebnis ergäbe sich, ginge man davon aus, dass die Ablaufhemmung im Nachhinein eintreten könnte, so dass die eingetretene Verjährung wieder entfällt, wenn der Unternehmer doch noch Gewährleistungsrechte des Verbrauchers erfüllt. Eine solche Rückwirkung ist dem Verjährungsrecht allerdings fremd.[722] Zu sachlich ebenso gerechten, dogmatisch aber weniger fragwürdigen Ergebnissen kommt man auch auf anderem Wege, und zwar über eine andere Lesart des § 479 Abs. 2 BGB. Die Verwendung des Wortes „frühestens“ könne man so verstehen, dass die Ablaufhemmung erst durch Erfüllung gegenüber dem Verbraucher begründet werde, ansonsten würde der Unternehmer übermäßig privilegiert.[723] Die Zweijahres- und die Fünfjahresfrist verhielten sich dieser Ansicht nach wie folgt zueinander: Wurde nicht innerhalb der regulären zweijährigen Verjährungsfrist gegenüber dem Verbraucher erfüllt, tritt eine vorläufige Verjährung ein, die dem Lieferanten eine vorübergehende Einrede an die Hand gibt. Wird nach den zwei Jahren, aber innerhalb der fünf Jahre gegenüber dem Verbraucher erfüllt, wird die Verjährungswirkung für die Dauer von zwei Monaten beseitigt. Nach fünf Jahren ist die Verjährung erst endgültig eingetreten und ihre Wirkung ist nicht mehr zu beseitigen, der Lieferant hat dann eine dauernde Einrede zur Hand.[724] Geht der Unternehmer zwei Jahre nach Ablieferung, aber vor fünf Jahren nach Ablieferung an ihn gegen seinen Lieferanten vor, ohne gegenüber einem Verbraucher erfüllt zu haben, kann der Lieferant sich mangels Vorliegen aller Voraussetzungen nicht auf die Hemmung des § 479 Abs. 2 BGB berufen. Dennoch wird eine vom Unternehmer erhobene Klage nur als *derzeit* unbegründet abzuweisen sein, da die Voraussetzungen des § 479 Abs. 2 BGB noch eintreten können.[725]

Jedoch kann die Ablaufhemmung nicht mehr angewandt werden, wenn der Unternehmer erst nach Ablauf der Verjährung seiner Ansprüche gegenüber dem Lieferanten an einen Verbraucher weiterveräußert. Schließlich handelt es sich bei § 479 Abs. 2 BGB nicht um die Regelung einer Sonderverjährung, sondern

722 Staud/Matusche-Beckmann, § 479 Rz 10; Mansel/Budzikiewicz, S. 160.

723 Soergel/Wertenbruch, § 479 Rz 29.

724 Soergel/Wertenbruch, § 479 Rz 31.

725 Soergel/Wertenbruch, § 479 Rz 42.

um eine Ablaufhemmung. Eine solche kann aber per definitionem nicht eintreten, wenn zu dem entscheidenden Zeitpunkt, also dem Zeitpunkt der eigentlichen Verjährung, die Voraussetzungen für die Hemmung gar nicht gegeben sind. Der Ablauf der Verjährung soll gehemmt werden, weil zu dem entscheidenden Zeitpunkt die Gefahr im Raum steht, dass der Verbraucher jederzeit Gewährleistungsansprüche gegenüber dem Unternehmer geltend machen könnte und der Unternehmer dem nicht ausgesetzt sein soll, während seine eigenen Ansprüche bereits verjährt sind. Hat der Unternehmer zum Zeitpunkt der Verjährung noch nicht an einen Verbraucher weiterveräußert, ist er dieser Regressfalle gar nicht ausgesetzt, da ihm die Inanspruchnahme durch einen Verbraucher nicht droht.

Eine weitere Möglichkeit wäre, dem Lieferanten eine Einrede i.S.d. § 242 BGB an die Hand zu geben, aufgrund derer er die Erfüllung gegenüber dem Unternehmer solange verweigern kann, bis dieser gegenüber dem Verbraucher erfüllt hat.[726] Der Vorteil dieser Herangehensweise wäre, dass ein Interessenausgleich ohne eine teleologische Reduktion des § 479 Abs. 2 BGB erreicht werden könnte, indem dem Regressschuldner ein Schutzmittel gegen rechtsmissbräuchliche Inanspruchnahme an die Hand gegeben würde. Hier wäre allerdings zu bedenken, dass, wenn die Erfüllung gegenüber dem Verbraucher keine Voraussetzung für die Anwendbarkeit der Ablaufhemmung ist, das Geltendmachen von Ansprüchen trotz Unterlassen der Erfüllung nicht ohne weiteres als unzulässige Rechtsausübung angesehen werden kann.[727] Was dem Lieferanten bleibt, ist eine vorübergehende Einrede, die wiederum zur Abweisung der Klage als „derzeit unbegründet“ führt.[728]

Von einem Teil der Literatur wird das Problem aufgrund des folgenden Gedankengangs als wenig praxisrelevant beurteilt:[729] Wurde der Unternehmer nicht von dem Verbraucher in Anspruch genommen, stehen ihm die Privilegien des § 478 BGB nicht zu. Aus § 437 BGB kann er aber zunächst nur Nacherfüllung verlangen. Wenn sich die Sache beim Verbraucher befindet, werde es jedoch kaum zur Nachbesserung kommen, so wird unterstellt.[730] Bei einer Nachlieferung hingegen hätte der Unternehmer dem Lieferanten nach §§ 439 Abs. 4, 346 Abs. 2 S. 1 Nr. 2 BGB Wertersatz zu leisten, da eine Rückgabe der Kaufsache ihm nicht möglich ist. Daran, so wird weiter argumentiert, werde der Unternehmer im Regelfall wohl kaum Interesse haben.[731] Für den Lieferanten wird diese Diskussion in der Praxis tatsächlich kaum eine große Rolle spielen, da er in der Regel nicht weiß, ob, beziehungsweise wann, der Unternehmer an einen Ver-

726 MünchKomm/Lorenz, § 479 Rz 13; Mansel/Budzikiewicz, S. 160.

727 Soergel/Wertenbruch, § 479 Rz 33.

728 Soergel/Wertenbruch, § 479 Rz 33; MünchKomm/Lorenz, § 479 Rz 13; Bamberger/Roth/Faust, § 439 Rz 7.

729 Reinicke/Tiedtke, Rz 784; Tiedtke/Schmitt, ZIP 2005, 681, 686.

730 Reinicke/Tiedtke, Rz 784; Tiedtke/Schmitt, ZIP 2005, 681, 686.

731 Reinicke/Tiedtke, Rz 784; Tiedtke/Schmitt, ZIP 2005, 681, 686.

braucher verkauft hat und ob, beziehungsweise wann, letzterer Gewährleistungsansprüche geltend macht, so dass der Lieferant sich ohnehin fünf Jahre lang für eventuell aufkommende Regressansprüche bereit halten muss.

Letztlich ist wohl entscheidend darauf abzustellen, dass ein Unternehmer, der das Privileg der Ablaufhemmung des § 479 Abs. 2 BGB für sich in Anspruch nehmen möchte, das seinerseits Erforderliche und Mögliche getan haben muss, um nicht in die Regressfalle zu geraten. Dabei liegt es vor allem in seiner Verantwortung, die Kaufsache innerhalb der zweijährigen Verjährungsfrist weiterzuverkaufen. Nicht erforderlich ist hingegen, dass innerhalb von zwei Jahren der Letztverkäufer gegenüber dem Verbraucher Gewährleistungsansprüche erfüllt. Schließlich entzieht sich der konkrete Zeitpunkt der Erfüllung gegenüber dem Verbraucher dem Einfluss des Unternehmers sowie des Lieferanten, so dass sich eine späte Erfüllung innerhalb der fünf Jahre nicht zu seinen Lasten auswirken sollte. Zudem würde der Anwendungsbereich des § 479 Abs. 2 BGB so weitgehend leer laufen, wodurch Sinn und Zweck der Norm verfehlt würden.[732]

Das heißt, für die Anwendbarkeit der Ablaufhemmung ist zunächst nur erforderlich, dass der Unternehmer die Kaufsache innerhalb der zweijährigen Verjährungsfrist an einen Verbraucher veräußert. Damit der Unternehmer sich auf die Ablaufhemmung des § 479 Abs. 2 BGB berufen kann, ist dann aber zusätzlich erforderlich, dass er auch tatsächlich gegenüber dem Verbraucher erfüllt hat.[733] Solange keine Erfüllung der Gewährleistungsrechte des Verbrauchers stattgefunden hat, steht dem Lieferanten die Einrede der unzulässigen Rechtsausübung zu.[734]

3. Vereinbarungen über die Verjährung

Ein weiteres, in seiner Wichtigkeit nicht zu unterschätzendes, Element des Interessenausgleichs ist die Möglichkeit, von der gesetzlichen Regelung abweichende Vereinbarungen über die Verjährung zu treffen. Das nach alter Rechtslage geltende Verbot der Verjährungserschwerung führte in der Rechtspraxis zu Umgehungsversuchen, z.B. durch Stundungs- oder Fälligkeitsabreden oder das so genannte „pactum de non petendo".[735] Durch die Zulassung erschwerender Vereinbarungen sollten solche Umgehungen überflüssig gemacht werden.[736] Die Dispositivität der Verjährungsregeln ist zwar nicht explizit im Gesetz niederge-

732 Siehe dazu auch BT-Drucks 14/6040, S. 250.

733 Schumacher, Lieferantenregress, S. 201; Sendmeyer, NJW 2008, 1914, 1917.

734 Schumacher, Lieferantenregress, S. 201.

735 Siehe dazu BT-Drucks 14/6040, S. 110; Soergel/Niedenführ (1999), § 225 Rz 1; Mansel, NJW 2002, 89, 96.

736 BT-Drucks 14/6040, S. 110.

schrieben, ergibt sich aber aus der Privatautonomie des § 311 Abs. 1 BGB und im Umkehrschluss aus § 202 BGB.[737] Entgegen der in die Irre leitenden Überschrift des § 202 BGB finden sich dort die einzigen zwingenden Grenzen für das allgemeine Verjährungsrecht.[738] Der neue § 202 BGB räumt den Vertragsparteien damit mehr Privatautonomie ein als sein Vorgänger § 225 BGB a.F. Im Gegensatz zu § 225 BGB a.F. ist nun außer in den in § 202 Abs. 2 BGB normierten Fällen grundsätzlich eine Erschwerung der Verjährung möglich. Dies ist wegen der drastisch verkürzten Regelverjährung von dreißig auf drei Jahre für alle der Regelverjährung unterfallenden Ansprüche von Bedeutung, nicht so sehr aber für das Gewährleistungsrecht, dessen Verjährungsfristen auf ein Vierfaches verlängert wurden.

§ 202 Abs. 1 BGB schreibt eine zwingende Untergrenze vor. Gemäß § 202 Abs. 1 BGB kann man die Verjährung der Haftung wegen Vorsatzes nicht im Voraus durch Rechtsgeschäft erleichtern. § 202 Abs. 2 BGB statuiert eine feste Obergrenze der Verjährung. Die Verjährung kann demnach nicht durch Rechtsgeschäft über eine Frist von 30 Jahren ab dem gesetzlichen Verjährungsbeginn hinaus erschwert werden. Den Vertragsparteien die Möglichkeit der Verlängerung der Verjährung einzuräumen, entspricht den Bedürfnissen der Praxis.[739] Zudem haben die Parteien es so nun beispielsweise in der Hand, zu vereinbaren, dass der Ausgang eines Musterprozesses abgewartet werden soll, ohne dass es in der Zwischenzeit zu einer Verjährung der eigenen Ansprüche kommt, schließlich ist in einem solchen Fall kein Hemmungsgrund einschlägig.[740] Der von § 202 BGB eingeräumte Freiraum entspricht auch der europäischen Tendenz, wie man an Art. 7.601 (1) des dritten Buches des Draft Common Frame of Reference sehen kann, der sowohl Verkürzungen und Verlängerungen der Verjährungsfrist, wie auch Modifizierungen der Verjährungsvoraussetzungen durch Parteivereinbarung zulassen will. Bei dem von namhaften Wissenschaftlern entwickelten Draft Common Frame of Reference handelt es sich zwar nicht um ein rechtsverbindliches Regelungswerk. In der Diskussion um ein verbindliches Europäisches Vertragsrecht wird er jedoch als potentielle Grundlage für eine spätere Kodifikation gehandelt[741] und spiegelt somit die europäische Tendenz wider.

Eine Erleichterung der Verjährung im Kaufrecht ist ebenfalls grundsätzlich möglich. Das gilt nicht nur für alle regelmäßigen Kaufverträge, sondern grundsätzlich auch für den Verbrauchsgüterkauf i.S.d. § 474 BGB, wie sich im Umkehrschluss aus § 475 Abs. 1 BGB ergibt. Allerdings sind bei Vorliegen eines

---

737 Mansel, NJW 2002, 89, 96.

738 MünchKomm/Grothe, § 202 Rz 2; Palandt/Ellenberger, § 202 Rz 1; Jauernig/Jauernig, § 202 Rz 1; Mansel/Budzikiewicz, S. 183; Matusche-Beckmann, BB 2002, 2561, 2566.

739 BT-Drucks 14/6040, S. 110; Mansel, NJW 2002, 89, 96.

740 Mansel, NJW 2002, 89, 96.

741 Vgl. BT-Drucks 17/4565, S. 3 f.; Eidenmüller/Faust/Grigoleit/Jansen/Wagner/Zimmermann, JZ 2008, 529, 530.

Verbrauchsgüterkaufs zusätzlich die Grenzen des § 475 Abs. 2 und Abs. 3 BGB zu beachten, der Art. 7 der Verbrauchsgüterkauf-Richtlinie umsetzt. Gemäß § 475 Abs. 2 BGB kann die Verjährung der in § 437 BGB bezeichneten Ansprüche durch Vereinbarung für neu hergestellte Sachen nicht unter zwei Jahre, für gebrauchte Sachen nicht unter ein Jahr festgelegt werden. Gemäß § 475 Abs. 3 BGB gelten diese Einschränkungen nicht für Schadensersatzansprüche, die allerdings ihrerseits, sofern sie durch AGB vereinbart wurden, einer AGB-Kontrolle unterliegen.

Vereinbarungen über die Verjährung lassen sich nicht nur als Individualvereinbarungen treffen, sondern grundsätzlich auch als AGB, dann allerdings mit den Einschränkungen der §§ 309 Nr. 7, Nr. 8 b) ff), 307 BGB.[742] Im Fall von BGHZ 164, 196 wurde von einem Baumarktbetreiber gegenüber seinen Lieferanten die gesetzliche Verjährungsfrist durch AGB von zwei Jahren auf drei Jahre verlängert. Der BGH sah hierin eine „maßvolle" Verlängerung und befürwortete die Wirksamkeit der einschlägigen Klausel.[743] Die Verlängerung weiche nur so unwesentlich von der gesetzlichen Regelung ab, dass ihr die ratio der Norm nicht entgegenstehe. Zudem sei ein berechtigtes Interesse des Baumarktbetreibers anzunehmen, während eine unangemessene Benachteiligung der Lieferanten nicht ersichtlich sei.[744] Die unangemessene Benachteiligung könne schon deshalb verneint werden, weil Sachmängel bei Massengütern sich meistens innerhalb der ersten sechs Monate zeigten.[745] Nicht mehr zulässig dürfte hingegen eine Klausel sein, nach welcher „Nachbesserung und Ersatzlieferung bei einer Mängelrüge stets nur auf Kulanz und ohne Anerkennung einer Rechtspflicht erfolgen", da eine solche Klausel wohl gegen das Verbot überraschender Klauseln i.S.d. § 305c Abs. 1 BGB verstoßen wird.[746]

Die Verjährungsvereinbarungen können sich auf alle Regelungsfragen der §§ 194 ff. BGB beziehen, also auf Länge der Frist, Beginn, Hemmung, Ablaufhemmung, Neubeginn oder Verjährungsverzicht. Grundsätzlich denkbar wäre z.B. eine Vereinbarung über den Ausschluss der Hemmung, da auch § 203 BGB dispositiv ist. Allerdings wird eine solche Klausel wohl gegen § 307 Abs. 1 S. 1, Abs. 2 Nr.1 BGB verstoßen, da die Hemmung eine Ausformung des Prinzips von Treu und Glauben ist.[747] Wenn die Parteien dies im Einzelfall als zweckmäßig erachten, können sie nicht nur noch nicht laufende, sondern auch bereits laufende Verjährungsregeln verändern.[748] Die Vereinbarungen entfalten auch Wir-

742 Fikentscher/Heinemann, § 71 Rz 891; Kötz, FS Medicus, S. 283, 295; Eidenmüller, JZ 2001, 283, 286.

743 BGHZ 164, 196, 200.

744 BGHZ 164, 196, 202.

745 BGHZ 164, 196, 203; BT-Drucks 14/6040, S. 228.

746 Auktor/Mönch, NJW 2005, 1686, 1688.

747 Auktor/Mönch, NJW 2005, 1686, 1688.

748 BT-Drucks 14/6040, S. 110; Mansel, NJW 2002, 89, 96.

kung für konkurrierende Ansprüche, oder solche, die an die Stelle des konkreten Anspruchs treten.[749] Für die Verjährungsvereinbarungen i.S.d. § 202 BGB gilt dabei grundsätzlich Formfreiheit. Dabei obliegt es jeweils der beweisbelasteten Partei, in ihrem eigenen Interesse für eine beweiserleichternde Dokumentation zu sorgen.[750]

Es ist ferner zu beachten, dass der Käufer keinen Anspruch auf Mitwirkung des Verkäufers hat, er kann die Hemmung der Verjährung nur auf prozessualem Wege „erzwingen", z.B. durch Aufnahme eines selbständigen Beweisverfahrens nach §§ 485 ff, 167 ZPO oder durch Klageerhebung.[751]

Auch von § 479 BGB abweichende Vereinbarungen bezüglich der Verjährung zwischen den Unternehmern in der Lieferkette sind grundsätzlich möglich.[752] Zu beachten ist jedoch die Einschränkung des § 478 Abs. 4 BGB, nach dem von den in § 478 Abs. 4 BGB genannten Vorschriften, also unter anderem § 478 Abs. 1 bis 3 BGB und § 479 BGB, nur wirksam zu Lasten des Käufers abgewichen werden kann, wenn diesem ein adäquater Ausgleich verschafft wird. Mit dieser Einschränkung der Abdingbarkeit soll dem beim Verbrauchsgüterkauf strikt haftenden Unternehmer entgegengekommen werden: Wenn dieser schon gegenüber dem Verbraucher haftet, ohne weitgehende Möglichkeiten einer Haftungsbeschränkung zu haben, soll sich der Lieferant nicht ihm gegenüber aus der Verantwortung stehlen können.[753] Das gilt umso mehr, geht man davon aus, dass der Letztverkäufer in der Regel ein Einzelhändler ist, der dem an ihn verkaufenden Großhändler an Macht und Einflussmöglichkeiten unterlegen ist.[754] Aufgrund des Erfordernisses der Gleichwertigkeit des Ausgleiches liegt hinsichtlich des § 479 BGB im wirtschaftlichen Ergebnis zugunsten des Unternehmers zwingendes Recht vor.[755]

Für die einzelnen Ansprüche könnten pauschale Ausgleichsregelungen getroffen werden, wie z.B. Rabattgewährungen oder pauschale Ersatzleistungen, gestaffelt nach Produktgruppen.[756] Rabatte würden es dem Unternehmer ermöglichen, sich

749 BT-Drucks 14/6040, S. 111.

750 Mansel, NJW 2002, 89, 97.

751 Auktor/Mönch, NJW 2005, 1686, 1688.

752 Soergel/Wertenbruch, § 479 Rz 72; Palandt/Weidenkaff, § 479 Rz 3.

753 BT-Drucks 14/6040, S. 247; Lorenz/Riehm, § 8 Rz 596; Oetker/Maultzsch, S. 223.

754 BT-Drucks 14/6040, S. 249; Lorenz/Riehm, § 8 Rz 596; von Sachsen Gessaphe, RIW 2001, 721, 733.

755 Soergel/Wertenbruch, § 479 Rz 72; MünchKomm/Lorenz, § 479 Rz 17; Bamberger/Roth/Faust, § 479 Rz 2; Lorenz/Riehm, § 8 Rz 596; Ernst/Gsell, ZIP 2001, 1389, 1401; von Sachsen Gessaphe, RIW 2001, 721, 733.

756 BT-Drucks 14/6040, S. 249; Soergel/Wertenbruch, § 478 Rz 183; Erman/Grunewald, § 478 Rz 24; Jauernig/Berger, § 478 Rz 11; AnwKomm/Büdenbender, § 478 Rz 43; Prütting/Wegen/Weinreich/Schmidt, § 478 Rz 28; Grunewald, Kaufrecht, S. 295 Rz 17;

finanziell gegen die Risiken, die eine verkürzte Verjährung mit sich bringt, abzusichern. Möglich wäre auch die Lieferung von überschüssiger Ware, die ohne Berechnung für eventuelle Ersatzlieferungen bereitgehalten wird.[757] Denkbar wäre darüber hinaus eine Vereinbarung, nach welcher der Lieferant die Gewährleistungsansprüche des Käufers direkt erfüllt[758] (in der Praxis oft auch durch die Gewährung von „Herstellergarantien“ realisiert) auch wenn dies von einem Teil der Literatur mit Hinweis auf § 309 Nr. 8 b) aa) BGB abgelehnt wird, da der Käufer schließlich nicht zur Inanspruchnahme des Lieferanten gezwungen werden kann und daher die Regressmöglichkeit bestehen bleiben muss.[759] Die Verweisung auf die Herstellergarantie oder den Kundendienst des Herstellers oder Lieferanten seitens des Unternehmers ist zwar nicht zulässig; dass der Lieferant im Rahmen einer entsprechenden Vereinbarung von sich aus bei Inanspruchnahme des Unternehmers gegenüber dem Verbraucher erfüllt, ist jedoch nicht ausgeschlossen.[760]

Wie genau eine Regelung aussehen soll, die verhindert, dass der Unternehmer finanzielle Einbußen erleidet, bleibt fraglich. Der Gesetzgeber hat keine konkreten Vorgaben gemacht. So bleibt ein hohes Maß an Vertragsautonomie erhalten und die Vertragsparteien können den jeweiligen Besonderheiten des Einzelfalls entsprechend handeln.[761] Leitfaden für die Angemessenheit ist die wirtschaftliche Vergleichbarkeit des Ausgleichs mit dem Abgedungenen.[762]

Abweichende Vereinbarungen im Zuge von Individualabreden sind unter Beachtung des zuvor Gesagten unproblematisch. Bei der Verwendung von AGB ist die Zulässigkeit hingegen für jede einzelne Klausel gesondert zu prüfen. Die Interessen- und Sachgerechtigkeit kann dabei nicht ohne weiteres aus der Tatsache geschlossen werden, dass eine gesetzliche Regelung für die Distributionskette besteht.[763] Vielmehr hat eine differenzierte Prüfung jeder einzelnen Klausel sowohl anhand der Maßstäbe des § 307 BGB wie auch im Lichte des § 478 Abs. 4

Mansel/Budzikiewicz, S. 162; Haas, BB 2001, 1313, 1320, Marx, BB 2002, 2566, 2567; Matthes, NJW 2002, 2505, 2507.

757 Bamberger/Roth/Faust, § 478 Rz 35; AnwKomm/Büdenbender, § 478 Rz 43.

758 MünchKomm/Lorenz, § 478 Rz 44; KompaktKomm/Tonner, § 478 Rz 26; Schubel, JZ 2001, 1113, 1118.

759 Erman/Grunewald, § 478 Rz 24; Schumacher, Lieferantenregress, S. 214; Haas/Medicus/Rolland, Kap. 5 Rz 491.

760 KompaktKomm/Tonner, § 478 Rz 26, v. Sachsen Gessaphe, FS Sonnenberger, 2004, 99, 113; Schubel, JZ 2001, 1113, 1118.

761 BT-Drucks 14/6040, S. 249; Henssler/v. Westphalen/v. Westphalen, § 478 Rz 24; Bamberger/Roth/Faust, § 478 Rz 35; KompaktKomm/Tonner, § 478 Rz 25; Bereska, ZGS 2002, 59, 62.

762 Staud/Matusche-Beckmann, § 478 Rz 114; Henssler/v. Westphalen/v. Westphalen, § 478 Rz 24 ff.; v. Westphalen., Allgemeine Verkaufsbedingungen, S. 153 f.

763 A.-M. Wagner/Neuenhahn, ZGS 2003, 64, 65; Böhle, NJW 2003, 3680, 3682.

BGB stattzufinden.[764] Das heißt, es muss sowohl jede unangemessene Benachteiligung vermieden werden, wie auch ein der jeweiligen Interessenlage entsprechender Ausgleich gefunden werden. Dabei darf nicht außer Acht gelassen werden, dass es sich bei AGB per definitionem um generell-abstrakt formulierte Bedingungen handelt und die Gleichwertigkeit daher auch generell-abstrakt ermittelt werden muss. Da durch § 478 Abs. 4 BGB der Regressgläubiger geschützt werden soll, sind Formulierungen zu finden, die jenem in allen möglichen Konstellationen einen Ausgleich gewähren. In den AGB muss im Zweifel von einem worst case scenario ausgegangen werden – das heißt in diesem Kontext von einer Rückrufaktion.[765] Im wirtschaftlichen Ergebnis muss der Regressgläubiger durch die AGB so dastehen, als stünden ihm die gesetzlichen Ansprüche zu. Ob sich eine Abweichung von der Norm unter diesen Voraussetzungen überhaupt für den verkaufenden Unternehmer lohnt, ist eine andere Frage.

Die Möglichkeit der Verkürzung der Verjährungsfristen in den Einkaufs-AGB des Lieferanten wird dabei zu verneinen sein, weil dies eine „unangemessene Benachteiligung des Letztverkäufers / Zwischenhändlers“ darstellen würde.[766] Auch die generelle Erweiterung des Unternehmerregresses auf Käufe zwischen Unternehmern im Rahmen von AGB ist nicht zulässig, da sie eine unangemessene Benachteiligung i.S.d. § 307 Abs. 1 S. 1 BGB darstellen würde.[767]

Nicht von der Aufzählung des § 478 Abs. 4 BGB erfasst ist § 438 BGB. Die Fristen des § 438 BGB können daher ohne einen Ausgleich verkürzt werden.[768] Das bedeutet, die allgemeinen Gewährleistungsansprüche des Unternehmers können einer verkürzten Verjährung unterworfen werden. Hier ist jedoch sorgfältig zu unterscheiden: Sobald der geltend gemachte Anspruch einen Regressanspruch darstellt, ist § 479 BGB einschlägig, der einen Ausgleich fordert.

Möglich ist auch die Vereinbarung, dass die Rechte des Unternehmers gegenüber dem Lieferanten regelmäßig i.S.d. § 479 Abs. 2 BGB in zwei Monaten nach Erfüllung gegenüber dem Verbraucher verjähren sollen.[769] Der Käufer wird durch diese Vereinbarung nicht betroffen, dem Lieferanten kommt diese Vereinbarung zugute, da sich hieraus im Zweifel eine Verkürzung der Verjährungsfrist ergibt (erfüllt der Unternehmer nur wenige Monate nach Erhalt der Ware gegenüber einem Verbraucher, verkürzt sich die Frist), und auch der Unternehmer ist hinreichend geschützt.[770] Schließlich steht diesem zum einen die Fünfjah-

---

764 KompaktKomm/Tonner, § 478 Rz 24; Haas/Medicus/Rolland/Schäfer/Wendtland/Haas, Kap. 5 Rz 491; Böhle, NJW 2003, 3680, 3682.

765 Siehe dazu v. Westphalen, Verkaufsbedingungen, S. 154.

766 Henssler/v. Westphalen/v. Westphalen, § 479 Rz 5 i.V.m. § 478 Rz 23

767 BGHZ 164, 196, 214 f., Prütting/Wegen/Weinreich/Schmidt, § 478 Rz 7.

768 Staud/Matusche-Beckmann, § 479 Rz 7; Soergel/Wertenbruch, § 479 Rz 73; Schimmel/Buhlmann, ZGS 2002, 109, 111.

769 Staud/Matusche-Beckmann, § 479 Rz 7; Soergel/Wertenbruch, § 479 Rz 74; Schimmel/Buhlmann, ZGS 2002, 109, 112.

770 Soergel/Wertenbruch, § 479 Rz 74.

resfrist der Ablaufhemmung zur Verfügung, zum anderen hat er als professioneller Händler in den vorgesehenen zwei Monaten „Reaktionszeit“ genug Zeit, sich auf die Inanspruchnahme des Lieferanten vorzubereiten.[771]

771 Staud/Matusche-Beckmann, § 479 Rz 8; Soergel/Wertenbruch, § 479 Rz 74; v. Sachsen Gessaphe, RIW 2001, 721, 732.

F) Zusammenfassung der Ergebnisse

Unter Verjährung i.S.d. BGB versteht man die Nichtdurchsetzbarkeit eines an sich bestehenden Anspruchs. Von der Verjährbarkeit ausgenommen sind nur wenige Ansprüche, die meisten Ansprüche unterliegen gemäß § 194 Abs. 1 BGB der Verjährung. Weder die Existenzberechtigung des Rechtsinstituts Verjährung an sich, noch die Existenzberechtigung einer Sonderverjährung für gewährleistungsrechtliche Ansprüche werden heutzutage überzeugend in Zweifel gezogen. Die Verjährung geht zwar im konkreten Fall zu Lasten des Gläubigers. Bedenkt man jedoch, dass die Verjährung ganz allgemein zu Rechtssicherheit und -frieden führt, wird klar, dass sie für unser Rechtssystem unumgänglich ist und im Großen und Ganzen auch dem Gläubiger in seiner Stellung als Teil des Rechtssystems zugutekommt. Allgemeine Gerechtigkeitserwägungen wiegen hier schwerer als das Ziel der absoluten Einzelfallgerechtigkeit. Trotzdem ist darauf zu achten, dass der einzelne Gläubiger grundsätzlich eine faire Chance bekommt, sein Recht geltend zu machen. Die Frage nach Sachgerechtigkeit ist also keine Frage nach der Existenzberechtigung der Verjährung, sondern nach ihrer Ausgestaltung.

I.

Im Vergleich zur Rechtslage vor der Schuldrechtsreform fällt auf, dass eine weitgehende Vereinheitlichung der Verjährungsfristen stattgefunden hat. Die meisten Sonderverjährungen wurden abgeschafft, die betroffenen Ansprüche verjähren nun grundsätzlich in der allgemeinen Verjährungsfrist des § 195 BGB, während die gewährleistungsrechtlichen, den besonderen Umständen des Kaufvertrags entsprechend objektiv angeknüpfte, Sonderfristen nun in § 438 BGB zusammengefasst sind. Der neu eingeführte Händlerregress ist über § 479 BGB mit der gewährleistungsrechtlichen Verjährung gleichgeschaltet. Durch die Reduzierung der Anzahl der Sondernormen wurde ein erheblicher Beitrag zur Rechtssicherheit geleistet. Mit der Annäherung der noch nebeneinander bestehenden Verjährungsfristen wird zudem grundsätzlich die Rechtsprechung zur analogen Anwendung bestimmter Verjährungsfristen auf eigentlich nicht von ihnen erfasste Ansprüche obsolet. Damit hat die Schuldrechtsreform zur Entspannung und Stabilisierung der Rechtslage beigetragen.

Die Stimmen, die im Vorfeld der Schuldrechtsreform wegen der Beibehaltung einer Sonderverjährung für gewährleistungsrechtliche Ansprüche das Fortleben der alten Probleme prophezeiten, sind weitgehend verstummt. Zum einen entschärft die Angleichung der gewährleistungsrechtlichen Fristen untereinander wie auch die weitgehende Annäherung an die allgemeine Verjährungsfrist grundsätzlich jeden potentiellen Wertungskonflikt. Zum anderen lassen sich die meisten Ansprüche nun leichter und widerspruchsfreier einer bestimmten Verjährungsfrist zuordnen. Gleich gelagerte Fälle werden nun grundsätzlich auch verjährungsrechtlich gleich behandelt. So ist es beispielsweise zu begrüßen, dass sich die gewährleistungsrechtliche Verjährung des § 438 BGB sowohl auf Ansprüche aus Sachmängeln wie auch aus Rechtsmängeln erstreckt und über § 438 Abs. 4 und 5, 218 Abs. 1 BGB sogar Einfluss auf die Wirksamkeit des Rücktritts und der Minderung hat. Auch die Einbeziehung von Mangelfolgeschäden und mangelbezogenen Nebenpflichtverletzungen in den Anwendungsbereich des § 438 BGB ist ein wichtiger und richtiger Schritt in Richtung Rechtssicherheit. Allerdings gibt es auch nach geltendem Recht noch Raum für Unsicherheiten.

II.

Diskussionspotential besteht beispielsweise, wenn mehrere Anwendungsbereiche sich überschneiden. So hat sich an der Umstrittenheit der verjährungsrechtlichen Behandlung des weiterfressenden Schadens durch die Schuldrechtsreform nichts geändert. Nach wie vor berührt der weiterfressende Schaden sowohl das Vertrags- wie auch das Deliktsrecht und nach wie vor herrscht zwischen Ansprüchen aus den beiden Bereichen echte Anspruchskonkurrenz. Da die Schuldrechtsreform nichts an der Koexistenz dieser Ansprüche geändert hat und die von der Rechtsprechung zu diesem Problemfeld geltend gemachten Aspekte nicht verjährungsrechtlicher, sondern grundsätzlicher Natur sind, ist meines Erachtens an der vorreformlichen Handhabung dieser Problematik festzuhalten. Wird das Interesse des Käufers verletzt, eine mangelfreie und nutzbare Sache zu erwerben, stehen dem Käufer ausschließlich vertragliche Ansprüche zu. Hat der Käufer hingegen zunächst eine weitestgehend mangelfreie und nutzbare Sache erworben und tritt an dieser später ein Schaden auf, der nach natürlicher und wirtschaftlicher Betrachtungsweise nicht stoffgleich mit dem anfänglichen Mangelunwert ist, kann neben vertragliche Ansprüche auch ein deliktischer Anspruch treten, der unabhängig von der gewährleistungsrechtlichen Verjährung nach §§ 195, 199 BGB verjährt. Auf eine gesetzliche Kodifizierung dieser Konstruktion wurde aufgrund der Abgrenzungsschwierigkeiten im Einzelfall verzichtet. Das ist allerdings kein Versäumnis des Gesetzgebers, sondern letztlich der einzig gangbare Weg. Schließlich sind nur die Gerichte in der Lage, unter Betrachtung aller Einzelheiten für den konkreten Fall eine gerechte Lösung zu finden.

Des Weiteren kann es zu Unsicherheiten kommen, wenn der Anwendungsbereich eines Anspruchs oder einer Verjährungsfrist nicht klar umrissen ist, wie beispielsweise bei der Ablaufhemmung des § 479 Abs. 2 BGB. Umstritten sind hier insbesondere die Fragen, ob der Unternehmer sich nur auf die Ablaufhemmung berufen kann, wenn er die mangelhafte Kaufsache bereits an einen Verbraucher veräußert hat, und ob sie ihm auch dann noch zugutekommt, wenn er erst nach Verjährung seiner Gewährleistungsrechte an einen Verbraucher verkauft. Auch hier lässt sich jedoch unter Beachtung des Gesetzeswortlautes, der Gesetzessystematik und der Zielsetzung des Verjährungsrechts ohne große Probleme eine Lösung finden. § 479 Abs. 2 BGB kann sich als Ablaufhemmung schließlich nur auf unverjährte Ansprüche auswirken. Ohne den Verkauf an einen Verbraucher fehlt es an der eine Anwendung der Ablaufhemmung gebietenden Regressfalle. Nur diese Handhabe der Ablaufhemmung des § 479 Abs. 2 BGB verhindert eine vom Telos der Norm nicht gewollte überschießende Privilegierung des nicht an einen Verbraucher verkaufenden Unternehmers.

Zu Irritation kann es ferner kommen, wenn Teilaspekte gesetzlich nicht geregelt sind, wie z.B. die Rechtsfolgen der Nacherfüllung. Das Fehlen einer entsprechenden Regelung sorgt vor allem bei Nacherfüllung „auf Kulanz" und bei mangelhafter Nacherfüllung zwangsläufig für Diskussionen. Meines Erachtens ist in der Nacherfüllung allerdings recht unproblematisch grundsätzlich ein Anerkenntnis zu sehen, welches zu einem Neubeginn der Verjährungsfrist führt. Damit es nicht zu einer endlosen „Kettengewährleistung" kommt, sollte man dem Schuldner freilich in Extremfällen ein „Escape" einräumen. Macht der Gläubiger etwa mehrfach kurz vor Ablauf der jeweiligen Verjährungsfrist Gewährleistungsansprüche geltend, muss dem Schuldner die Möglichkeit zugestanden werden, sich unter bestimmten Voraussetzungen von dem Kaufvertrag zu lösen. So könnte ihm beispielsweise nach der dritten Nacherfüllung ein Rücktrittsrecht eingeräumt werden. Durch systemgerechte Übertragung der gewährleistungsrechtlichen Wertungen auf die konkrete Rechtsfrage lässt sich diese Regelungslücke demnach weitgehend unproblematisch und widerspruchsfrei schließen.

Demnach stellt keine der verbleibenden Unsicherheiten ein unüberwindbares Hindernis für eine widerspruchsfreie Anwendung des geltenden Verjährungsrechts dar. Eine gänzliche Vermeidung von Unsicherheiten lässt sich schlichtweg nicht erreichen. Schließlich führt jede differenzierende Betrachtung zu Grenzfällen, die man in die eine oder andere Richtung entscheiden kann.

III.

Begrüßenswert ist, dass die festgesetzten Verjährungsfristen für einen Großteil der Ansprüche tatsächlich angemessen sind. So ist z.B. die allgemeine Verjährungsfrist von drei Jahren nicht nur in Relation zur vorreformlichen dreißigjährigen Frist ein Fortschritt, sondern zeigt sich für den Großteil der betroffenen Ansprüche auch absolut als passend. Für Ansprüche, für welche die dreijährige Verjährungsfrist offensichtlich nicht angemessen ist, gibt es wiederum Sonderfristen, wie z.B. in § 199 Abs. 2 BGB für Schadensersatzansprüche wegen Verletzung besonders bedeutsamer Rechtsgüter. Die Angemessenheit einer grundsätzlichen Dreijahresfrist für alle verjährbaren Ansprüche wird auch durch Art. 7.201 des dritten Buches des Draft Common Frame of Reference bestätigt, der ebenfalls die allgemeine Verjährungsfrist auf drei Jahre festlegt.

Auch die zweijährige Verjährungsfrist für Gewährleistungsansprüche wird man im Großen und Ganzen als angemessen bezeichnen dürfen. Zwar gibt es so manches Produkt, für das eine zweijährige Verjährungsfrist unangemessen lang erscheint – man nehme nur jene Produkte, deren zu erwartende Lebensdauer zwei Jahre nicht erreicht. Bezüglich Produkten, deren regelmäßige Lebensdauer unter der zweijährigen Verjährungsfrist liegt, kann der Käufer jedoch nicht allein schon deshalb Gewährleistungsrechte geltend machen, weil sie beispielsweise innerhalb der zweijährigen Frist ihre Funktionsfähigkeit verlieren. Vielmehr muss bei Gefahrübergang bereits ein Mangel vorgelegen haben, der keineswegs durch eine geringe Lebenserwartung indiziert wird. Auf der anderen Seite kann die zweijährige Frist auch unangemessen kurz erscheinen. Ist das Produkt so beschaffen, dass es gewöhnlich weit länger als zwei Jahre hält, wie es z.B. bei Autos oder Waschmaschinen der Fall ist, bleibt es den Parteien jedoch unbenommen, sich auf eine längere Verjährungsfrist zu einigen. Diese Möglichkeit ist ein nicht zu unterschätzendes Instrument des Interessenausgleichs. Die Parteien können schließlich durch dem konkreten Vertrag und ihren individuellen Erwartungen angepasste Verjährungsvereinbarungen ihre Interessen bestmöglich wahrnehmen. Beim Kauf von Produkten, deren zu erwartende Lebensdauer weit über zwei Jahren liegt, zeigt sich in der Praxis ohnehin die Tendenz, dass der Käufer von dem Verkäufer, oder häufiger noch vom Hersteller, eine Garantie auf das gekaufte Produkt bekommt, welche die zweijährige Verjährungsfrist übersteigt. Damit pendelt sich in der Praxis insbesondere für Marktbereiche mit hohem Wettbewerbsdruck ein gerechter Interessenausgleich auch ohne entsprechende gesetzliche Regelung ein. Nicht zu unterschätzen sind dabei auch tatsächliche Faktoren, die sich nicht rechtlich regeln lassen, wie z.B. das Image einer bestimmten Marke oder das Käuferverhalten, wenn die konkreten Kauferwartungen nicht erfüllt wurden, wie z.B. Abwanderung zur Konkurrenz.

IV.

Dass keine vollständige Vereinheitlichung der Fristen stattgefunden hat, bzw. keine einheitliche Verjährungsfrist für alle Ansprüche aufgestellt werden kann, liegt schlicht daran, dass sich keine für alle Ansprüche passende Frist ermitteln lässt. Dass es insbesondere keine einheitliche Frist für Gewährleistungsansprüche und sonstige Ansprüche geben kann, wird wohl inzwischen auch weitgehend eingesehen. Interessanter ist meiner Meinung nach der gegenteilige Ansatz, also die weitere Untergliederung der gewährleistungsrechtlichen Verjährungsfrist. Von Teilen der Literatur wird gesagt, im Bereich des Schuldrechts seien keine klaren Kriterien ersichtlich, die als überzeugende Grundlage für die Differenzierung von Verjährungsfristen herangezogen werden könnten.[772] Ein Ansatzpunkt lässt sich jedoch in der ökonomischen Effizienz der Verjährungsfristen finden, die zu einer Differenzierung der Verjährungsfristen nach Produktklassen führen würde. Die Faktoren zur Ermittlung der jeweils angemessenen Verjährungsfrist wären vor allem die Lebensdauer, die Innovationsrate und der Kaufpreis des Produkts, das Risiko opportunistischen Verhaltens des Verkäufers oder Käufers, die potentielle Schadenshöhe, sowie die Wahrscheinlich-

772 Peters/Zimmermann, Gutachten, S. 290; R. Zimmermann, JZ 2000, 853, 858.

keit, dass ein Mangel früher oder später zutage tritt.[773] Durch eine derart differenzierende Anwendung der Verjährung ließe sich theoretisch eine bessere Quote in der empfundenen Einzelfallgerechtigkeit erzielen. Eine so ausführliche gesetzliche Differenzierung nach Produkten bzw. Produktgruppen ist jedoch wegen des damit verbundenen Regelaufwands praktisch kaum durchsetzbar.[774] Der Gesetzgeber kann die diversen zu beachtenden Faktoren kaum in gerechter und sinnvoller Weise miteinander verbinden und zu angemessenen Klassifizierungen kommen – ganz abgesehen davon, dass er ausdrücklich eine Vereinfachung und einen Gleichlauf des Verjährungsrechts haben wollte und nicht eine Komplizierung. Nicht nur, dass das Gesetz ständig angepasst werden müsste; auch die Gerichte würden mit zusätzlichen Prozessen belastet, die sich allein aus der Schwierigkeit ergäben, die betroffene Kaufsache einer normierten Produktklasse zuzuordnen. Gerade bei den im Vormarsch begriffenen Multifunktionsprodukten käme es für die Zuordnung im Zweifelsfall wohl zunehmend auf die Spitzfindigkeit des einzelnen Anwalts an. Es ist dem Gesetzgeber in diesem Zeitalter der Schnelligkeit und Innovation demnach nicht zumutbar, ökonomisch ausgefeilte Einzelfall-Verjährungsfristen zu verfassen.

Zudem darf nicht in Vergessenheit geraten, dass der Gesetzgeber mit der Gestaltung des Verjährungsrechts eben nicht ein kasuistisches System zur Erreichung größtmöglicher Einzelfallgerechtigkeit schaffen wollte, sondern ein möglichst einheitliches System, das die Diversität der in der Praxis vorkommenden Rechtsgeschäfte auf einen gemeinsamen Nenner herunterbrechen wollte. Angestrebt war, auch im Gewährleistungsrecht eine einheitliche Regelung für alle möglichen, aus der Mangelhaftigkeit verschiedenster Kaufsachen entspringenden, Ansprüche zu finden. Es mutet paradox an, wenn man sich auf der einen Seite über die Vielzahl bzw. Komplexität der gesetzlichen Regelungen beschwert und auf eine weitgehende Deregulierung setzt, andererseits aber verschiedene Fristen für verschiedene Arten von Kaufsachen fordert. Schon eine recht simple verjährungsrechtliche Differenzierung zwischen Lebensmitteln, kurzlebigen Gebrauchsgütern und langlebigen Gebrauchsgütern würde zu Rechtsunsicherheit führen. So sinnvoll eine solche Unterscheidung theoretisch auch sein mag, wird die Klassifizierung als „kurzlebig“ oder „langlebig“ in der Praxis erhebliche Schwierigkeiten bereiten. Wenn etwa eine wertvolle Spiegelreflex-Kamera zweifelsohne als langlebig gelten kann, gilt dies noch lange nicht für eine so genannte Einweg-Kamera. Wenn man aber schon innerhalb einer Geräteart zu verschiedenen Verjährungsfristen kommen kann, kann man sich in etwa ausmalen, wie komplex und im Einzelfall schwierig eine Klassifizierung insgesamt werden kann. Selbst eine Sonderregelung für Lebensmittel würde neue Probleme aufwerfen. Ein getrockneter Serrano-Schinken oder eine Flasche Jahrgangswein können beispielsweise eine sechsmonatige Verjährungsfrist er-

773 Siehe dazu Schäfer/Ott, S. 493 f.; Schulze/Schulte-Nölke/Eidenmüller, S. 405, 409; Eidenmüller, JZ 2001, 283, 286.

774 Kötz, FS Medicus, S. 283, 293; Schulze/Schulte-Nölke/Eidenmüller, S. 405, 410; Eidenmüller, JZ 2001, 283, 286.

bzw. überleben, für Konserven-Nahrung gilt das erst recht. Für den Großteil der Lebensmittel, deren Haltbarkeitsdatum nur wenige Wochen nach der Produktion liegt, ist, wenn man realitätsnah klassifizieren möchte, eine solche Frist jedoch viel zu lang bemessen. Die Liste der potentiellen Probleme könnte man beliebig fortsetzen. Ich lasse es dabei bewenden zu sagen, dass die Abgrenzungsschwierigkeiten ein enormes Ausmaß annehmen würden und im Ergebnis der Rechtssicherheit erheblich geschadet würde. Natürlich leuchtet ein, dass der Sachgerechtigkeit im Einzelfall eher Genüge getan würde, wenn man verschiedene Verjährungsfristen für verschiedene Produktarten aufstellen würde. Aber Einzelfallgerechtigkeit und Rechtssicherheit lassen sich nun mal nicht gleichzeitig verbessern. Entweder opfert man die Rechtsklarheit und Rechtssicherheit für ein kasuistisches System, was sich dann aber nicht in wenigen Vorschriften erfassen lässt, oder man wählt die Variante der gesetzlich festgeschriebenen gleichlaufenden Fristen, die sich zwar dem Gesetz klar entnehmen lassen, im Einzelfall aber als unangemessen empfunden werden können. Die Entscheidung ist nun keine des einzelnen Juristen, auch keine des Gesetzgebers. Vielmehr ist die Entscheidung vorgegeben durch das deutsche Rechtssystem, das spätestens seit Einführung des BGB versucht, mit möglichst wenigen, abstrakt gefassten und vereinheitlichenden Vorschriften zumindest für die Vielzahl der Fälle eine Lösung zu präsentieren.

V.

Dass eine Differenzierung nach Produktklassen tatsächlich nicht von Nöten ist, zeigt sich auch in der Praxis. Im Handel zeichnet sich z.B. die Tendenz ab, dass Verkäufer sich längere Verjährungsfristen bezahlen lassen. Gegen einen Aufpreis werden dem Käufer oft längere Verjährungsfristen von drei, fünf oder noch mehr Jahren gewährt. Freilich ist diese Vorgehensweise öfter noch als bei den Gewährleistungsrechten bei Garantien zu beobachten. Der Käufer kann sich also nicht nur durch die Wahl einer bewährten, dafür aber teureren, Marke eine längere Nutzbarkeit der Kaufsache sichern, sondern auch innerhalb einer Marke durch Zuzahlung für längere Gewährleistungsfristen bzw. eine längere Garantie. Ausgehend davon, dass Privatleute als Käufer grundsätzlich eher risikoavers sind, ist zu erwarten, dass der durchschnittliche Käufer für eine Absicherung bis zu einem gewissen Grad bereitwillig auch mehr bezahlt, während der Verkäufer durch den erhöhten Kaufpreis seinen Mehraufwand ausgleichen kann.[775] Der Markt findet also durch wirtschaftliche Gegebenheiten seine eigenen Verjährungsfristen. Im Umkehrschluss wird der Käufer von einem im Vergleich zum Marktführer ungleich günstigeren Produkt, sozusagen einem „Billigprodukt", keine so hohe Lebensdauer erwarten. Er lässt sich durch den geringeren Kaufpreis quasi eine längere Absicherung „abkaufen". Dass trotzdem auch von günstigen Produkten eine gewisse Mindestqualität erwartet werden kann, rührt nicht zuletzt daher, dass zumindest bei Verbrauchsgüterkäufen eine restriktive Be-

775 Kötz, FS Medicus, S. 283, 292.

grenzung der Möglichkeit der Verjährungsverkürzung unter die Grenze von einem Jahr (gebrauchte Sachen) bzw. zwei Jahren (neue Sachen) durch den Gesetzgeber stattgefunden hat.

Bei aller Diskussion darf man zudem nicht vergessen, dass die gesetzlichen Regelungen weitestgehend dispositiv sind. Grundsätzlich können und sollten sich also die Vertragsparteien auf ihrer Meinung nach angemessene Verjährungsmodalitäten einigen. Bewegen sich die Vertragsparteien innerhalb der gesetzlichen Wertungen, können sie Verjährungserleichterungen oder -erschwerungen vereinbaren, und zwar nicht nur bezüglich der Länge der Frist, sondern bezüglich aller Modalitäten. Unproblematisch ist dies vor allem bei Individualvereinbarungen zwischen zwei Unternehmern. Bei Verbrauchsgüterkäufen sind die gesetzlichen Grenzen schon etwas enger gezogen, noch stringenter sind die gesetzlichen Wertungen bei der Verwendung von AGB. Insgesamt wurde den Vertragsparteien aber recht viel Freiraum gelassen. Die gesetzlichen Regelungen sollen eigentlich in erster Linie nur die Lücke auffüllen, wenn die Vertragsparteien sich nicht oder nicht abschließend über die Verjährungsmodalitäten geeinigt haben. Dabei sind die gesetzlichen Regelungen wiederum an der hypothetischen Vereinbarung zweier rational handelnder gleichstarker Vertragspartner zu orientieren. Es sollte also danach geguckt werden, wie sich zwei Vertragsparteien über die Aufteilung der Risiken und Belastungen einigen würden. Die gesetzlichen Verjährungsregeln sollten nach alledem maßgeblich von den tatsächlichen Zuständen geprägt sein und einerseits realitätsnahe, andererseits aber auch feste Normierungen enthalten. Im Sinne der Rechtsklarheit und Rechtssicherheit sollten die konkreten Regelungen möglichst klar umrissen und, soweit möglich, einheitlich sein. Trotzdem sollte innerhalb der festgesetzten Regelungen hinreichend Freiraum für eine gegebenenfalls erforderliche bzw. wünschenswerte Anpassung an die tatsächlichen Gegebenheiten des Einzelfalls bestehen. Durch klare, weitgehend vereinheitlichte Regelungen, die ihrerseits größtenteils dispositiv ausgestaltet sind, hat der Gesetzgeber dieses Ziel meines Erachtens in zufrieden stellendem Maß erreicht. Aus den dargestellten Gründen ist eine totale Vereinheitlichung der Verjährungsfristen im BGB nicht möglich. Wo sich eine solche aber anbietet und durchführbar ist, wurde sie auch in Gesetz umgesetzt, wie z.B. die allgemeine dreijährige Verjährungsfrist. Auch die zweijährige Verjährungsfrist im Gewährleistungsrecht stellt einen Mittelwert dar, der für eine Vielzahl von Fällen passend erscheint. Eine darüber hinausgehende Differenzierung nach Produktklassen würde zwar theoretisch zu einer höheren Einzelfallgerechtigkeit führen, lässt sich aber zum einen praktisch kaum umsetzen und liefe zum anderen dem grundlegenden Gedanken der weitgehenden Vereinheitlichung von Verjährungsfristen strikt zuwider. Da ein praktisches Bedürfnis für die Einführung einer nach Produktklassen gestaffelten Verjährung anscheinend ohnehin nicht besteht, kann man es meines Erachtens bei den bestehenden Regelungen bewenden lassen.

Treffend formuliert es Gerhard Wagner, wenn er sagt:

„Der große Wurf ist nicht gelungen. [...] Ein Anlass zur Trauer besteht gleichwohl nicht.“[776]

Größtmögliche Effizienz und Einzelfallgerechtigkeit lässt sich letztlich nur durch individuell vereinbarte Verjährungsmodalitäten erreichen. Gewährt der Gesetzgeber die Möglichkeit der Abweichung von den gesetzlichen Verjährungsfristen, hat er das ihm in einem auf Einheitlichkeit und Sicherheit abzielenden System Mögliche zur Erreichung von Einzelfallgerechtigkeit getan. Der „große Wurf“ der vollständigen Vereinheitlichung aller Verjährungsfristen ist dem Gesetzgeber nicht nur nicht geglückt, er konnte ihm aus genannten Gründen gar nicht glücken. Auch die im Einzelfall entstehenden Abgrenzungsschwierigkeiten lassen sich nicht vermeiden. Ein Grund zur Trauer besteht jedoch tatsächlich nicht. Schließlich ist das jetzige Verjährungsrecht im Großen und Ganzen ein schlüssiges System, das sich nahtlos in das deutsche Recht einfügt und für den Großteil der Fälle zu sachgerechten und widerspruchsfreien Ergebnissen führt.

776 G. Wagner, JZ 2002, 475, 481.

FSC
www.fsc.org
MIX
Papier | Fördert
gute Waldnutzung
FSC® C083411

Kolibri 360 GmbH
Ferdinand-Jühlke-Straße 7
99095 Erfurt, Deutschland
produktsicherheit@kolibri360.de